中德经济改革综合项目资助
Sponsored by the Sino-German Economic & Structural Reform Programme

Series of Study on Government Management Abroad

国外政府管理研究丛书　谢伏瞻/主编

SUMMARY AND PROSPECT OF GOVERNMENT MANAGEMENT INNOVATION ABROAD

国外政府管理创新要略与前瞻

石国亮　梁　莹　李延伟/著

中国言实出版社

图书在版编目（CIP）数据

国外政府管理创新要略与前瞻/石国亮，梁莹，李延伟著.
—北京：中国言实出版社，2011.12
（国外政府管理研究丛书）
ISBN 978-7-80250-715-9

Ⅰ.①国…
Ⅱ.①石…②梁…③李…
Ⅲ.①国家行政机关—管理创新—研究—国外
Ⅳ.①D523

中国版本图书馆 CIP 数据核字（2011）第 251789 号

出版发行 中国言实出版社
地　址：北京市朝阳区北苑路 180 号加利大厦 5 号楼 105 室
邮　编：100101
电　话：64924716（发行部）　64924735（邮　购）
64924880（总编室）　64890042（三编部）
网　址：www.zgyscbs.cn
E-mail：zgyscbs@263.net

经　　销 新华书店
印　　刷 河北省三河市翔达印装厂
版　　次 2012 年 1 月第 1 版　2012 年 1 月第 1 次印刷
规　　格 700 毫米×1000 毫米　1/16　18 印张
字　　数 272 千字
定　　价 32.80 元　　ISBN 978-7-80250-715-9/D·384

总 序

谢伏瞻

编辑出版《国外政府管理研究丛书》，旨在为我国的政府管理和改革提供有益的借鉴。

改革开放以来，我国社会主义市场经济体制不断完善，政府管理改革也不断向前推进，政府职能、管理方式和组织结构等都发生了深刻变化。我国经济领域的改革开放与政府管理改革始终是相伴而生、互相促进的。没有政府管理体制的改革，就没有充满活力的社会主义市场经济。从农村废除“一大二公”的人民公社体制、实行家庭联产承包责任制，到城市向企业下放经营权、推行政企职能分开，再到计划、财税、价格、金融、投资、外贸、流通等领域的管理体制改革，我们可以很清楚地看到，正是由于政府管理改革不断深入，不断打破高度集中的计划经济管理体制和管理方式，才不断推动了经济体制改革和社会主义市场经济发展。

社会主义市场经济深入发展，不断对政府管理改革提出新要求。从20世纪90年代中期以来，我国政府管理改革的重点，也由最初的以简政放权为主转变为全面建立与社会主义市场经济体制相适应的行政管理体制，由此我国行政管理体制也开始了深刻变革。其中最具标志性的几件事情：

一是明确界定政府职能。从计划经济体制向社会主义市场经济体制转变，首先涉及的和需要解决的就是转变政府职能和管理方式。这个问题在改革开放初期就提出来了，随着实践的发展，在本世纪初，最终把政府职能明确概括为经济调节、市场监管、社会管理和公共服务。这样的概括,厘清了社会主义市场经济条件下政府与市场、社会的关系,表明我们从认识上解决了政府的职能定位问题,也为政府进一步转变职能、全面正确履行职能和转变管理方式指明了方向。

二是不断改革和优化政府机构。改革开放迄今,我国共进行了6次政府机构改革,按照精简、统一、效能的原则,总的趋向是机构不断减少、结构不断优化。特别是国务院机构设置,与改革开放初期相比已经减少一半以上。其中1998年国务院机构改革,对计划经济时期沿袭下来的机构设置进行较大规模调整,撤销了10个主管工业和贸易的部门,有力地推动了政府职能和管理方式转变。2008年的机构改革,建立了以宏观调控部门、市场监管部门、社会管理和公共服务部门为主体的政府机构框架,健全了政府职责体系。还重点解决了一些部门职责交叉和关系不顺问题,对实行大部门体制进行了探索。

三是提出建设法治政府和服务型政府。政府权力和职责由法律确定和规范,政府必须严格按法定权限、程序行使权力和履行职责,这在我国可以说是一件具有划时代意义的大事。特别是2004年国务院发布《全面推进依法行政实施纲要》,提出用10年左右时间基本实现建设法治政府的目标。经过这些年的努力,政府依法、科学、民主决策机制不断完善,行政行为进一步规范,广大公务员依法行政的意识和能力不断增强。提出建设服务型政府,强调在社会主义市场经济条件下,政府主要职责就是为各类市场主体创造机会均等、公平竞争的市场和社会环境,为全体人民提供良好的公共服务,保障和促进社会公平正义。这反映了我们对政府职能定位认识的深刻变化,也是我国行政理念的重大变化。

四是推进政务公开。让政府工作在阳光下运行,这是对政府工作最有效的监督方式。从一些国家的经验看,没有政务公开,再完善的法律制度都难以防止腐败。我国20世纪80年代就有一些地方推行“两公开、一监督”,即公开办事制度、公开办事结果、接受群众监督,中央也加以倡导;后来又在基层推行“三公开”,即政务、村务、厂务公开。

2007年国务院制定的《中华人民共和国政府信息公开条例》明确提出，除国家秘密、商业秘密和个人隐私外，所有政府信息都要向社会公开，推动政务公开走上了法制化轨道。从公开的原则、内容和方式看，与世界上大多数国家比较，我国已走在前列，但在具体实施上还需要不断完善和深入推进。

总的看，改革开放以来我国政府管理改革，始终贯穿着转变职能、转变管理方式、提高效能这条主线，根本目标就是建立与社会主义市场经济体制相适应的行政管理体制。但就目前看，仍然存在不少问题。职能转变不到位，集中了过多的公共资源和社会资源，管了不少不该管的事，对经济和社会的微观运行干预过多，不少应由政府管的事却没有真正管起来或没管到位。公共产品和公共服务，政府包办过多，提供方式单一，不能满足社会公众需求。政府行政层级偏多、机构设置上下一般粗，职能交叉、权责脱节、人浮于事的问题还没有根本解决。事业单位改革滞后，部门举办、条块分割、政事不分、政企不分，效率低下问题比较突出。这些问题的存在，严重影响社会活力，制约着社会主义市场经济体制的发展和完善。可以说，政府管理改革已经成为深化各方面改革和解决当前经济社会发展中许多矛盾问题的关键环节。

党的十七届五中全会对推进政府管理改革又提出了新要求，强调进一步转变职能，减少对微观经济活动的干预，继续优化政府结构、行政层级、职能结构，降低行政成本；改革基本公共服务提供方式，引入竞争机制，扩大购买服务，实现提供主体和提供方式多元化；推进非基本公共服务市场化改革，增强多层次供给能力，满足群众多样化需求。应当说，政府管理改革的任务还相当艰巨。

编辑这套丛书，我们希望让人们更清楚地看到，尽管世界各国国情不同、政治制度不同，但是作为政府管理，特别是市场经济条件下的政府管理，仍然有其一般性的规律。在人类进入21世纪的时候，特别是信息化和经济全球化的发展，各国政府管理面临着许多共同的挑战。美国著名学者罗伯特·达尔曾经说过，跨文化研究对公共行政科学的发展具有重要意义，如果对公共行政的科学研究缺乏比较，如果人们在履行公务时的行为特性依然不可预测，如果不进行大量的比较研究从而发现超越民族界限和超越特定历史经验的原则和理论概括，那么公共行政学就不可能成为科学。

从实践上看，从20世纪70年代末80年代初开始，国外发生了一场声势浩大、广泛深刻、至今余波未息的政府管理改革浪潮。改革浪潮最先发端于英美两国，很快就席卷了世界上大部分国家。改革的主要特征，简要地概括起来说：一是调整政府与市场、社会的关系，优化政府职能。二是利用市场和社会力量，提高公共管理的质量和效率。三是改革政府公共管理体制和优化政府组织结构。解决的核心问题是，提高政府管理和服务效能。如果我们追究一下这场改革浪潮的原因，追究一下为什么改革几乎一呼百应地成为这么多国家的共同行动，就可以看到各国政府管理在时代发展的新形势下所面临的和所需要解决的共性问题。

从资本主义生产关系占据主导地位到20世纪30年代初期，西方国家政府管理的基本特征是自由放任，其主导思想就是“管得最少的政府就是最好的政府”。但是从20世纪30年代中期开始，以罗斯福“新政”和实行凯恩斯主义宏观经济政策为标志，美国政府的经济社会管理职能开始扩张，主要表现为对市场和社会生活的大规模干预。从20世纪60年代开始，以社会保障制度建设为主要标志，美国政府管理职能的扩张又经历了一个新的高峰。欧洲各国政府职能扩张，主要始于“二战”结束后提出建立“福利国家”。伴随政府职能的扩张以及政府规模的不断扩大，包括政府机构数量、政府雇员数量、政府开支占国民收入的比重都急剧膨胀。此后又有新的公共管理领域和政策不断出现，例如环境保护、科技发展等，要求政府增加管理职能。西方发达国家如此，大多数发展中国家政府职能扩张的过程和情况也大致如此。这种情况持续到20世纪70年代，政府职能扩张的弊端和矛盾日益突出，财政支出压力、影响社会活力、官僚主义、浪费和效能低下等一系列问题都被现实地、尖锐地提了出来，以至于各国普遍出现了所谓的财政危机、管理危机、信任危机。改革的呼声越来越高，各种研究倡导改革的理论和思潮也不断涌现，影响较大的如公共选择理论、新管理主义等。此外还有一个重要方面，就是信息化和经济全球化的迅猛发展，也迫切要求对政府管理进行改革。

于是，英国于1979年率先开始改革，美国紧随其后，很快就形成了席卷全球的政府管理改革浪潮，其广泛性、全面性和深刻性可谓前所未有，不仅几乎所有国家都被卷入其中，而且行政体制和管理方式的所有方面几乎都被重新审视。在许多国家，改革都体现为政府管理体制、管理方式和政府组织结构的根本性调整。如果说此前几十年政府管理是不断扩展领域，那么这次改革浪潮的重要特征，就是向“小政府”和承认市场价值回归。世界各国在改革方向上的趋同，似乎超越了意识形态的差别。

由于政府的困境主要是政府职能不断扩张的结果，所以改革的第一要务是解决“该管什么，不该管什么”的问题，即调整和优化政府职能；随后是解决“怎么管”，即管理方式问题；再随后就是政府内部改革，即优化政府结构问题。

例如，在最先发起改革的英国，差不多用了近10年的时间对各个政府部门的每一项职能逐一进行审议。首先评议是否必须由政府承担、能否交给市场和社会；如果必须由政府承担，能否采用委托或购买服务的方式；如果前两项都不可行，必须由政府直接承担和管理的，主管部门要提出改进管理、提高效率的几套对比方案供评议选择。经过这样一个过程，他们把原来只占政府工作5%的决策工作留在了政府，把原来占政府工作95%的执行工作几乎全部通过委托、出租、采购等购买服务的方式交给了社会；监督方面的改革，主要通过承接机构与政府公开签订合同和向社会公开承诺服务标准、质量的方式把日常监督交给了社会公众，同时通过招标采购的方式委托专业机构进行绩效评估。

在这种情况下，他们对政府机构设置和原来一向被各国称道效仿的文官制度进行了脱胎换骨的改造。所有承担执行职能的机构，包括政策研究咨询、公务员培训、税收征管、社会福利、就业、证照审核发放、工商注册、专利保护、标准计量、地产登记、交通管理、军需供应、会议和后勤、监狱管理、农牧渔业等方面的管理和服务部门，都成建制转为社会化的执行机构。他们要通过与其他机构竞争才能继续承担原来的工作，执行机构的内部运行包括人员聘用和工资等均由其自主管理，政府不再干预。

通过这样的改革，英国传统的行政体制和文官制度发生了根本性变化。原来一项工作由一个部门一揽子管理变成了决策、执行、监督职能分开，特别是执行和监督由原来的政府内部工作变成了社会性工作；原来公务员的等级制和逐级对上负责的体制被权利义务平等的合同制取代，公务员职位的永久性原则被签订短期合同的雇员制取代，政府部门传统的上下级隶属关系转变为契约关系，政府的公共管理由以规则和程序为主的过程管理转变为以结果为主的目标管理，同时解决了原来许多政府工作往往只重过程并不十分关注结果的问题。

以上略显累赘地介绍了30年来国外政府管理改革的一般情况、主要背景和典型国家的做法，主要是想说明，研究国外政府管理改革，特别是通过国外政府管理改革的参照，从一般意义上探讨政府管理的规律和发展趋势，更有助于我们立足国情、根据我国经济社会的现实发展推进我国的政府管理改革，建设中国特色行政管理体制。

这套丛书的作者都是国内专门从事政府管理研究的专家和学者，他们大都有在国外学习和从事研究工作的经历，了解国外情况，也了解国内情况。我们期望通过他们带有对比性的视角和观察，提高丛书的针对性和可读性，不仅为我国政府管理改革提供借鉴，也为广大干部进行相关研究提供更多的参考材料。

目　录

总　序 …………………………………………………… 谢伏瞻 1

导　言 ………………………………………………………… 1

第一章　政府管理创新渊源考证与范式重构 ………………… 3

第一节　政府管理创新问题的提出 ………………………… 3

一、传统政府管理的弊病 ……………………………… 5

二、政府管理面临的新问题 …………………………… 9

第二节　国外政府管理创新的发展审视 ………………… 13

一、政府管理创新的启动 ……………………………… 13

二、政府管理创新的浪潮 ……………………………… 17

三、政府管理创新的大趋势 …………………………… 19

第三节　政府管理创新的实质与范式重构 ……………… 22

一、政府管理创新的新内涵与属性 …………………… 23

二、政府管理创新的过程与方式 ……………………… 26

三、政府管理创新的范式重构 ………………………… 28

第二章　政府管理的理论创新与理念变革 ………………… 35

第一节　政府管理的理论创新(上) ……………………… 35

一、后现代公共行政理论:想象、解构、去领地化、变样 ……… 35

二、后现代公共行政话语理论:公共能量场的"话语"角逐 …… 38

三、街头官僚理论:政府最前线公务人员自由裁量考量 ……… 40

四、网络治理理论:从单一中心到多中心的嬗变与重构 ……… 43

第二节　政府管理的理论创新(下) ……………………… 45

一、政府治理理论:新公共管理的新境界 ……………… 45

二、重塑政府理论:"解科层化"的金钥匙 ……………… 47

三、整体政府理论:政府“内外上下”四维度资源整合与共享 …… 49
四、有效政府理论:实现政府发展的可持续性 …… 51
五、虚拟政府理论:政府流程再造的“电子化” …… 52
第三节 政府管理的理念变革(上) …… 55
一、公正:“旧调重弹”的新意蕴 …… 55
二、顾客:从管制走向服务 …… 57
三、参与:重归民主“原教旨”的微型实践 …… 59
四、绩效:政府低能向高能迈进的“神器” …… 62
第四节 政府管理的理念变革(下) …… 64
一、公开行政:从暗箱操作到透明管理 …… 64
二、共治行政:从统治通往善治之路 …… 67
三、知识行政:从封闭到学习的自我探索 …… 72
四、协商行政:从强制到沟通的平等对话 …… 76
第三章 有限政府:职能转换下的有限角色扮演 …… 80
第一节 有限政府的新进展 …… 80
一、社会组织发展的倒逼作用 …… 81
二、行政主导意识的淡化 …… 85
三、政府主体运行边界的明确 …… 88
第二节 政社明晰之分与新加坡有限政府建设 …… 90
一、新加坡政社的明晰之分 …… 91
二、新加坡有限政府建设的分析与展望 …… 93
第三节 集权财政模式下公共服务供给与英国有限政府建设 …… 96
一、英国集权财政模式下的公共服务供给 …… 96
二、英国有限政府建设的分析与展望 …… 100
第四节 有限政府建设的启示 …… 101
一、积极回应社会组织发展的倒逼 …… 102
二、明晰政府公共财政的职责,完善财政转移支付制度 …… 104
三、明确政府职能转变导向是公共物品和公共服务的提供 …… 107

第四章 法治政府:行政行为过程中的法治规制 …………………… 109
第一节 法治政府的改革动向 …………………………………… 110
一、司法审查制度的发展趋势 ……………………………… 110
二、行政程序法治化 ……………………………………… 113
三、形式法治与实质法治的融合 …………………………… 115
四、依法行政手段的多样化 ………………………………… 117
第二节 英国法治:公共调查制度彻底揭示真相 ……………… 119
一、英国的公共调查制度 …………………………………… 119
二、英国法治政府建设的分析与展望 ……………………… 123
第三节 美国法治:法官裁定奥巴马政府医改关键条款违宪 …… 125
一、法官裁定奥巴马政府医改关键条款违宪 ……………… 126
二、美国法治政府建设的分析与展望 ……………………… 127
第四节 法治政府建设的启示 …………………………………… 129
一、以形式法治为基础,以实质法治为导向,坚持形式法治与实质法治的统一 …………………………………………… 131
二、规范行政程序,建立公开、透明、有序的政府 ………… 133
三、坚持权利保护与公益维护的统一 ……………………… 134
四、加强对自由裁量权的司法审查 ………………………… 136
五、建立完备的救济体系 …………………………………… 136
第五章 善治政府:公民价值旨归下的良好治理 …………………… 138
第一节 善治政府的走向与前进 ………………………………… 139
一、公民社会不断赋权 …………………………………… 140
二、政府服务意识增强 …………………………………… 142
三、政府的回应性增强 …………………………………… 144
第二节 新西兰善治:奥克兰市社区治理行动计划 …………… 145
一、奥克兰市社区治理行动计划概述 ……………………… 146
二、新西兰善治政府建设的分析与展望 …………………… 150
第三节 德国善治:利用舆论媒体遏制政府腐败 ……………… 152

一、德国利用舆论媒体遏制政府腐败 …… 153
二、德国善治政府建设的分析与展望 …… 155
第四节 拉美:世界银行“善治”计划下的失败尝试 …… 158
一、世界银行“善治”计划在拉美的实践后果 …… 158
二、拉美“善治”的教训 …… 160
第五节 善治政府建设的启示 …… 161
一、大力建设服务型政府 …… 162
二、建立强大的社会监督系统 …… 164
三、发展壮大公民社会 …… 166
第六章 无缝隙政府:政府与公民的无缝隙衔接 …… 169
第一节 无缝隙政府的最新趋势 …… 169
一、“公正导向”的政府业务流程再造 …… 170
二、确立“顾客导向”的政府服务对象便利原则 …… 172
三、实现政府机构的扁平化 …… 174
第二节 西班牙加泰罗尼亚地区“.CAT”平台打造高效无缝隙服务 …… 176
一、西班牙加泰罗尼亚地区的“.Cat”平台 …… 176
二、西班牙无缝隙政府建设的分析与展望 …… 177
第三节 新加坡政府的“一站式”服务与无缝隙政府 …… 179
一、新加坡政府的“一站式”服务 …… 180
二、新加坡无缝隙政府建设的分析与展望 …… 181
第四节 无缝隙政府建设的启示 …… 182
一、积极推进大部制改革与无缝隙政府的“暗合” …… 183
二、建构政府上下级机构间的无缝隙对接 …… 186
三、实现政府部门与公民的无缝隙衔接 …… 189
第七章 绩效政府:政府职能行使中的效能导向 …… 193
第一节 绩效政府的新发展 …… 193
一、整体性规划政府绩效管理 …… 194

二、优化政府绩效管理的组织实施 …………………………… 195
三、政府绩效管理的信息化 …………………………………… 196
四、政府绩效管理的低成本化 ………………………………… 197
第二节 新西兰的《绩效评估:关于如何建立有效框架的建议和实例指南》 ……………………………………………………… 198
一、《指南》的主要内容及特点 ………………………………… 198
二、《指南》的步骤及效果 ……………………………………… 199
第三节 美国的层级式绩效评估体系与首席绩效官制度 ……… 200
一、项目绩效评估 ……………………………………………… 200
二、部门绩效评估 ……………………………………………… 202
三、跨部门绩效评估 …………………………………………… 203
四、首席绩效官制度 …………………………………………… 205
第四节 英国文官学习系统与削减薪资 ………………………… 208
一、文官学习系统 ……………………………………………… 208
二、削减公务员薪资 …………………………………………… 211
第五节 绩效政府建设的启示 …………………………………… 213
一、从战略上规划和推进政府绩效管理 ……………………… 214
二、建立科学合理的政府绩效指标体系 ……………………… 215
三、为组织实施好政府绩效管理提供保障 …………………… 217
四、重点抓好公务员的绩效管理 ……………………………… 218
第八章 政府管理创新视角下的相关议题探究 ……………… 220
第一节 找寻政府的本真:基于伦理精神的视角 ……………… 220
一、权力本位驯服下的政府迷失 ……………………………… 220
二、伦理本位倡导下的政府解放 ……………………………… 223
三、人道本位呼唤下的政府重塑 ……………………………… 226
四、伦理之光普照下的合作治理革命 ………………………… 228
第二节 政府改革之历史足迹与成长逻辑 ……………………… 230
一、公共行政学视野下的政府改革足迹 ……………………… 230

二、市场化政府改革下的信任与治理危机 …………………… 234
三、合作型信任导向下的政府社会化改革 …………………… 237
四、现实关照与未来前瞻 ………………………………………… 241
第三节　通过任务型组织开展风险治理 ………………………… 243
一、风险社会及其基本轮廓 …………………………………… 243
二、对传统风险治理方式的挑战 ……………………………… 247
三、任务型组织的出场 ………………………………………… 251
四、任务型组织在风险治理上的优越性 ……………………… 256

主要参考文献 ……………………………………………………… 263
后记 ………………………………………………………………… 271

CONTENTS

Preface ··· Xie Fuzhan 1

Introduction ··· 1

Chapter One

Origin and Restructuring of Government Management Innovation ······ 3

Section 1 On Innovation of Government Management ······················ 3

Section 2 The Development of Government Management Innovation ······ 13

Section 3 Essence and Restructuring of Government Management Innovation ··· 22

Chapter Two

Theoretical Innovation and Concept Change of Government Management ··· 35

Section 1 Theoretical Innovation of Government Management (Part One) ··· 35

Section 2 Theoretical Innovation of Government Management (Part Two) ··· 45

Section 3 Concept Development of Government Management (Part One) ··· 55

Section 4 Concept Development of Government Management (Part Two) ··· 64

Chapter Three

Limited Government: Limited Role playing Under the Functions Transformation ··· 80

Section 1 Recent Development of Limited Government ················· 80

Section 2 Differences between Government and Society, and the Construction of Limited Government in Singapore ………… 90

Section 3 Supply of Public Service Under Centralized Finance and the Construction of Limited Government in Britain ………… 96

Section 4 Enlightenment of Limited Government Construction ……… 101

Chapter Four

Rule-of-law Government: Nomocracy Regulation in Administrative Action ………… 109

Section 1 Reforming Trend of Rule-of-law Government ………… 110

Section 2 Nomocracy in Britain: Public Inquiry System Revealing the Truth ………… 119

Section 3 Nomocracy in America: Obama's Health Care Reform was Accused of Constitutional Impropriety ………… 125

Section 4 Enlightenment of Rule-of-law Government Construction ………… 129

Chapter Five

Good Government: Good Management Aiming at Citizen's Value … 138

Section 1 The Trend and Development of Good Government ……… 139

Section 2 Good Government in New Zealand: Community Governance Plan in Auckland ………… 145

Section 3 Good Government in Germany: Curbing Corruption with the effort of Public Media ………… 152

Section 4 Latin America: Failure of "Good Government" Plan …… 158

Section 5 Enlightenment of Good Government Construction ………… 161

Chapter Six

Seamless Government: Seamless Connection between Government and Citizens ………… 169

Section 1 New Trend of Seamless Government ………… 169

Section 2 Spain: ". CAT" Platform for Seamless Service in Catalonia Region ······ 176
Section 3 Singapore: "One-Stop" Service and Seamless Government ······ 179
Section 4 Enlightenment of Seamless Government Construction ······ 182

Chapter Seven

Performance Government: Efficiency-oriented in Government Action ······ 193

Section 1 Recent Development of Performance Government ······ 193
Section 2 New Zealand: Performance Measurement: Advice and Examples on How to Develop Effective Frameworks ······ 198
Section 3 America: Hierarchical Performance Assessing System and Chief Performance Officer ······ 200
Section 4 Britain: Civil Service College and Salary Cut ······ 208
Section 5 Enlightenment of Performance Government Construction ······ 213

Chapter Eight

Related Researches on Government Management Innovation ······ 220

Section 1 ApproachingOriginal State of Government: From the aspect of ethical spirit ······ 220
Section 2 History and Logic of Government Reform ······ 230
Section 3 Developing Risk Administration by Constructing Task-oriented Organizations ······ 243

References ······ 263
Postscript ······ 271

导　言

当今时代是一个创新的时代,处处透露着创新的气息。创新是时代的主题,也是政府管理的主旋律。在理论层面,20 世纪七十年代以来,国外公共行政学界逐渐终结了管理主义,提出了“新公共管理理论”、“新公共服务理论”、“治理理论”、“善治理论”等政府改革的新理论。在实践层面,以英国撒切尔政府推出“雷诺评审”作为起点,发达国家开始了一场规模浩大的政府改革运动,改革项目此起彼伏,改革浪潮风起云涌。“有限责任”、“法治政府”、“善治政府”、“无缝隙政府”、“绩效政府”……成为这场政府改革运动的主要目标。可以毫不夸张地说,这 30 多年是政府管理改革与发展最为迅猛的时期。

当前,政府管理面临的是一个具有高度复杂性和高度不确定性的社会,这就决定了政府管理创新不仅仅是一项艰巨的任务,更是一个长期的过程。诚如盖伊·彼得斯所言,政府改革是一个持续不断的过程,甚至可以说只要存在一个不完美的政府,人们就会持续寻找理想和完美的政府治理形态。发达国家政府改革在持续不断地推进,这一进程并没有因为执政党的轮替而终止,而是持之以恒地进行着。究其缘由,大概主要是公众不满意、不满足,这是推动政府持续改革的动力。可以这样说,政府管理创新仍属于进行时,而不是完成时。

适应时代需求和公民呼声的政府管理模式是各国都努力追求并渴望求得的“仙丹灵药”,而发达国家在努力追寻政府管理模式进程中所展拓的各种政府管理、治理和自治的模式、方式及愿景,已成为后起国家借鉴的“他山之石”,一些国家甚至是将其作为“顶礼膜拜”的楷模仿效之。“公共行政是发展中国家最短缺的资源。"①借鉴发达国家的经验无疑是正确的,但是照搬就有问题了。拉美和非洲的一些国家,在仿效西方的"善治"进行改革的过程中,就遇到了很大的麻烦。这就使我们认识到,源于西方的政府管理理论在运用到非西方世界时,往往会面临水土不服现象,这点尤其让广大发展中国家警醒。

对中国这样的发展中国家,政府管理的成效如何,对经济社会又好又快发展有着特殊重要的意义。近年来,我们不仅不断发展和繁荣公共行政学,强调建设中国特色的公共行政学,同时极为关注国外特别是发达国家关于政府管理方面新的理论和实践。面对国外公共行政学界不断推出的政府改革理论以及政府改革运动,我们既有介绍和评析,也更加关注这些理论和政府改革运动中对我国的借鉴,取得了不少有分量的成果。借鉴国外特别是发达国家政府管理创新进程中诞生的新理念、新思想、新模式,对于积极推动我国政府改革,改进政府治理模式,建设服务型政府是大有裨益的。但是,这种借鉴必须与中国的实际相结合,在消化的基础上吸收、创造。

本书以近十年来国外政府管理创新的实践为基础和素材,力图对"繁花缤纷"和"姹紫嫣红"的政府改革运动进行专题式研究,以期为读者在"繁花缤纷"和"姹紫嫣红"的政府改革运动中把握政府管理创新的脉络和趋势,并有所启发。全书各章的主要内容和关系是:第一章是总论,重点探讨政府管理创新的渊源与范式重构,为全书提供分析框架;第二章则重点介绍和分析国外政府管理的理论创新与理念变革,属于思想观念层面,为第三章至第七章的政府管理实践创新提供理论支撑;第三章到第七章属于政府管理创新的实践层面,是全书的重点;第八章属于前瞻性的内容,着重对政府管理创新的若干趋势进行分析。需要说明的是,对于一些属于国外政府管理创新的内容,如阳光政府、廉洁政府、合作政府、公共服务、非营利组织管理、应急管理、城市治理和社区治理等,考虑到在国外政府管理研究丛书中已经安排相关书目,本书不再赘述。

---

① [美]M. P. 托达罗:《第三世界的经济发展》下册,于同申等译,中国人民大学出版社 1991年版,第221页。

第一章　政府管理创新渊源考证与范式重构

伊始于20世纪80年代的英国雷纳审查运动正式宣布新一轮世界性的政府管理创新革命的开始。时至今日，这次政府管理改革仍旧方兴未艾，许多国家的政府仍然秉承改革中的若干理念，致力于实现本国政府管理的创新与发展。追溯那段历史，不难发现政府的管理创新运动并非公共管理学者的个人臆想，也绝非各国政府为应对新时期的危机而提出的标语口号。政府管理创新的产生发展根植于特殊的社会历史背景，比如，第二次世界大战之后，发达国家的政府管理中普遍存在着管理主义盛行、公共开支严重超载、政府回应性滞后等管理弊端，外加全球化与信息化趋势的影响，这些现实困境与压力为政府管理创新注入了更多的可能性元素；同时，各国政府也确实在新的政府管理理念之下，采取诸多新的政府改革举措，以应对突如其来的政府管理窘境。在政府管理创新运动的开始阶段，公共管理学者与政治实务者都对于这次新的政府管理改革运动报以较高期待，他们雄心勃勃地试图在新一轮的改革中，塑造一个更具回应性、更具责任性的政府。今日看来，这些带有幻想色彩与臆想冲动的改革理念，何曾不是这次新的政府管理创新与范式转变的朦胧景象与微弱动力呢？

第一节　政府管理创新问题的提出

政府管理作为政府的一项天然使命，伴随政府的产生、发展乃至消失。不同的历史时期与发展诉求赋予政府管理新的使命与责任。进入工业社会以来，政府的规模抉择、效率与公平孰先孰后、责任与绩效如何保证等议题成为政府管理创新运动急需解决的新议题。正如布兰特所指出的：“没有良好管理能力的政府就如建立在沙地上的房子,而效力和效率是政府管理应当关注的核心问题。"①

人类社会的智者们在政府产生之初便一直思索这样的问题:究竟什么样的政府管理才是良好的政府管理?无数次的历史经验最终证明,任何一个政府实施有效的、良好的管理都必须处理好以下几个基本问题:

首先,政府规模问题。政府应当在管理中保持适度的规模,政府规模既不能过大,也不能过小,必须与政府面临的问题和政府的能力相适应。过小的政府规模往往无法有效解决国家和社会面临的诸多问题。有学者通过研究老挝政府转型中政府规模的问题后指出,20 世纪 80 年代以来,老挝政府小于最优政府规模的实际政府规模,限制了国家和社会的健康发展。② 然而,政府的规模也不能是无限度的,政府由于需要处理的问题日益增多,提供公共服务和社会管理的能力进一步增强,因而,政府的财政、机构和掌握的资源进一步扩张,当这种组织治理的成本超越一定边界的时候就会损害整个社会的良性发展。由此观之,小政府与大政府的争论已经不合时宜,规模适合的政府才是理想的追求。

其次,效率与公平正义的关系问题。政府应当在管理中保证具有效率和促进社会的正义。面对国家和社会出现的诸多问题,展现足够的效率对于政府来说不可或缺,政府管理中的低效必然带来社会治理成本的急剧增加,并最终影响政府的合法性基础。同时,良性的政府管理中应具有伦理关怀,正义性是其核心。社会管理中的社会情怀理念在古代哲学家那里早有阐释,比如孟子在他的论著中曾论证到,基于仁和德来治理国家,即使国家再小,也能够称王。西方现代著名的政治哲学家罗尔斯在《正义论》中对于正义原则进行过分析,他将正义性原则抽象为以下两个原则:第一,每个人都有平等的资格去要求平等的基本权利和基本自由的充足配置,而这种配置要相容于对于所有人的同样配置;第二,社会和经济的不平等要满足两个

---

① Barrie, B., *A Government without Good Management Is a House Built on Sand*, Public Productivity Review, Vol. 12, No. 4, 1989, pp. 403 - 404.

② 李和中、康努颂:《转型期政府规模的最优化研究——以老挝为例》,载《人民论坛》2010 年第 20 期。

条件：它们所依系的地位和职位要在机会的平等公平条件下向所有人开放（机会的公平平等原则）；它们要最有利于最不利的社会成员（差别原则）。①

最后，回应性与责任性问题。在当今社会，迅速而快捷地发现社会问题对于政府来说至关重要，如果政府行动的速度与社会信息传播的速度差距太大，整个社会的稳定性将大打折扣；同时，政府应当努力保证自己具有责任性。责任政府的概念由来已久，鉴于人类社会不同历史时期社会治理的目标不同，责任政府的外延也会有所差异，而现代意义的责任政府是指代议制背景下的责任履行以及对渎职行为的承担，责任政府不仅仅要求政府具有主观上的道德责任感，而且要求政府管理客观效果的可评估性。

一、传统政府管理的弊病

政府管理的创新不是空中楼阁，毫无根基与源流的盲目改革会伤害政府管理的热情与价值。在对于现代政府管理创新进行展望与回顾的过程中，有必要对传统政府管理的弊端进行总结与归纳。归结起来，传统的西方政府管理具有以下通病：

第一，官僚体系的主流话语难以撼动。传统的政府管理依赖于马克斯·韦伯阐释的官僚制特征，官僚体系基于法律规定的一系列规则和管理安排，控制系统必须是理性的和合法的。韦伯指出了官僚和科层制的重要性：官僚的荣誉在于其自觉执行更高权威要求的能力，没有这种规范标准和消极自我的认同，整个机构将分离成碎片。这种模式有利于工业革命体系下国家的整体发展，能够有效开展大规模的工业化，进行大规模的基础设施建设，有利于实现国家的全面现代化。但是，官僚制导致政府机构膨胀，政府运转效率低下，不同职能部门之间推诿现象严重，无人负责问题日益凸显。英国历史学家帕金森在他的名著《官场病：帕金森定律》中详细论述了政府官僚机构不断膨胀的问题，并将之称为“帕金森定律”。他认为两种动

① ［美］罗尔斯：《正义论》，何怀宏等译，中国社会科学出版社1988年版，第56页。

力驱动了这种现象，当官的人需要补充的是下属而不是对手；当官的人彼此之间是会制造出工作来做的。① 事实上，发达国家在20世纪80年代面临着严重的官僚膨胀问题，大多数发达国家在第二次世界大战之后官僚数目明显增加，官僚在国家总人口中的比例持续上升。

第二，收支平衡的理想愿景难以实现。一国政府保证财政收支平衡是一种理想的状态，而悖论却是政府的支出总是不断扩大，而公共收入的增长在特定时期总是有限。第二次世界大战以后，发达国家政府财政支出持续增多，主要表现在政府投资占全国投资的总比例相当高，联邦德国在1950—1976年政府投资高达25%，而美国在1951—1970年政府投资高达30%；政府商品采购和劳务支出占GDP的比例相当高，诸如美国、英国和法国的政府消费在1950年占GDP的比例仅有15%左右，但到20世纪80年代却高达20%；此外，转移支付在西方政府总支出中比例也达到30%。德国经济学家瓦格纳认为政府活动不断扩张带来的公共支出的不断增长是社会经济发展的客观规律，而主要由税收、公债和其他部分构成的公共收入总是有限的。截止到20世纪80年代，发达国家的财政收支不平衡问题已经凸显出来，严重影响到政府的日常运作以及政府在民众中的声誉和影响。

第三，政府合法性递减问题难以有效消除。由于第二次世界大战后政府坚持加强在经济和社会发展中作用的态度，发达国家普遍实行增加公共开支的政策。发达国家大体实行的是一种国家资本主义的发展模式，这种模式固然有集中力量办大事、迅速促进国家经济发展、保证人民充分就业等优点，但毋庸置疑的是，随着中央政府与地方区域的空间距离越来越远，以及官僚体制固有的扩张性、惯性与惰性等原因，通常产生政府政策成效随着区域空间延展而递减的问题。随着中央与地方、各行为主体的交流减少，政府获取问题的能力下降。再加上在国家资本主义中，政府往往持续性地垄断性地占据资源，受约束性和责任性下降，政府的回应意愿愈发值得怀疑，

① ［英］帕金森：《官场病：帕金森定律》，陈休征译，三联书店1982年版，第2页。

进而导致中央政府最终实施的政策未必真正符合地区的需要，未必符合民众的亟须，未必符合效率和公平。

第四，政府改革的动力难以持续维系。发达国家普遍面临着政府进行改革的必然性与政府改革的迟缓性之间的矛盾，也即民众对政府的高期待与政府对民众的低回应之间的矛盾问题。政府可以被视为一种机制。鲍威尔在探讨机制问题时指出，机制在两方面极为重要：静态意义上的有效性和动态视角下的活力。机制的有效性包含两个重叠的观点：成员遵守规范和规则的程度；实现特定目标或达成特定意图的程度。机制的活力是指机制面对外来挑战的持续力量，以及先前的制度选择对之后集体决定及其行为的限制，也即"机制的历史性因素"。换句话来说，机制成员中的权力发生了转移或者说那些最有力的成员不再能从现有的机制中获得好处，机制就将丧失其活力。① 政府也必须在有效性和活力问题上大做文章，对政府活力和有效性的要求需要政府不断推进改革，任何一次改革都不过是对既存制度弊端的一种纠正，而这种纠正必然带来一种新的历史结构，②这种新的历史结构的产生和存在有其特定的历史背景，当这种背景不复存在，既有的历史结构便不能处理好新产生的问题和弊端了，这就需要进行新的改革，以便产生新的历史结构。遗憾的是，历史的发展证明了很少有任何一个历史集团乐意自动退出历史舞台，或者说是乐意不断地推进自我改革。毕竟改革是困难的，不同于革命的对立双方非此即彼的泾渭分明，改革要求政府必须同时处理好保守派和改革派两股力量，因而改革往往是稀缺的、迟缓的，甚至是无效的。政府进行改革的必然性与政府改革的迟缓性之间的矛盾，经过第二次世界大战之后问题的持续累积，到20世纪80年代已经到了爆炸的边缘，各国不得不进行新一轮的政府改革。

---

① Andreas, H., Peter, M. & Volker, R., *Theories of International Regimes*, Cambridge: Cambridge University Press, 1997, p. 2.

② 考克斯认为，霸权秩序是政治领域中固定的历史均衡。这种秩序源自社会冲突并且代表了对立社会力量之间的妥协，这种秩序至少在一定时间内不会受到严重挑战。考克斯将这种霸权秩序定义为"历史结构"，认为这个历史结构是由物质、意识和制度三个要素构成的。这三个要素之间的相互依存创造了一种塑造了社会行为的行为框架。See Andreas, H., Peter, M. & Volker, R., *Theories of International Regimes*, Cambridge: Cambridge University Press, 1997, p. 197.

除了西方政府管理面临的共性弊端之外，各个国家由于自身的历史情境、思维哲学、政策制度的固有差异，还往往存在着自身的一些缺点。下面主要结合美国、英国面临的具体问题进行分析。

第二次世界大战之后，美苏两国主导着世界格局，长期的冷战使得美国到20世纪80年代前后累积下了诸多问题，这些问题既有国际层面的，也有国内层面的，而且二者往往是相互联系的。在国际上，主要是美国长期的势力扩张导致美国在第三世界国家形象受损，对外援助的财政支出数额巨大，整个世界处在不安全感的状态下。美国政府在国内同样面临一系列问题：一是经济和财政问题。1973年石油危机对美国经济造成很大冲击，而且日本、德国的经济崛起使得美国相对实力下降，许多美国学者都在唱衰美国经济。长期的高投资、高公共支出、高军费等导致巨额的政府财政赤字，进而引起联邦政府与地方政府之间的关系逐步恶化。二是社会问题。美国政府持续的冷战政策，尤其是越南战争导致了美国社会的巨大分裂和民众对政府的强烈不满。巨大的国防备战导致民众社会福利下降，贫苦人民的生活愈加恶劣。三是政府绩效问题。由于长期的国家资本主义政策，政府效率相当低下，官僚主义严重，经济和社会问题的日益加剧导致民众对政府的信任危机，戈尔办公室的《国家绩效评价报告》中所描述的那样："在一代人的时间之内，美国人民相信政府的人数，从坚实的多数下降到相当有限的少数。"①美国由于处于冷战中的核心位置，它的政府管理面临的最主要问题与冷战息息相关，经济滞胀和政府赤字严重等问题与美国一直秉承的自由主义哲学不相符，许多学者批评政府的政府管理模式，试图提出新的解决之道。

英国不处于冷战的中心，长久以来并不严格区分政治与行政之间的关系，其政府管理的弊端颇具特色。由于英国长期的自由主义传统，以及它不处于冷战中心的事实，英国不需要过分重视冷战对于整个国家政策的影响，这有利于其更早的推进改革。1968年的时候，英国便提出了著名的富尔顿

① 毛寿龙等:《西方政府的治道变革》，中国人民大学出版社1998年版，第124页。

报告，既包括改革英国政府的公务员制度，也包括改革机构权责方面的内容，英国也被誉为冷战后发达国家进行政府改革的先导。由于长久的政治与行政的不分离观念，政府官员不仅负责政策的具体制定，而且负责政策的具体执行。这使得议会中以及家政府中的高级官员承担过重的责任，在本不属于他们负责的内容（这里主要指行政内容）中耗费过多精力。此外，许多低级别的政府官员以及地方人员认为高级官员对于他们行政的干预严重影响了政策的执行效率以及政策的实施效果。

二、政府管理面临的新问题

除了传统政府管理的弊端之外，发达国家还面临一系列由于新技术、新思潮、新形势的出现带来的新问题。20 世纪最后 20 年，世界局势发生了较大变化，为迎接全球化、信息化、国际竞争加剧的挑战，以及摆脱财政困境和提高政府效率，西方各国先后掀起了政府改革的热潮。

全球化大潮的冲击迫使政府进行必要的变革。全球化是一个颇具争议的概念，经济学、政治学、文化学、社会学的许多学者从与各自学科的核心概念和重要议题相关的不同视角对全球化做了研究。社会学试图从社会同构①与时空压缩②的视角看待全球化。在文化学家看来，全球化就是指在世界范围内起作用的文化的生长与加速发展的复杂的整体过程，特别是世界整体意识和全球文明的形成过程。政治学尤其是国际政治学主要从国家主权的角度解析全球化，全球化进程被视为主权边界的侵袭与模糊。经济学视角下的全球化研究被广泛认可，怀特等认为："全球化是一种进程，在这一进程中，各国的生产和金融结构越来越多地跨国界联结在一起，构成一种国际劳动。在这一分工中，一国创造的财富越来越依赖于其他国家的经济。"③

① 贝克认为，全球化是经济、信息、生态、技术、跨国文化冲突与市民社会的各种不同范畴内可以感受到的、人们的日常活动日益失去了国界的限制。

② 吉登斯认为，全球化是指一个把世界性的社会关系强化的过程，并透过此过程而把原本彼此远离的地方连接起来，令地与地之间所发生的事也互为影响。

③ 文军：《西方多学科视野中的全球化概念考评》，载《国外社会科学》2001 年第 3 期。

纵观各个学科对全球化的看法，全球化凸显了政府面临问题的细微性、问题的无边界性、问题的迅速扩散性等。

面对这些特点，政府需要不断推进管理改革，以适应这些新的问题：第一，问题的细微性需要中央政府不断向地方下放权力，地方政府也需增强自身的管理能力，只有这样，才能不断增强政府应对细微问题的能力。全球化严重冲击了大问题与小问题的差别，由于通信的高度发达，时空的急剧压缩，使得任何细小的问题都有可能迅速升级为巨大的问题。如果单靠政府本身去发现问题，不仅不可能，而且不可行，因而，中央与地方必须协同处理问题，这样才能保证政策运行的高绩效。第二，问题的无边界性要求政府必须保持高度的敏感性和回应性。资本、社会思潮等的流动性对国家管理这些问题流动的能力提出了新的挑战。诸如恐怖主义、经济危机、毒品泛滥等问题都是跨越国界的问题，政府必须具有高度的敏感性，仅仅依靠传统的公共机构、科层制、公与私的对立、命令与控制、控制与管理的技能等手段已经不能有效处理这些问题，必须充分运用创新的公共行动工具、社会网络、公与私的结合、协商与说服、授予权力等手段进行处理。第三，问题的扩散性需要政府迅速应对。传统的官僚制度往往机构庞大、反应迟缓，应对问题的效率极低，这种模式在全球化的背景下是不可行的，因为任何一种问题一旦扩散进自己的国度，再处理起来都将相当困难。政府必须树立未雨绸缪的意识，充分考虑诸多问题产生的可能性，防止不良问题渗透进本区域内，只有充分考虑政府的创新性和责任性，才能做到防患于未然。第四，全球化所导致的市场进一步开放会更加显现出市场本身的缺陷。市场经济具有自发性和驱利性，这使市场主体常常出现非理性的行为。经济发展的周期性波动，也会在各种因素的影响下干扰市场，甚至极大地破坏市场的平衡和稳定，导致“市场失灵”，阻碍经济发展。

信息技术的进步促使政府进行必要的变革。首先，信息技术的发展对政府的管理效率提出了挑战。传统的官僚体制由于科层制和控制性的管理手段往往效率低下，但信息技术的进步使得信息的扩散急剧加速，问题的处理更加棘手，本来可以在小范围内解决的问题不得不置于更大的聚光灯下，这就要求政府具备更强的获取信息和处理信息的能力,政府不能等到问题已经发展到紧迫的程度才进行应对,更不能对信息熟视无睹。其次,信息技术的进步对政府的管理理念提出了挑战。网络的无政府状态注定传统的政府管理不可能无缝隙化地对所有议题进行管理。信息化导致虚假性和意识形态性信息遍布。网络是一个鱼龙混杂的地方,海量的信息充斥在网民的视线中,夸张的信息、扭曲的信息、煽动性的信息不胜枚举。正如基恩指出的"网络并不总是带来更多的真理,更深刻的信息,更丰富的全球观念和冷静观察者所得出的偏见更少的观点"①。正如美国学者克利福特·斯托尔所言:"网络是历史上存在的最接近真正的无政府主义状态的东西。"②由于网络非中心式的分布结构,网络的监管困难和匿名虚拟特征,使得网络无政府主义已经发展为一种重要的现象。传统的政府管理模式由于官僚制的设计,控制性的管理体系、被动反应性的制度设计,对于重大项目和工程具有强有力的执行力和影响力,但对于突发性、高流散性、强爆炸性的问题往往显得应对乏力。在信息化席卷全球的新形势下,政府应当在适度开放信息交流的基础上,对信息进行监督和指导,提高政府管理的灵活性、合作性和对话性。最后,信息技术的发展对政府的管理方式和方法提出了挑战,政府必须有效运用新技术实行政府管理。政府必须在政府的运转中运用信息技术促进自身的管理和服务,信息技术迫使政府将新技术运用到所有的政府服务层面:地区的、国家的、区域的,甚至是国际的。信息技术被用来促进数据管理和数据分享,计划和决策支持、服务分配等。信息技术的运用领域代表了一种跨部门的管理:健康保障与安全,法律贯彻、安全、正义、监督、土地使用和其他。不仅仅在美国,在全球范围内的大多数国家都运用信息技术从公共途径获取信息,提供更加便利和及时的交易服务,增加公民在政府管理和相关进程中的参与。此外,信息技术还需要用于支持更加宏大的目标:保证政府制度运行和提高政府效率,维持和加强民主,促进政府责任和

① [美]安德鲁·基恩:《网民的狂欢》,丁德良译,南海出版公司2010年版,第15页。

② [美]比尔·盖茨:《未来之路》,辜正坤译,北京大学出版社1996年版,第179页。

透明。①

国际竞争进一步加剧促使政府对既有的政府管理进行改革。随着两极格局的解体,世界政治发生了新的变化,资本主义暂时的胜利、社会主义暂时的低潮、第三世界国家艰难的探索是这个时代的主要国际格局特点。一超多强的国际格局中,发达国家也面临着新的巨大挑战,既有资本主义国家内部的竞争,主要是德国推动的欧盟,以及日本的崛起对美国经济霸权地位的挑战,也有中国和印度等新兴国家对发达国家主导的国际经济政治旧秩序的冲击。美国学者罗伯特·基欧汉和约瑟夫·奈将当下全球化状态下的国家间关系确定为复合相互依赖,其突出特征是:各社会之间的多渠道联系,即国家间联系、跨政府联系、跨国联系等;国家间关系的议程包括许多没有明确或固定等级之分的问题;军事力量的非重要性。② 这样的三个特征,决定了政府管理必须进行改革。国家之间竞争的层次扩大了,已经不单纯是作为整体的国家之间的竞争,而且包括地方政府、企业,甚至是个人之间的竞争,政府管理已经不能局限在中央层面一级,必须充分调动地方政府、企业部门、社区,甚至是个人的积极性,只有这样,才能在国际竞争中占得先机。国际竞争的议题领域逐步延展,不仅显示在冷战中占主导地位的政治、军事对抗为主导的高级政治之间的竞争,也表现在各国在经济、社会乃至具有意识形态吸引力的思想等议题间的竞争。国际竞争的议题领域的扩展也为政府管理提出了新的挑战,由于之前的政府管理注重军事、政治问题,相对重视经济问题,对于社会福利、环境保护等议题则关注较少;面临愈加重要的社会问题,需要政府转变观念,筹划新的管理制度,才能不断适应环境变化的要求。军事力量的非重要性也影响了政府管理创新,冷战时期将军事力量提升到至高无上的地位,随着两极格局的崩溃,国家间的竞争并未偃旗息鼓,而是更加激烈,尤其是表现在经济、科技、教育领域,这些领域的管理与军事管理表现出不同的特征,需要政府进

---

① Hsinchun, C. , *Digital government*, New York: Springer Press, 2008, p. XVI.

② [美]罗伯特·基欧汉、约瑟夫·奈:《权力与相互依赖》(第三版),门洪华译,北京大学出版社 2002 年版,第 25—31 页。

行更具服务特征的改革，管理和命令不能单纯解决这些问题，需要政府进行网络性和合作化的管理。

总之，到20世纪80年代前后，西方许多国家的传统政府管理制度已经走进了死胡同，传统的管理模式缺乏效率和质量，导致政府制度僵化和社会问题积重难返，而且传统的政府管理在全球化、信息化、国际竞争加剧等新问题的解决上束手无策。这些因素的综合激起西方政府的新一轮改革。

第二节　国外政府管理创新的发展审视

20世纪70年代末，撒切尔夫人执政下的英国政府率先开启了政府管理创新，在"雷纳审查"的指导下，英国政府试图改变既有的官僚体制僵化、管理效率低下、服务意识淡薄等问题，随后新一轮的政府管理创新革命席卷北美和欧洲。

一、政府管理创新的启动

自从政府诞生以来，政府管理便一直面临着创新的压力。在国家或政府形成的初期，政府管理的人数较少，议题也较简单，社会关系也不是很复杂，对政府管理的技术要求较低，对政府管理的效率和绩效没有给予较多的考虑。纵观中国历史，春秋战国时期的封建制度导致了诸侯国之间输赢不定的局部性战争，在这种特殊类型的战争中所形成的竞争和冲突，促进了效率导向型的工具理性文化在军事、政治、经济和意识形态等领域的扩展，进而为春秋战国时期社会各领域的演变提供了根本动力。由于当时中国社会所具有的特殊的结构性条件，这一推动社会演进的战争力量却最终为国家所驯服。进而在秦朝和西汉时期，中国逐渐转型为一个以儒士为主导的科层制帝国。① 中国之后的历史演进证明了政府总是根据国内经济

① 赵鼎新：《东周战争与儒法国家的诞生》，夏江旗译，华东师范大学出版社2006年版，第2页。

社会的发展状况和外部影响的状况，不断进行政府管理创新。西方的政府管理也时刻处在一种不断创新的状态中，新一轮的政府管理创新源于第二次世界大战之后西方政府管理的问题累积和新技术的冲击。随着20世纪30年代自由放任政策导致的“大萧条”，发达国家转而普遍扩张政府的政治、经济和社会职能，求助于更加重视国家干预政策运用的“凯恩斯主义”，这种政策运用随着美苏两大阵营的冷战爆发和深化而加剧。在安全与生存成为第一要务的冷战岁月里，国家干预能够保证政府充分提取社会资源，保障国家安全和促进社会发展。但是，到了20世纪80年代前后，发达国家几十年的国家资本主义导致的问题累积到了新的爆发边缘，普遍出现了空前的财政危机、管理危机和信任危机。面对这些危机，以及经济全球化、信息化和国际竞争日益加剧的新现象，西方各国普遍采取创新性的政府管理方式，期待解决累积的弊端和面临的新问题。

英国率先开启了政府管理改革的新篇章。20世纪下半叶，英国经济增长缓慢，1978年仅有1%的经济增长率，政府长期的高公共开支导致严重的通货膨胀、经济滞胀问题日益凸显、失业率居高不下、社会不满情绪严重。为了解决这些问题，1979年上台的保守党首相撒切尔夫人在执政伊始，便表现出改革的决心和极大的魄力。撒切尔夫人选派曾负责希斯政府国防部联合采购部工作的雷纳组织效率小组，负责行政改革的调研和推行。1979—1986年，雷纳评审小组对政府工作部门进行了颇有成效的调查和评审，雷纳将这一系列调研的目的概括为三点：(1)考察某一特定的政策或某一类活动，对那些人们习以为常、视为天经地义工作的所有方面都要敢于质疑；(2)提出所发现问题的解决方案，并就如何节省开支，提高效率和效益提出建议；(3)对已达成共识的解决方案和改进措施的实施情况进行监督和检查。①

雷纳评审发现了英国政府管理中的确存在不少问题：(1)成本-收益意识薄弱，绩效低下。一个好的政府不仅需要充分审查政府投资的项目，而且要保证投入与产出之间的合理比例，否则，很有可能造成绩效低下，即高投

① 周志忍：《英国的行政改革与西方行政管理新趋势》，载《北京大学学报》(哲学社会科学版)1994年第5期。

入和低产出问题，并且可能延伸带来腐败现象盛行、效率低下、浪费惊人等问题。英国当时的政府投入需要遵守严格的规章和细致的审批，但对于投入之后的产出问题相对较少关注。(2)行政开支过大，违背了政府建立的初衷，不符合良政善治的伦理要求。政府开支分为两个部分，一个是服务开支，一个是行政开支。从理论上讲，政府建立的目的在于提供管理和服务，因而服务开支应当占据更高的比例。但诚如帕金森定律揭示的那样，官僚的自扩张性是其重要特征。雷纳审查指出：在英国，一半左右的政府开支用于行政开支，这样严重破坏了政府的公共伦理。(3)问责制度不健全，政府失误缺乏负责。任何一个政府的合法性去除神圣性之外，都是要归结到对民众的贡献，如果政府犯了错误而不去追究，必将损坏政府的合法性。雷纳审查指出，英国政府当时由于程序设计不当和政府官员失误，政府失误开支高达政府总开支的10%—12%。(4)政府机构设计僵化，服务意识越来越差。在任何一个时代，总会有些政府部门的设计是暂时性的，脱离了某一历史情境，这些机构的存在也就不合适了，或者说，再维持既有的机构规模就是没有意义的了。但是，由于这些机构往往是既得利益群体，改革起来比较困难，很多时候这些过时的制度得以继续维持，并继续占用政府资源。由于第二次世界大战之后的政府政策源于对自由主义放任政策的反思，它们大多是国家干预管理型的政府设计，它们的目的并非为人民服务，这违背了政府建立的伦理基础。

有研究指出，20世纪70年代末英国政府推行的改革主要在于加强对行政成本的控制，到20世纪80年代则转向了重新组织公共服务。① 雷纳审查的确改善了英国的公共开支状况，并且促进了政府部门的效率，但是它无法有效促进政府对人民的服务质量，撒切尔夫人在20世纪80年代中期开启了“下一步行动方案”的改革，并延伸到了梅杰政府推行的“公民宪章”运动和“竞争求质量”运动，他们发动这些改革的目的便是提高政府提供公共服务

① Stephen, A., Ian Kirkpatrick, & Richard, M., Walker, *Public Management Reform in the UK and Its Consequences for Professional Organization: a Comparative Analysis*, Public Administration, Vol. 85, No. 1, 2007, p. 9.

的质量,满足公民对于政府的要求。伊布斯于1983年接替雷纳任撒切尔政府的效率顾问,他于1988年向政府提交了一份题为《改善政府管理:下一步行动方案》(Improving Management in Government:The Next Steps)的报告。该报告提出了机构设置新的指导原则:鉴于不同政府部门具有不同的职能,各部的设置与改组应严格依据所从事的工作进行。其内部组织结构应有利于高效率地制定政策,提供服务。据此,英国政府设立执行机构、加强人力资源的开发与利用、持续推动政府改革。政府的作用被局限在决策和制定公共政策,至于政策的执行,尤其是公共服务的提供则交给部分政府部门和社会其他部门共同承担。此外,政府分工更加明确,部门设计更加合理,责权更加明确,执行机构主要有三方参与,政府、专门工作小组、财政部,他们共同讨论哪些部门应当继续存在、哪些应当进行适度改革、哪些应当废除。最后,政府的管理方式转变为间接管理,由于政府面临问题的日益复杂性,之前的命令型管理模式已经不再适用,英国政府转而使用间接管理,加大管理者的主动性和积极性。

随着梅杰政府的上台,基于进一步满足社会和民众改革的呼吁和要求,推行了进一步的"公民宪章"运动改革。第二次世界大战之后的英国政府总体是政府主导的管理体系。向公民和社会提供服务的内容、标准都由政府决定,政府服务信息也经常处于封闭状态,这自然导致政府的官僚化、非责任化和非效率化的倾向。1991年英国首相梅杰率先发动了声势浩大的"公民宪章"运动,梅杰政府要求各公共部门必须用宪章的形式将其服务的内容、标准、责任等公之于众,以接受公众监督,提高服务水平和质量。其中,公民宪章的设计要求体现六个指导原则,即明确的服务标准;透明度;顾客选择;礼貌服务;完善的监督机制;资金的价值。① "公民宪章"运动充分确立了英国政府服务的顾客导向。长期以来,公共服务中服务提供者居主导地位,不是针对公民需要的;公共服务是主导型和命令式的,而非民众参与的;公共服务是封闭性的、信息不透明的,公众很难知晓内部机构是如何运作

① Cooray, A., *Toward More Efficient Administration: Citizen's Charter in the United Kingdom and Hong Kong's Performance Pledge Program*, Hong Kong Public Administration, Vol. 2, No. 2, 1993, p. 164.

的，自然也就无法监督和提出异议。随着“公民宪章”运动的改革，政府不再是高高在上的部门，不再是内封闭的部门，不再是无问责的部门，公民宪章为服务对象提供了审视公共服务的机会。

英国的政府管理改革开启了发达国家新一轮的政府管理创新，它的核心是提高政府效率，缩减政府规模，以及提高政府的服务质量，将政府的伦理诉求重归于服务民众。英国的政府改革掀起了西方政府改革的新浪潮，美国、加拿大、澳大利亚、德国、法国等国家也迅速开展了政府管理创新。

二、政府管理创新的浪潮

在英国政府管理改革的带动之下，其他发达国家广泛掀起了一股规模宏大的政府改革浪潮：美国的“政府再造”、欧盟倡导的公共服务改革、加拿大的《公共服务2000计划》等。

在这次政府管理创新大潮之中，美国政府的管理创新运动受到较多关注。进入20世纪80年代之后，美国政府干预的负面效应已经凸显：社会福利负担沉重、经济滞胀严重、财政赤字极高。1981年里根就任总统之后，基于自己时任加利福尼亚州长的改革成功经历，他决定在国家层面进行政府管理改革，其改革的主导思想就是缩减政府规模，减少政府干预，下放政府权力。里根政府的改革为20世纪90年代克林顿政府的深化改革创造了条件。克林顿政府进一步加强了市场导向的改革方案，将政府改革的自由化导向进一步扩展到其他领域，包括医疗制度、福利制度甚至环保领域。奥斯本和盖布勒出版的《改革政府：企业精神如何改革着公营部门》一书作为克林顿政府的改革蓝皮书，对于政府改革的实践起着理论指引作用。此外，为适应信息化与全球化的挑战，美国还最早进行了电子政务改革。早在1993年，克林顿总统便极力倡导电子政府，积极引导政府进行电子政务改革。到了1995年和1996年，克林顿政府出台了《政府纸张消除法案》和“重塑政府计划”两项重要方案，要求政府各部门呈交的文件必须要使用电子方式，这些方案进一步推动了美国政府的电子政务进程。2000 年 3 月,美国政府在全面评估其电子政务进程后,提出了美国电子政府发展的未来目标和长期规划。

除了美国的政府管理改革运动以外,其他发达国家的改革也各具特点。20 世纪 90 年代荷兰、比利时、卢森堡等国家的中央政府也和英国一样,面临着政治与行政不分的问题,中央政府的责任过重,承担了许多不必要的责任,地方政府的积极性和动力无法发挥,进而导致绩效低下,官僚体制僵化等弊端。20 世纪 80 年代荷兰首先进行了广泛的民营化改革,主要表现在对部分的国家公司、大型和小型国家服务部门进行了民营化改革,这些改革有效促进了政府的活力和效率,增强了政府的工作质量,部分地减轻了政府负担。荷兰政府还进行了自主行政改革,通过确立严格的契约,规定政府任命的部长和部长掌管的司的领导之间订立"管理契约"。契约规定三个方面的内容:一是该组织需要完成的任务和需要提供的服务;二是期限以及契约所处的政策和法规的环境;三是组织可资利用的财政、人事、物料以及房屋资源。在民营化和行政改革的基础上,政府还进行独立的公共组织改革。鉴于荷兰政府常常咨询数个顾问的传统,20 世纪 80 年代末期,政府决定分权给部分不直接隶属于政府的组织。

加拿大和其他发达国家一样,20 世纪 80 年代面临着赤字过重,政府效率低下,官僚问题严重等问题。1989 年 12 月加拿大政府首相布穆罗尼宣布了《加拿大公共服务 2000 年创议》,内容主要包括:改革冗繁的公务员录用制度,简化政府人员的录用和人事管理制度,有效减轻政府的公务员管理烦琐程序;减少中央过度的行政控制,使次长以及地方行政官员拥有更多的自主管理各司和地方行政事务的权力,并且明晰各行为体的责任,有效监督各部门的责任履行状况,建立起责任政府;不再把中央政府视为一种官僚化的和封闭性的机构,澄清并简化中央各局以及整个政府人事和行政控制体制的角色;充分调动政府中各部门以及地方行政部门的积极性,发展鼓励效率和改善项目供给的新方法。

综上可见,到 20 世纪 80 年代,为了应对政府财政负担过重、官僚化严重、绩效低下、责任意识较差、不重视公民需要等问题，以及全球化、信息化、国际竞争加剧等新问题，发达国家普遍参与了这次新一轮的政府管理创新运动。虽然各国有着各自的特色，但并不排除各国之间有着共同的特征。

三、政府管理创新的大趋势

综观西方政府管理创新的进程，我们可以发现20世纪七八十年代开启的这一轮管理创新具有政府政治权力的分权化、政府工作过程的市场化、政府工作成果的绩效化、政府工作理念的服务化等特征。

第一，政府政治权力的分权化。20世纪80年代，西方政府认为，加强地方政府将促进政府的效率，并有利于进行更好的民主治理。许多国家重新审视不同级别政府的作用，以及各级政府与私有部门和市民社会合作。① 首先，从中央层面上来说，进一步规范中央政府的权力，并适当减轻中央政府的负担，理清政治与行政的关系，将不属于中央的权力分割出来，保持中央政府的整体设计和调控职能，明晰政府的决策、执行、监督各部门职能，提高政府能力和效率，同时加强其他主体的力量，使他们承担更多的职能。其次，中央政府将之前某些重大的权力让渡给地方政府，赋予地方政府更大的自主权。由于地方政府身居问题的第一线，对问题的敏感性更高，地方政府拥有更大的权力可以更便利地处理许多问题；而且将更多的决策和执行权交给地方政府，可以减轻政策的损耗，有利于降低解决众多问题的成本；地方政府的权力进一步增强还可以减轻中央政府的财政负担和缓解中央政府的官僚制，中央无须进一步对地方提供众多的财政资源，地方政府可以调动自己的积极性增加财政，并且地方权力的增加可以有效缓解中央沉重的官僚制度痼疾。最后，社区治理在历史舞台中显示了活力和创新。社区治理倡导的是打破地方政府单一权力中心，实现进一步的分权，通过进一步的分权，可以使包括社区在内的更小的权力主体参与到合作治理中。传统的社

① Tugrul, G. & Anwar, S. , *Localization and corruption*, in Ehtisham Ahmad and Vito Tanzi (eds.) *Managing Fiscal Decentralization*, London: Routledge, 2004, p. 46.

区是极其被动的行动主体,根本无法参与政府的行政决策,只能被动接受中央和地方的政策,而社区治理显示了合作和治理的理念,是在相互平等、相互尊重基础上的合作治理。合作治理不仅需要自由主义思想的内在支撑,还需要行政人员自主性的支撑和架构。"合作治理需要得到治理者的自主性的支持,没有治理者的自主性,合作治理就会成为一种关于社会治理的空想。"①

第二,政府工作过程的市场化。由于第二次世界大战之后的西方传统政府管理制度具有明显的管理和命令特征,官僚问题逐渐累积,全球化、信息化、竞争日益激烈等新问题不断出现,政府需要进一步缩减成本,激发效率,创造成效,政府向市场学习的动力和需求愈发显著,树立起"以最经济的手段,花最少的钱,提供最优质的服务"的市场化理念。首先,摆脱之前政府只重视投入的观念和做法,进一步重视政府的投入-产出的比例关系。由于之前的政府包办一切的模式,政府根本不顾及产出问题,导致大量的资源浪费和无效投入,新一轮的政府管理重视政府的政策规划、制定和执行政策必须充分考虑投入-产出的比例关系,争取做到以最小的投入,获得最大的效益。其次,减轻政府对经济的干预程度,强调市场机制在经济运行中的主导作用,重视选择和竞争。政府对市场的指导逐渐摆脱管制和命令,重视激励和监督,充分尊重市场基础地位的作用,放弃和改革部分国家和中央企业,调动民营企业的积极性和竞争力;改变政府低效的公共服务提供,通过赋予其他行为主体更大的能力,运用市场的调节作用激发公共服务的活力。最后,由于之前政府公营部门和企业的单一和垄断,往往效率低下,官僚主义作风盛行,新一轮政府管理改革引入竞争机制,调动它们的积极性和活力。政府通过合同、承包、放松管制等多种形式,把原由政府承担的公共事业交由市场调节,并且在公营部门内重组市场,允许私人企业经营以前由政府垄断经营的公共服务事业,把以市场为导向、注重公民自由选择服务机构的思

① 张康之:《行政伦理的观念与视野》,中国人民大学出版社 2008 年版,第 369 页。

想应用到政府行政管理中，以提高行政效率。①

第三，政府工作成果的绩效化。政府绩效是指政府在社会经济管理活动中的结果、效益及其管理工作效率、效能，是政府在行使其功能、实现其意志过程中体现出的管理能力。建立政府的目的是在社会中能够进行大规模的建设和提供服务，这意味着一个政府必须是有绩效的，否则它存在的合法性便值得质疑。第二次世界大战之后的发达国家由于生存和安全的压力极大，它们在一定程度上淡化了政府的绩效要求。随着新一轮的政府管理改革，政府通过精简机构和权力下放，不仅压缩了政府的行政规模，缩减管理层级，而且进一步明晰政府各部门的权力和责任，有利于民众对政府进行有效的监督。此外，之前的政府管理制度主要是以政策规定和法律要求为依据的，先验的对政府管理进行评估，但是这很难进行系统的评估和究责。随着社会问题的进一步复杂化和解决问题的进一步困难化，对政府工作进行规则导向的衡量已经越来越不适合了，需要进行“后验型”的绩效评估。理论上来说，现代行政部门也是整个政治体制的一个环节，因此必须接受必要的监督和问责，但是规则导向的控制系统导致政治代理人失去了对行政部门的制约，通过后验型绩效评估，使得政府不能找借口规避责任，通过这种考核，可以更加有效的追究政府责任，强化政府的责任意识。② 最后，政府通过规定提供服务的质量为民众评估自身行政能力提供了标准，并且民众可以根据政府回应民众要求的速度和质量判断政府的绩效。这样，就使民众判断政府的绩效具有客观的标准。

第四，政府工作理念的服务化。发达国家在政府管理中表现出益发强烈的服务意识，比如在政治伦理中更加重视人本主义，重新重视民众在政府管理中的意义；将政府塑造为更具回应性的政府；政府放低自身身段，与其他部门进行合作。发达国家由于冷战的需要，第二次世界大战后国家资本主义盛行，但长期的官僚制度导致了政府的教条化和程序化，忽视了人在政

---

① 郑惠敏：《当代西方政府改革的趋势及其启示》，载《江西科技师范学院学报》2007 年第 3 期。

② 杨冠琼：《政府治理体系创新》，经济管理出版社 2000 年版，第 354 页。

府管理中的意义,这一轮的政府管理改革重新将西方行政伦理中的人本主义置于崇高的地位,重视人在政府管理中的作用,发挥民众的创造性,保障民众的更大利益。维格达认为,一个回应性较强的政治家、官僚必须是快速回应的、具有同情心的、敏感的,并且能感受到公众的需要与观点。因为在异质性的社会中,公民的需求等方面都是动态的,发展出一种系统性的理解公共需求的体系是关键的。明显地,回应性对于公民与政府之间良性契约关系的确定意义重大。因此,学者们认为公共部门的表现应该基于公共意志。结果,新公共管理的方法支持将公民视为顾客与公共部门行为的主要受益者。本质上来说,满足公民需求的动机与在市场条件下满足顾客需求一样。① 新一轮的政府管理改革强化了政府的合作理念,有些学者认为政府部门与公民之间合作与同伴式的关系违背了官僚制的本质。公共组织在过去的几个世纪内经历了较大的变化,但是公共组织的发展仍然无法摆脱韦伯的官僚制体系:森严的等级关系、严格的规章与制度、有限的沟通形式等,那些观念与合作的理念似乎很不相关,因为合作的理念意味着协商、参与、合作、自由与无限制的信息流通、创新等。通过这种分析,合作与民主好像密切相关。因为合作意味着公民可以参与到领导者的权威运行中,以便促进公共生活变得更加美好。为了支持以上的认识,汤普森宣称,虽然许多与民主相关的价值——平等、参与和个人化与现代官僚制的特点——等级、专业化与非人格化等是尖锐对立的,但民主并不是与官僚格格不入的。②

第三节　政府管理创新的实质与范式重构

就20世纪80年代前后这波政府管理创新而言,从工具理性的层面来说,政府管理创新的管理机构设置更加合理,管理职能责权更加明晰,管理方法和手段更加先进;从规范理性的层面来说,政府管理创新更加重视人的

---

① Vigoda, E., *Are You Being Served? The Responsiveness of Public Administration to Citizens' Demands: An Empirical Examination in Israel*, Public Administration, Vol. 78, No. 1, 2000, pp. 166 – 169.

② Thompson, & Dennis, *Bureaucracy and Democracy*, In Graem Duncan (eds.) *Democratic Theory and Practice*, Cambridge: Cambridge University Press, 1983, pp. 235 – 250.

价值,更加能够发挥人的主观能动性,更加重视政府的伦理含义,并且发达国家政府通过重理和重塑的方式塑造了政府管理的新范式。

一、政府管理创新的新内涵与属性

有些学者根据20世纪80年代前后政府管理创新实践的梳理和分析,将新一轮的政府管理创新归结为以下特点,有些特点大家达成共识:如削减预算,代理人制度,绩效评估、绩效审计、私有化、顾客模式、去中心化、战略性的计划和管理、区分供给和产出、管理体系的变化、精简人员、管理的灵活性、改进责任、个人化的管理、民众的究责、政治和行政的分离、促进财政管理、更多地运用信息技术,但也有些特点还存在着争议:法律规范、限制政府预算和支出、理性化的监管、政策分析和评估、促进管理、理性或流水线式的行政结构、民主化或公共参与。①

对于政府管理创新这一概念,目前国内外学术界存在着广泛的争论,我们结合新一轮西方进行的政府管理创新,仔细对政府管理创新的新内涵和属性做一具体分析。有研究从刺激—反应的角度出发,认为政府管理创新是指由于行政环境、行政任务等的变化引起的行政职能、行政方式、行政作风、政府的政策法规、行政体制等方面的一系列新变化。② 还有研究在此基础上又加上了政府管理创新的伦理诉求,强调政府管理创新就是探索政府行政的新方法、新模式以适应环境的变化和新现实的挑战,提高行政效率和增进公共利益而进行的创造性改革。③ 由于传统的政府管理方法和方式已经不能有效解决管理问题,再加上全球化和信息化技术的冲击,发达国家政府不得不进行政府管理的改革。19世纪晚期的时候,美国政府管理面临着恶劣的声誉,一些学者认为美国的行政机制被破坏了的体系所主导,行政职位往往被选举中获胜政党的人员占据,政府管理显示出无竞争、无效率、腐

① Gernod, G., *Origin and the oriental basis of New Public Management*, International Public Management Journal, Vol. 4, No. 1, 2001, p. 2.

② 冯静:《经济全球化对政府管理创新的要求及对策》,载《中国行政管理》2002年第12期。

③ 刘靖华:《政府创新》,中国社会科学出版社2004年版,第5页。

败的特征。面对这种问题,美国掀起了进步改革运动,试图构造出一个更加具有创造力的政府,推进政治和行政的分离,价值原则(所有权、中立和竞争性的行政部门),灵活的财政管理等,造就公务员服务体系,优化预算体系,减轻派系斗争和腐败问题等。伍德罗·威尔逊对于传统政府管理的贡献在于将行政从政治中区分出来,政治是在重大而且带有普遍性的事项方面的国家活动,行政管理则是国家在个别和细微事项方面的活动。威尔逊清晰地辨别出行政并不等同于政治,虽然二者具有重要联系,但行政并不必然与政治相联系。这次改革中,纽约引进了泰勒式的管理方法,并认为效率是解决腐败和无竞争问题的有效方法。泰勒对于传统的政府管理理论的发展具有重要推进,通过分析管理者和工人之间的关系详述了管理中的时间和效力,"泰勒主义"的核心在于强调管理者紧密控制工作进程和仔细计划。到了20世纪20年代,美国政府形成了成熟的传统公共管理理论:分工原则和特殊化、同质化原则,统一命令原则,尊重委任权威的等级制原则和责任制原则等。萨拉蒙认为不同于新治理范式强调创新的公共行动工具、社会网络、公与私的结合、协商与说服、授予权力的能力,传统行政专注于单一的公共项目与公共机构、科层制、公与私的对立、命令与控制、控制与管理的技能。到了第二次世界大战之后,受到科学行为主义、系统论、结构功能主义的影响,西蒙建议新古典公共管理应将事实从价值判断中分离出来,并将科学分离为求实和应用的分支,虽然对于公共行政的研究方法有所变化,但是继承进步改革运动的精神却并未改变。毫无疑问,这种观念还是没有摆脱官僚制下公共行政的内涵。

根据这种历史沿革的观点,20世纪80年代这一波的政府管理创新的背景和属性可以归纳为:自20世纪80年代前后,发达国家受到官僚主义和政权僵化所导致的公共行政低效率、巨额财政支出与赤字、过度干预市场的高额成本等问题的影响,以及经济全球化、信息技术的冲击、国际竞争加剧等问题的影响,进行了一场新的政府管理改革运动。

还有一些学者从结构主义的角度看待政府创新的内涵。他们认为政府管理创新是一个具有层次结构的体系,根据诸多方面创新之间的关联性,可以构造出八个层次的政府管理创新体系，第一个层次涉及管理人员、方法与手段，第二层次是运行机制，第三个层次是组织机构，第四个层次是行政体制，第五个层次是政治体制，第六个层次是社会治理结构，第七个层次是政府管理的系统哲学，第八个层次是社会假设基础。政府管理创新是一个系统的体系，这八个层次之间相互关联，牵一发而动全身，所以要全面推进政府管理创新。① 根据这种观点，发达国家新一轮的政府管理创新的内涵和属性可以概括为：管理人员素质进一步提高，管理方法和手段更加多元和高科技化；运行机制脱离了之前的官僚制桎梏，借用了许多市场化的内容；组织机构得到精简，扁平化特征明显，效率进一步提高；行政体制和政治体制进一步分离，两者的概念进一步明确，责权更加明晰；社会治理的活力被进一步激发，社会治理结构进一步多元化。博克斯在《公民治理：引领21世纪的美国社区》一书中着重讨论了公共行政传统的价值问题、治理过程中公民参与日益增强的问题，试图说明行政管理者的基本职能在于维持公共政策的开放性与包容性，向过去被排斥在地方政府政策过程之外的那些公民提供咨询和技术上的辅助支持；政府管理的系统哲学可以视为超越官僚制度化的人本主义的回归；社会的价值较之冷战时期得到提高，被假设为先于政府而且高于政府的部分。

此外，有研究从政府伦理的视角考察政府管理创新，认为，政府管理创新可以视为政府重新回归政府提供公共服务，保护公民和公共性，促进社会良性发展的伦理含义。内在于公共服务的社会价值不能用市场化的经济效率来评估，而应当将政府关注从结果和效率转向创造出公共价值的目标。②新公共行政伦理必须坚持公平正义的原则、人本主义的原则，政府应当坚持执行力和公信力的原则。张康之指出：维护社会利益是行政主体的最基本的价值取向。行政人员作为国家与社会公共事务的管理者，超越自我的低层次需求，追求高层次的自我实现，是个体与整体，个人与社会的统一。③ 在

---

① 李习斌：《政府管理创新是一个具有层次结构的体系》，载《党政干部论坛》2003年第10期。

② Janine, O' Flyn, *From New Public Management to Public Value: Paradigmatic Change and Managerial Implications*, The Australian Journal of Public Administration, Vol. 66, No. 3, 2007, p. 358.

③ 张康之：《公共行政中的哲学和伦理》，中国人民大学出版社2004年版，第23页。

此视角下,这一波发达国家的政府管理创新可以视为政府伦理的创新,人类历史的发展历程表现出人不断超越自然、制度、社会对人的束缚,不断接近马克思所说的自由人状态,这是人类社会发展的规律。发达国家通过重新激发人的潜能,重新重视人的价值,重新将管理为了人、依靠人作为最高标准,创新了既有的政府管理。

二、政府管理创新的过程与方式

在上文的分析中,我们可以清晰地看出,西方政府管理的创新并不是完全主动和自愿选择的结果。虽然西方传统的思想和哲学、西方社会对政府的态度和观念、西方政府自身的某些特征促进了西方政府进行管理改革,但是财政危机、官僚主义和民众不满构成了改革的内部原因,全球化、信息化和国际竞争加剧了政府管理面临的内部危机。

发达国家政府管理的创新大致经历了20世纪80年代和20世纪90年代之后两个过程。在20世纪80年代,发达国家进行政府管理改革的主要设想是弱化国家的官僚主义,包括弱化政府的绝对垄断地位,理清各部门之间的关系,向地方分权等内容。正如巴雷泽指出的那样,当代政府管理必须突破官僚制,进行新的模式的政府管理。① 发达国家主要采取了如下几个方面的政府改革:一是弱化中央政府的垄断地位,加强各个部门的自主权。英国在20世纪80年代开始了执行局化的改革,设立执行局和政策核心司,界定政府各部门的功能。二是中央进行分权,加强地方的行政权力。丹麦在20世纪70年代就进行了分权改革,中央政府把不少权力都下放给地方政府,这样可以更有效地解决社会问题。三是改革官僚主义制度,简化行政程序和条例。冗繁的行政条例阻碍了政府的政策实施,并且可能弱化政府的行政效果,简化行政程序可以有效促进政府的效率。四是人事制度和培训制度改革。加拿大政府在20世纪80年代的改革中简化了政府人员的录用和政

① [美]迈克尔·巴雷泽:《突破官僚制:政府管理的新愿景》,孔宪遂等译,中国人民大学出版社2002年版,第7—8页。

府管理制度，提高管理能力，减少原有复杂行政程序造成的效率障碍，改变过去不以目标而以程序进行管理的做法。培训制度改革方面包括建立专门的公务人员培训机构，加强对培训工作的指导和组织。五是不再只考虑政府的投入问题，进一步考虑投入和产出的比例问题，进行有效的财政预算改革，包括改革预算编制和决策过程，改进公共项目选定程序，提高预算体制的适应性等。六是信息技术改革，各国政府普遍鼓励发展信息网络，广泛应用信息技术，提高工作效率。①

进入20世纪90年代之后，发达国家的政府管理改革在继承80年代改革内容和成果的基础上，更加注重政府服务能力的提升、行政效率的提高、绩效审查和合作治理的建立。政府通过引进市场化的竞争机制，试图进一步提高政府的绩效。公共组织可以像企业那样运作，可以将其置于由付费的顾客和激烈的竞争者支配的处境，并要求他们对其财政底线负责，这种企业化管理的行为使得政府实体通过出售自己的服务获取收入。并且政府心甘情愿的运用合同竞争方式，可以节约很大一部分资金，竞争所要求的报告、审计、预算等可以进一步增强政府的绩效。② 90年代以来，绩效评估在美国各级政府得到广泛的认可和执行，并逐步形成了绩效管理制度。克林顿政府时期，美国政府出台了《政府绩效与结果法》，成立了国家绩效审查委员会。琼斯等人从效率、效果、责任和公平四个方面论证了政府服务绩效的政治逻辑和经济逻辑。发达国家政府进一步加强地区甚至是社区的自治能力，例如，美国社会学、哲学领域的学者对无限制的个人主义的反思，强调建设共同体的意义，这种诉求反映在政治学的研究与实践中。建立在人际关系以及积极参与基础之上的共同体生活由于个人主义的无限制追求而萎缩，社会责任和承诺由于无限制的个人主义文化而受到威胁。贝拉等学者指出，美国人正在远离被托克维尔视为能够软化并遏制个人主义的公共政治和市民机构，应当回复和复兴共同体理念。公民治理理论的倡导者博克

① 毛寿龙等：《西方政府的治道变革》，中国人民大学出版社1998年版，第10页。

② ［美］戴维·奥斯本、彼得·普拉斯特里克：《摒弃官僚制：政府再造的五项战略》，谭功荣等译，中国人民大学出版社2002年版，第137—143页。

斯指出:如果说19世纪至20世纪之交的改革家们倡导建立最大限度的中央控制和高效率的组织结构的话,那么21世纪的改革家们则将今天的创新视为是一个创建以公民为中心的治理结构的复兴实验过程……社区居民是他们自己社区的“提供者”,他们应该做出必要的决定以确定应该提供什么样的公共服务以及如何运营这些公共服务。①

这场发达国家普遍开展的政府管理创新运动,并不是一个完全颠覆、重建的过程,而是既包括对现存某些部分进行适当改革,又包括创立应对新问题的新组织,毛寿龙将之称为重理和重塑的二重奏。重塑政府就是根据奥斯本和盖布勒在《改革政府:企业家精神如何改革着公共部门》中提出的十项原则对政府管理进行重塑,其核心是根据企业化运作的思路进行政府管理改革,西方大多数国家都根据此原则进行了适当的改革和调整。这项战略虽然存在种种问题,但的确为西方政府管理激发了活力,促进了整个社会发展的效率。重理的理念由哈默首次提出,一些学者对此概念在政府管理中的含义进行了深入分析:在新技术刺激下改善管理程序;重新评估管理程序,保证每一步的价值;渐进方法无效,则应当寻求剧变。重理的核心在于顾客导向、有效的竞争和持续的变革。②

三、政府管理创新的范式重构

现实中的社会系统是一个复杂系统,社会科学则要求简约,核心概念明确,假设逻辑清晰,最好具有可操作性,复杂的事实与简约的理论要求构成社会领域研究一个极大的悖论与困境。政府管理创新同样面临着理论与现实的两难,现实中的政府管理总是面临着许多问题,这些问题的解决往往需要处理诸多截然相反的价值诉求。比如,强调制度依赖与强调人的创造性之间的问题,充分追求效率与保证可持续发展的问题,追求社会的公平正义

---

① [美]理查德·博克斯:《公民治理:引领21世纪的美国社区》,孙伯瑛等译,中国人民大学出版社2005年版,第10页。

② 毛寿龙等:《西方政府的治道变革》,中国人民大学出版社1998年版,第122—198页。

与保证人的积极性的问题,等等。作为一项历史性的议题,政府管理的考察需要延续历史的发展逻辑,其范式的考量无法摆脱生产力与生产关系的天然羁绊。毋庸置疑,新的政府管理创新的范式总是试图解决当下情境中最紧要的生产力和生产关系问题,如果生产力和生产关系之间的矛盾发生了新的变化,新的政府管理范式便呼之欲出。

库恩在分析科学发展和科学革命的结构时指出,凡是具有以下两个重要特征的理论体系都可视为一种范式:许多相互联系、彼此影响的命题和原理组成了一个系统整体,这个系统整体吸引一批坚定的拥护者,使他们脱离科学活动的其他竞争模式;并且这一成就又足以无限制的为重新组成的一批实践者留下有待解决的种种问题。① 在悉数政府管理运动的发展轨迹与范式转变之后,以欧文·休斯为代表的学者提出了“新公共管理范式”,试图将新一轮的政府管理运用范式的观点加以系统化。② 在传统政府管理理论中的主导性范式是韦伯的官僚体制理论和威尔逊、古德诺等人的政治与行政二分法的理论。按照休斯的观点,传统的公共行政学有如下四个原则:政府组织及其结构应根据官僚体制的原则建立;一旦涉及政策领域,它将通过官僚机构提供公共物品和服务;主张政治事务与行政事务分开;官僚职业化,官僚终身受雇并一视同仁地为不同的政治领导人服务。传统政府管理的范式可以总结为:在高度官僚制的政府管理模式下,基于静态的制度化设计和组织导向,政府垄断性的提供公共产品和服务。这种范式随着时间的发展,在发达国家已经越来越不能适应新的实践和理论思考,此时新的范式革命的发生便成为必然。

20 世纪 80 年代的政府管理创新革命已然证明:不同于传统政府管理范式的新型政府管理范式正在逐步显现,这种范式具有个体化、服务性、多元化、合作式的特征。诸如公共选择模式就是建立在不同于之前政府管理的理性设计的基础上,而是强调个人目标和偏好的汇聚。企业管理模式更加

---

① [美]托马斯·库恩:《科学革命的结构》,金吾伦等译,北京大学出版社 2003 年版,第 9 页。

② Owen, E., Hughes, *Public Management and Administration* (2nd *Edition*), St. Martin's Press, Inc., 1998, p. Vi.

强调政府的服务性特征,他们认为之前的政府管理是垄断性的,单面向的政府管理不符合政府设立的为民服务的本质,他们强调"以政府为中心"已经让位于"以公民(顾客)为中心"。政府不能把自己视为高高在上的角色,而应视自己仅仅是公共服务的一个提供者。不可否认,管理和服务在某种程度上存在着矛盾,比如政府管理的目的是提高效率和减少资源浪费,这有可能与政府为民众提供所需基本资料服务的宗旨不符;但不能据此否认管理和服务的契合,由于政府设立的目的是促进民众更好地生活,管理和服务的目的都在于此,核心都是为了人,因此,应当重视政府管理中服务的意义。新政府管理范式还重视多元化的作用,随着全球化的进一步扩散,议题愈发细微化、扩散化、无等级化,政府垄断性的管理方式已经不能有效应对这些问题,政府便通过更加细致的责权划分,加强各部门的合作;通过把自身提供公共服务的职能让渡给企业和非营利组织;中央政府还通过赋予地方政府和社区更大权力,加强中央和地方之间的关系。此外,合作也是这一波政府管理创新范式中的一大亮点。合作是在回应性的基础上得到发展的,然而,合作又超越了回应性。尽管合作在公共行政中不是一个新的名词,但是合作并没有发挥其应有的潜能。由于议题愈加复杂,政府没有足够的能力单独应对所有的问题,因而,政府愿意与其他行为主体进行必要的合作,这样不仅可以有效解决政府的能力有限问题,而且可以充分调动其他行为主体的积极性,使他们也能够参与到管理的过程中。

首先看个体化,这里主要结合公共选择模式的改革进行分析。公共选择制度化的方法形成于弗吉尼亚大学杰斐逊政治经济学和社会哲学研究中心,布坎南和纳特试图为基于个人自由基础产生的社会的观点提供一个平台,他们运用个人主义的方法论,通过汇聚个人的行为解释社会现象。他们假设个人追求各自目标并遵循各自的偏好活动,这和西蒙代表的新古典公共行政理论关于理性有限的看法有所不同。在他们看来,理性行为是个人根据他对情境的认识追求自己目标的行动。这种方法产生了一种评估社会规范的规范性基准,由于个人偏好和个人的自由选择被视为公共选择理论的核心,政治制度的基准就是自由的个人是否同意那种结构和它们的结果。

据此，他们认为发达国家的政府广泛存在着使用资源低效，以及特定团体依据代表委员会主导的传统预算和官僚组织的执行加强了本团体的利益。他们据此认为需要进行必要的改革，包括创建法律保护应对这种剥削，以及建立多中心化的行政体系。① 此外，制度经济学的方法还包括产权理论、委托-代理理论和交易成本理论，它们整体上也契合了公共选择理论的假设。

其次看服务性的特征，这里主要结合人本主义的一些观点进行评述。以马克格雷戈为代表的人际关系学派认为，管理基于马斯洛自我行动的人的概念，试图将人作为管理的核心，并指出人应当抓住机会发展自己，并在组织中过一种健康的生活。20 世纪 60 年代，美国行政学家瓦尔德组织了一场关于公共行政未来趋势的会议，与会的大多是青年学者。他们根据人际关系学派和公共行政派系，发起了新公共行政运动。他们反对这个充满歧视、非正义、不公正的社会，他们认为政治和行政的二分法，对现实和价值的分离，代议民主的责任加强了压迫和边缘化的现状。据此，他们认为：行政管理应当从追求高效的行政转向公共组织内外更加民主的结构，并且追求更加公平的社会。正如波特写道："我们认为主要的规范假设应当是公共组织的目的是减轻人类的经济、社会、心理遭遇，加强组织内外生活机会。"②即使面临经济衰退和失业问题的时候需要提高生产力，生产力的提高很多时候未必包含规范要求，但是规范要求是亘古的主题。20 世纪 80 年代，学者们依旧普遍反对官僚制。例如，罗尔通过创造性的解释宪法证明公共组织的正当化，他指出，宪法"没有规定有关公民参与政府决策的条款。而政府的官僚体制为许多人提供了参与政府活动的机会。公民可以以公务员的身份参与政府活动，可以以公民的身份参与公听会，或者利用其他各种机会参与行政机关的许多活动"③。20 世纪 80 年代，一些学者将规范融进新公共

① Gernod, G. , *Origin and the oriental basis of New Public Management*, International Public Management Journal, Vol. 4, No. 1, 2001, pp. 5 – 7.

② La Porte, T. R, *Here covery of relevance in the study of public organization*, In F. Marini, *Toward a new public administration-the Minnowbrook perspective*, Scranton, Pa. : ChandlerPublishing, 1971, p. 31.

③ [美]乔治·弗雷德里克森：《公共行政的精神》，张成福等译，中国人民大学出版社 2003 年版，第 52 页。

行政,形成了交往主义理论,他们批评当代社会是一种个人主义盛行和无根的社会,他们敦促建立更加具有参与性的政治和行政结构。他们基本的观点是,人是一种政治动物,人只有具备了参与政治生活的可能的时候才能成为完全的人,公共行政结构必须与那种社会结构变化协调,行政者也只是公民中的一员,他们应当看到民众参与行为的效用。鉴于新公共行政的进一步发展,公共行政的对话理论也得以出现。福克斯和米勒认为,公共行政应当假定公共政策网络中仲裁者的角色,或者是在某些领域中运用理想的话语,找出解决公共问题的方法。这些方法试图借鉴后现代的运动改革传统的官僚体制,他们更加喜欢具有主动性和政治上表现积极的官僚,追求价值规范高于行政效率,强烈批判代议民主的行政结构。他们强调参与、共同体、自我行动和发展人的潜能。①

20 世纪 70 年代早期,政策研究和政策分析领域的政治科学家试图寻求解释 20 世纪 60 年代社会政策失败的原因。起初,安德森等认为政策分析就是对政策的分析,即用来描述和解释现实中的政治发展,主要的行为者和结果;纳格尔则认为政策分析是为了制定政策而分析,即为政治问题寻求最优的解决方法。许多决策者运用政策分析提供的信息和实践观察,为制定政策进行分析择优,但这不能解决政策实施效果的问题。进而,通过将二者结合起来,形成了完整的政策分析体系,即理性政策模式,包括信息搜集、分析、决定、执行和评估。虽然政策分析和公共行政具有不同的含义,但公共行政还是运用了政策分析所提供的一些方法和思路。公共管理的制度创新源于 20 世纪 70 年代,政策分析被用于训练公共部门的执行人员,培训者认识到不仅需要培养执行者具备制定更优政策的技能,还需要具有管理的技能,其实这种方法主要借鉴的是私有部门的方法,对私有部门方法的借鉴转变为两种流派:一种是理性或机械化的管理模式和工具;另一种是人性化或个体化的管理模式和工具。起初,他们倾向于理性管理模式,试图寻求管理中所面临问题的答案,绩效评估,以及基于结果对领导者的尊重。例如出现

① Gernod, G., *Origin and the oriental basis of New Public Management*, International Public Management Journal, Vol. 4, No. 1. 2001, pp. 8 – 9.

了零基础预算，客体管理，绩效测量和评估的技术，公共部门市场化，理性和战略的管理。20 世纪 80 年代早期，彼得斯和韦斯特曼通过研究指出，美国最好的和最成功的公司并不是运用理性管理模式的，而是运用人性化、个体化、浓厚的文化氛围进行管理的公司，①许多学者据此将这种人本主义的观点运用到公共管理领域中，并产生了许多有价值的研究成果。

再来看多元化的特征。伴随着越来越多的议题不能再单纯依靠规模大、反应慢、成本高的政府解决，其他行为主体参与型的政府管理便显得十分必要。其理论核心在于，由于议题特征的变化，政府不再是中央和地方层面中公共物品的单一提供者，需要其他主体填补治理真空，进而导致权力主体的多元化，之前单一性的管理中心不得不让位于多中心的管理。在中央层面上，政府进行必要的分权化，将行政和政治之间的关系界定的更加清晰，赋予各部门更加明确的责权。此外，还将之前的国有部门进行适度的私有化，甚至将原有的公共服务职能让渡给某些私有企业，进一步提高政府提供公共物品的效率和质量。在中央与地方的关系层面上，赋予地方更大的自治权力，使地方能够更加有效地解决所面临的问题。地方自治结构综合了地方政府、地方企业、公民团体、服务部门、媒体舆论等主体间的对话和互动。

最后看合作性特征。公共管理运动的发展对于政府的官僚体制产生了巨大的压力，国家政府在压力之下对于公民的需求更加具有快速回应性。可以说，现代公共行政牵涉一种固有的紧张关系：更快的对公民的需求产生回应与实现有效的合作关系。这种紧张关系根源于回应性与合作本质之间的微弱区别。区别在于，回应性被视为一种被动的、对于公民需求所进行的统一回应，而合作则被视为一种积极的、双向的参与行为，从而形成了两者之间的张力。而且，回应性基于市场经济的视角，将向公民提供更好的服务作为根本的价值追求。政府将满足这种需求视为关系政府命运的重点，通过国家法律与较好的政府表现加以实现。而合作则强调公民之间的道德价

---

① ［美］托马斯·彼得斯、罗伯特·沃特曼：《追求卓越：美国优秀企业的管理圣经》，北京天下风经济文化研究所译，中央编译出版社 2000 年版，第 12—15 页。

值,认为政府与公民双方不是纯粹的仆人或者主人,而是在国家舞台中的一个社会角色。福克斯与米勒在他们的后现代公共行政理论中,发展出一种机构实现持续发展的处理方式。他们认为,公共领域是一个能量的场域,在场域中,相互并存的关于现实的不同的解释共存,公共行政的理论与实践的原则是,要实现从官僚制向公共能量场域的范式转变,政府通过特别的政策执行管理,并通过公民与专家间的对话提升民主实践。① 这个理论是建立在公共能量的解释之上,为公共行政与公共政策的模式转变铺平了道路。而且,他们认为,代议制政府既不是民主的也不具有代表性。在这样的系统中,公民不能也不想在公民与政府的互动中取得所有权。因此,公民作为所有者并不是一种理想的民主形式。公民不希望成为实际的所有者,即使公民被定义为国家的实际所有者。因此,更好的定义政府、公共行政者与公民之间的关系便显得尤其重要,而合作关系则为这种关系的重新界定提供了基础。这种关系可以保证政府的持续统治,同时保证更多的、真实的、持反对意见的公民的持续存在。

---

① Fox, Charles & Miller, *Postmodern Public Administration: Toward Discourse*, Thousand Oaks, C A: Sage Publications, 1995, p. 158.

第二章　政府管理的理论创新与理念变革

高度复杂和高度不确定的后工业化社会,政府面临着前所未有的挑战。传统政府的封闭、保守的政府治理模式已不能适应新形势,政府管理创新具有十分重要的意义。政府管理创新不仅包括理论创新,还包括理念变革,两者共同推进政府管理在理论和实践两个维度上不断发展。政府必须适应新形势的需要,摒弃过时的管理理论和理念,形成富有时代气息、适应社会发展的新的政府管理理论和理念。

第一节　政府管理的理论创新(上)

后现代公共行政理论、公共行政话语理论、街头官僚理论和网络治理理论是国外政府管理理论创新中的重要代表。法默尔通过想象、解构、去领地化和变样等步骤构建起了自己的后现代公共行政理论;福克斯和米勒通过公共能量场等概念建构起了话语理论;街头官僚理论主要讨论最前线公务人员的自由裁量权;网络治理理论则讨论权力从单一中心向多中心的转变。这些理论通过批判传统官僚制理论的种种弊端,进而提出了行政领域创新的种种观点和理念。

一、后现代公共行政理论:想象、解构、去领地化、变样

后现代主义是20世纪六、七十年代以来在西方形成的一种新的社会文化思潮。这种思潮的产生与发达国家政治、经济、文化等诸方面的新变化是分不开的。所谓“后现代”是相对于“现代”而言的。这种思潮虽然脱胎于西

方现代主义,却具有鲜明的批判色彩。它将批判的对象直指西方启蒙运动以来的思想文化成果,倡导与现代性理论和价值观的决裂。

作为一种社会文化思潮,后现代主义可以分为解构性后现代主义和建设性后现代主义。前者以否定和怀疑为特征,反对任何假设中出现的"唯一中心"和"绝对基础",其学术意旨在于打破传统的思维僵化和简单模式。后者则更多地以"建设性"为特征,倡导开放和平等,追寻和鼓励一种多元的思维方式。后现代主义实质上是对西方现代主义和西方人文传统的一次质疑和改写。

法默尔系美国当代著名行政学家,也是西方后现代公共行政理论流派的主要代表人物之一。其关于后现代公共行政方面的论述主要集中在后现代公共行政经典之作《公共行政的语言——官僚制、现代性和后现代性》中。法默尔关于后现代行政理论的观点主要可以概括为以下几点:

首先,公共行政理论就是一种语言。法默尔认为,所谓公共行政理论,从某种重要意义上说,就是一种语言。语言不仅仅是用来表达和交流思想的思维工具,它还是观念、方法、直觉、假定和强烈欲望的加工厂。语言不是一种私人事务,它本质上具有公共性和社会性。语言的表达(言说)在某种程度上是一种活动或者说是一种生活形式。

其次,公共行政理论可以"重新整理和安排"。法默尔认为,公共行政领域更多的认识和努力应致力于通过语言解释而不是通过实证研究来发展。他认为公共行政理论不仅仅是对真实信息的采集,而且是经过整理和安排的语言。因此,可以通过"重新整理和安排"分别从公共行政语言的表层和深层来探讨公共行政理论的发展。

法默尔通过对现代公共行政理论的反思与批判,进而建构起他的后现代公共行政理论。法默尔认为,公共行政就是现代性的一个典型范例,在他看来,作为一种认识和改变官僚体制的力量,公共行政理论是有限度的,他正是透过后现代主义的透镜,从特殊主义、科学主义、技术主义、企业精神以及解释学等方面对现代公共行政理论的局限性进行了揭示。他认为,基于专业分工原则形成的公共行政领域的学科专门化和自主性,即特殊主义往往具有只见树木、不见森林的缺点。现实生活中，特殊主义往往导致一些反例并且会产生一些我们无法预测的关于备选方案的理论盲点。同时，公共行政不仅需要事实陈述，也需要价值判断，而科学主义并没有为公共行政中的伦理提供任何空间，这是因为许多伦理问题往往不能够通过严格的实证研究加以测量。技术主义也具有局限性，它往往会对伦理考虑视而不见，低技术含量的官僚工作和高技术系统都可能导致人性的丧失。同样，将企业逻辑应用于行政管理的创新举措（比如理性选择学说和公共选择理论）也已经受到了来自多方面的挑战。包括现代公共行政理论在内的现代科学所寻求的是一种基于"元叙事"并试图运用"元话语"来证明自己合法性的广泛解释。这种所谓的"元叙事"的观点不仅使得我们观察现实世界的角度过于单一，而且还很可能会把一部分人排斥在外，这部分人往往没有能力为自身利益去操纵现代生活。

法默尔基于后现代的这些特质将后现代公共行政视为"对现代性之核心思想的否定"①，并进而提出了可以引导我们对公共行政理论进行后现代重建的四个值得关注的方面。(1)想象。"合理化"（理性）压抑"想象"，因此，法默尔强调，在后现代，想象将会比作为现代特征的逻辑中心论更有价值，它"是一种不依赖于制定规则和遵循程序之现代主义行为的行政精神"，"是一种可以为想象力的发展提供主要角色的行政精神"②，作为一种创造性管理的艺术，想象将会提供现代"理性"规则导向的官僚机构所缺少的许多机会。(2)解构。法默尔利用解构来拒绝给予源自官僚制的权力话语以任何特权地位，他强调，在公共行政语境中，解构可以被用来质疑我们据以建立现代主义公共行政的前提基础，可以打开一种反行政的新视野，为一种试图使公共行政思维摆脱官僚等级观念和偏见束缚的解放准则扫清道路。(3)去领地化。去领域化意味着我们思维方式的根本性变革，意味着我们要打破一些固定的思维模式。通俗地讲，可以叫做打破"圈子"。在法默尔眼

① [美]戴维·约翰·法默尔：《公共行政的语言：官僚制，现代性与后现代性》，吴琼译，中国人民大学出版社 2005 年版，157 页。

② [美]戴维·约翰·法默尔：《公共行政的语言：官僚制，现代性与后现代性》，吴琼译，中国人民大学出版社 2005 年版，176 页。

中，所谓去领地化，本质上是一种试图打破在所有组织中都可以发现的僵化的部门和科局等概念和范畴。(4)变样。法默尔通过“变样”这个术语来探讨公共行政的道德世界，在他看来，“变样”意味着一种对行政人员应该怎样与他人相处这一问题的基本关注，意味着重新强调受压迫、被抑制以及被排斥的群体。

法默尔正是基于后现代主义的这种怀疑论态度强调，对现代公共行政文本中一些“不言自明”的所谓“真理”性叙事要加以质疑，他认为这种所谓的“真理”在某种程度上阻碍了公共行政理论研究进一步向纵深发展。他试图对公共行政的语言进行扩展以使官僚体制能够转变成“一种更为积极的力量”。法默尔宣称，伴随着现代性被后现代性所取代，将会产生一种扩展公共行政语言的机会，按照他的这种反思性语言范式，目前的公共行政语言将与后现代扩展的语言共存。同时他还认为，实现公共行政领域的根本变革并不意味着拒斥一切来自过去的东西。这种对现代主义和后现代主义所做的平衡是法默尔后现代公共行政理论最显著的方法论特征。法默尔选择的哲学认识论高度对于公共行政理论的发展具有极为重要的方法论意义，这种方法论层面的理论探讨对于公共行政理论和实践发展具有重大价值。

二、后现代公共行政话语理论：公共能量场的“话语”角逐

福克斯和米勒认为现代公共行政实际上是一个话语霸权的体系，他们通过对现有公共行政模式（即官僚制及其替代模式）进行全面的解构，提出在真实、真诚对话基础上建立后现代公共行政话语理论。

后现代公共行政话语理论的一个核心概念是“公共能量场”。这一概念综合了哈贝马斯、汉娜·阿伦特和库特·卢因福等的相关研究成果。首先，公共能量场的公共概念参考了哈贝马斯和汉娜·阿伦特关于公共领域概念的相关阐述。哈贝马斯认为公共领域是与统治阶级的政治权力相抗衡并且向所有公民都开放的公共生活领域；阿伦特将公共领域视为一个由行动和言语所组成的，直接交往而成的领域。另外，“场”的概念来自库特·卢因的

场理论。公共能量场包含着情境、语境和历史性等内涵，是公共政策制定的场所。在公共能量场中，身处其间的参与者试图说服、渗透与压制对方。由于公共能量场具有超越和包容现存的体制、组织和官僚制度的倾向，因此，福克斯和米勒主张将公共行政领域的模式从官僚制转换到公共能量场。这样，公共能量场在实践上就为公共话语的实现提供了一个真实而恰当的时空维度，即具有制度化特征的重复性实践的对话竞技场。①

福克斯和米勒通过分析和梳理现实中的一些政策对话案例，他们发现在政策制定的过程中存在有"少数人的对话"、"多数人的对话"和"一些人的对话"三种对话形式。在这三种对话形式中，少数人的对话通常意味着精英式的统治。这种对话方式不仅有导致强权的可能性，而且还容易产生公众的冷漠等问题。而多数人的对话则容易导致无政府状态，因为多数人的对话模式并没有特定的情景来引导话语，没有意向性的对象，因而公众意见很难一致。他们往往陷入一种随机的用词和不确定的闲谈。只有一些人的对话才为民主话语提供了极强的可能性。因为，一些人的对话中的参与不是一时的讨论，而是持续了一段时间。这些人接受了授权给他们的真实参与和代表的责任，并用他们的参与来加强民主。②

通过对政策制定过程中三种对话形式归纳和解读，福克斯和米勒开始建构他们的话语理论。他们认为在话语中，参与对话的双方是一种结构性的关系，他们之间既是平等的，同时又是对抗的、相互辩驳的。"所有的参加者都必须具有：(1)均等的机会来选择并实行言说行为；(2)作为对话角色的有效均等机会去提出话语并使之永恒化，去提出问题，制造问题，给出对陈述、说明、解释和判断赞成或反对的理由；(3)相同的机会去表达态度、感受、目的等，以及去命令，去反对，允许或禁止等等。"要求对话的参与者本质上是平等的、自由的，以确保把那些违背话语规则的人排除在对话之外。"一个功能平稳的语言游戏室建立在多数人的共识的基础上，这种共识是由四

---

① ［美］查尔斯·J. 福克斯、休·T. 米勒：《后现代公共行政——话语指南》，楚艳红等译，中国人民大学出版社 2003 年版，第 98 页。

② ［美］查尔斯·J. 福克斯、休·T. 米勒：《后现代公共行政——话语指向》，楚艳红等译，中国人民大学出版社 2002 年版，第 13 页。

种不同种类的有效诉求的相互确认而形成的……这些有效诉求就存在于言语的交互活动中,如这样的诉求:言语是可理解的,他的内容是真实的,言说者在言说的时候是真诚的,加入言说行为的时机是正确的和恰当的。”①

目前,福克斯和米勒话语理论已成为后现代公共服务、民主行政、公共政策制定的来源,并对更好的理解市民社会、公民参与等问题提供了一个很好的理论视角。

三、街头官僚理论:政府最前线公务人员自由裁量考量

自从公共行政学诞生以来,行政官僚的自由裁量权与公共责任一直是其研究的重要内容。正如萨伊指出的:“随着行政机关自由裁量权力的日益增大,其责任与回应……是一个至关重要的问题。”②应该说,“街头官僚”这一概念的出现比人们对街头官僚这一现象的研究要晚。在“街头官僚”一词正式形成之前,许多研究者已经在研究这些后来所谓的“街头官僚”的行为与决策,如米勒(1967)、爱肯和海基(1966),他们都曾从社会学的角度研究过街头官僚行为,只不过这些研究者既没有运用街头官僚这个现在非常通用的概念,同时这些研究也没有对公共行政学产生很大的影响。

街头官僚理论的正式确立要归功于李普斯基。1977 年,李普斯基发表《建立一个街头官僚理论》一文,才开始出现“街头官僚”这一概念。1980 年,李普斯基正式出版了《街头官僚:公共服务中个人的困惑》,标志着街头官僚理论的正式建立。正是因为他的研究,才使基层公务员受到越来越多学者的关注,“街头官僚”也成为公共行政学中一个十分重要的研究议题。此后 20 多年,一些研究者从不同的角度对李普斯基的理论进行了发展和修正。李普斯基认为,“街头官僚是指依据法律法规直接面对公民实施行政管

---

① [美]查尔斯·J. 福克斯、休·T. 米勒:《后现代公共行政——话语指向》,楚艳红等译,中国人民大学出版社 2002 年版,第 113 - 114 页。

② Sayre, W. , *Premises of public administration*: *Past and emerging*, Public administration Review, 1958, 18(2), pp. 102 - 105.

理的国家基层公务员”①。通常认为典型的街头官僚如基层税务人员、基层警察等基层一线执法公务员，这些工作人员在政府雇员中占有较大的比重。詹姆斯·威尔逊则把他们称之为“从事证明组织存在正当性”的“业务人员”。② 一般而言，街头官僚具有五个方面的典型特征：(1)处于等级森严的政府“金字塔”的最底层，权力小，地位低，只有上级，没有下级，数量庞大。占政府机关人数的大部分；(2)与政府机关中从事内部行政的政府公务员不同。街头官僚工作的一个核心特征是直接与公民打交道，其工作通常直接构成政府机关的产出；(3)相对于坐在办公室发号施令或处理文件的公务员，特别是上级公务员而言，街头官僚是政府机关中做“苦工”的。他们处于政策过程的末端，在现场向公民执行法律法规、规章制度和上级命令等；(4)街头官僚具有一定的自由裁量权，可以对公民进行赏罚决断；(5)在国家与社会之间、国家权力与公民权利之间的交界面执行工作任务。其工作质量和绩效表现直接决定着行政能力、政府形象和官民关系等，主导着公众对政府的评价。③

从以上特征可以看出，街头官僚处在等级森严的政府官僚体系的最底层。工作在基层一线，直接与公众打交道，与公众进行互动。这是一个非常特别的位置。对于官僚体系而言，街头官僚是政府政策过程的末端，承担着公共政策执行的重任，政府颁布的法律法规、规章制度和上级命令都要通过他们才能得以顺利执行；对于公众而言，政府机构体系的中高层次距他们非常遥远，与他们直接接触的是街头官僚。由于街头官僚特殊的工作环境和工作性质，使他们具有一定的自由裁量权，可以对公民进行赏罚决断。他们自由裁量权的运用以及其经验、技能、专长及价值观直接影响政府的行政能力。伴随着现代福利国家的建立，他们还控制和管理着许多公共资金。他们的决策直接影响许多公民的生活福利。总之，街头官僚直接地决定着对

---

① Bovens, M., & Stavros Z., *From Street-level to System-level Bureaucracies*, Public Administration Review, 2002, 62(2), p. 174.

② ［美］詹姆斯·威尔逊：《官僚机构：政府机构的作为及其原因》，孙艳等译，三联书店 2006 年版，第 46 页。

③ 韩志明：《街头官僚的行动逻辑与责任控制》，载《公共管理学报》2008 年第 1 期。

于公民的惩罚(如警察的决定)和奖励(如福利机构接受福利申请的决策),他们在现代社会中占有非常重要的地位。①

在当代政府治理中,街头官僚的自由裁量权的范围和幅度出现了较大的增长。主要原因有二:(1)随着新公共管理运动的兴起,越来越多的国家在政府改革中从讲究投入转向讲究产出,主张全面质量管理,强调顾客满意至上。这样权力被一步步下放,街头官僚被赋予更大的权力和责任;(2)民众对政府的各种需求不断增长并要求政府必须及时地予以回应,能及时解决社区内随时可能发生的各种问题,这要求街头官僚能在各种复杂的情形下立即做出决定。这两个原因直接导致了街头官僚自由裁量权的范围和幅度大幅增长。随着现代社会经济和科学技术的迅速发展,政府组织和调整社会生活的功能和权限范围不断扩大,公共事务的复杂性与不确定性不断提升,行政机关享有的自由裁量权也随之增加。从一定意义上说,现代公共行政主要表现为"自由裁量"行政。自由裁量已成为现代公共行政的"灵魂"与"活血",成为现代公共行政发展的显著特征和重要趋势。威尔逊认为,行政是"摆脱政治的混乱和争斗产生出来的",行政自由裁量权的存在是客观的。"因为行政官员在为了完成其任务而选择手段时,应该有而且也的确有他自己的意志,他不是而且也不应该是一种纯粹被动的工具。"②

在研读和借鉴街头官僚理论框架分析现实行政问题的同时,我们也应该同时注意到基层官僚自由裁量权滥用、进而对民众合法权益造成损害等现象。因此,如何做好基层官僚自由裁量权和依法规范行政之间的平衡,既能保证政府行政权力的合法性与权威性,同时又能充分调动基层官僚的积极性,仍是一个亟待解决的重大课题。

---

① Lipsky, M. Street-level Bureaucracy: Dilemmas of the individual in public services, New York, Russell Sage Foundation, 1980, pp. 5 – 9.

② [美]伍德罗·威尔逊:《行政学研究》,载彭和平、竹立家等编译《国外公共行政理论精选》,中共中央党校出版社 1997 年版,第 17 页。

四、网络治理理论:从单一中心到多中心的嬗变与重构

20世纪90年代前后,政策网络研究与治理理论结合起来,产生了网络治理的研究流派。这一研究范式最早在欧盟国家兴起,目前已成为发达国家公共管理研究的最新进展。研究者普遍持这样的观点:政策网络为治理理论提供切实的结构基础,可以较好地解释治理理论。因此,有学者认为,"在治理的众多用法中,只有网络治理才有新的特征"①。

网络治理理论吸收和借鉴了利益调整学派和网络治理学派的部分观点。它不仅继承了利益调整学派中利益联盟与合作的思想,还整合了组织间关系理论的内容。网络治理作为发达国家公共管理研究的一个前沿课题,倡导网络治理作为一种新的治理模式,致力于实现主体间良性互动和互利互补的合作。这种网络治理结构不同于市场(自愿)与科层(强制)的复杂结构,而是一个有着共同价值诉求的自组织系统。通过价值协同、信息共享等,这种网络治理结构培育起成员间的信任关系以及成员与集体间的信任关系,最终实现互利互惠的合作。

根据网络治理理论最新的发展和演进,可以把该理论细分为行动者中心制度主义和管理复杂网络两种理论主张。麦斯·普朗克学派结合了博弈论,资源依赖理论和交换理论,形成了行动者为中心的制度主义学派。在行动者中心制度主义看来,制度是一种管制结构,对理性行动者给予限制或机会,制度的功能主要是克服集体行动的问题,限制自私和机会主义的行为。政策网络不仅仅是政策过程的一种分析工具,而且是一种限定行为者的规则和制度。在网络中,行动者之间形成的关系是非正式组织起来的、非科层的、互惠的、相对稳定的互动关系和形式,以此实现共同利益。在这个过程中,行动者遵循共同的规则来对网络成员的行为进行制约,以产生共同的结果。这就可以减少信息成本和交易成本,增加相互的信任,减少不确定性和

① Beate Kohler-Koch & Rainer Eising, *The Transformation of Governance in the European Union*, London, Routledge, 1999, p. 5.

风险。在网络中,公共和私人的行动者有着共同的利益,互相依赖,形成优势互补的资源交换。由于以上这些功能,网络成为协调公共行动者和私人行动者的理想制度框架。

克林等人指出,在国家与私人部门相互依赖性增强的情况下,市场或科层都不是治理的恰当形式。从网络的视角看来,政府的政策失败包括:关键行动者的缺失;行动者对共同目标缺乏承诺;信息的不完全等。① 同时他们认为市场缺乏协调,不能克服和防止市场失灵。相比之下,网络是水平的、谈判的自我协调,可以避免其他治理形式产生的问题。这是因为,通过谈判可以产生正和博弈的结果,使所有人都受益。基于此,克林等人总结到,在一个日益复杂和动态的环境中,科层协调已经非常困难,由于市场失灵,解除管制也变得非常有限,治理便只有在政策网络中才显得比较可行。在网络中,公共和私人的集体行动者、资源相互依赖,以一种非科层的形式连接起来,协调利益和行动。

随着社会、政治和经济变化过程的相互依赖性、偶然性和不确定性的凸现,治理过程已经不局限在政府的正式结构之中,公共政策的制定和执行是通过大量的正式和非正式的机构、机制和过程来完成的。也就是说,在新的历史条件下,政府治理是一系列公共和私人行动者互动的结果,公共政策的制定和执行是在互相依赖的行动者的网络中完成的。在这种情况下,如果过于注重政府单方面的作用,忽视政策行动者多层次性和异质性,必定会带来政府治理的失败。网络治理的研究模式主张,网络能够解释一些传统的市场或科层所无法解释的新兴现象,是与信息社会相契合的一种治理形式。网络治理的核心思想在于,没有任何国家或社会一方的行动者能够单方面地决定公共政策过程和治理过程,这些行动者需要形成合作关系,实现资源组合的优化,最终达成社会善治。在许多欧洲国家中,网络治理的形式已经被普遍认可,成为一个复杂、多层而碎片化的社会中一个有用的治理机制。

---

① Kickert, W. J. M., Klijn, E, & Koppenjan, J. F. M., *Managing Complex Networks*, Strategies for the public Sector. London: SAGE Publications, 1997, pp. 3 - 7.

第二节　政府管理的理论创新(下)

尽管政府在政治和行政学家笔下存在着种种弊端,甚至一度认为政府是“恶”的存在,可是我们却不得不承认其在现实生活中的重要作用。政府治理理论、重塑政府理论、整体政府理论、有效政府理论和虚拟政府理论就是对如何进一步规制政府,如何使其更好的服务社会展开的理论探讨。这些理论探索和追究已经成为新一轮改革政府管理模式的指导方向。

一、政府治理理论:新公共管理的新境界

随着人类进入全球化时代,西方行政管理领域中出现的“公共治理”理论受到人们越来越多的关注。著名学者鲍勃·杰索普就认为:“过去15年来,它在许多语境中大行其道,以至成为一个可以指涉任何事物或毫无意义的‘时髦词语’。”①

英语中的治理一词(governance)源于拉丁文和古希腊语,原意是控制、引导和操纵。20世纪90年代以来,西方学者,特别是政治学家和政治社会学家,对治理作出了许多新的界定。治理理论的主要创始人之一罗西瑙在其代表作《没有政府统治的治理》和《21世纪的治理》等文章中将治理定义为一系列活动领域里的管理机制,他们虽未得到正式授权,却能有效发挥作用。罗茨认为,治理意味着“统治的含义有了变化,意味着一种新的统治过程,意味着有序统治的条件已经不同于以前,或是以新的方法来统治社会”。② 库伊曼和范·弗利埃特指出:“治理的概念是,它所要创造的结构或秩序不能由外部强加;它之所以发挥作用,是要依靠多种进行统治的以及互

① [英]鲍勃·杰索普:《治理的兴起及其失败的风险:以经济发展为例的论述》,载俞可平主编《治理与善治》,社会科学文献出版社2000年版,第55页。

② 罗茨:《新治理:没有政府的管理》,杨雪冬译,载《政治学研究》1996年第154期。

相发生影响的行为者的互动。"①

格里·斯托克对流行的各种治理概念进行梳理后指出，各国学者们对作为一种理论的治理共提出了五种主要观点：一是治理意味着一系列来自政府但又不限于政府的社会公共机构和行为者。它对传统的国家和政府权威提出挑战，它认为政府并不是国家唯一的权力中心。各种公共的和私人的机构只要其行使的权力得到了公众的认可，就都可能成为在各个不同层面上的权力中心。二是治理意味着在为社会和经济问题寻求解决方案的过程中存在着界限和责任方面的模糊性。它表明，现代国家正在把原先由它独自承担的责任转移给公民社会，即各种私人部门和公民自愿性团体，后者正在承担越来越多的原先由国家承担的责任。这样，国家与社会之间、公共部门与私人部门之间的界限和责任日益变得模糊不清。三是治理明确肯定了在涉及集体行为的各个社会公共机构之间存在着权力依赖。进一步说，致力于集体行动的组织必须依靠其他组织；为达到目的，各个组织必须交换资源、谈判共同的目标；交换的结果不仅取决于各参与者的资源，而且也取决于游戏规则以及进行交换的环境。四是治理意味着参与者最终将形成一个自主的网络。这一自主的网络在某个特定的领域中拥有发号施令的权威，它与政府在特定的领域中进行合作，分担政府的行政管理责任。五是治理意味着办好事情的能力并不仅限于政府的权力，不限于政府的发号施令或运用权威。在公共事务的管理中，还存在着其他的管理方法和技术，政府有责任使用这些新的方法和技术来更好地对公共事务进行控制和引导。②

从上述各种关于治理的定义中我们可以看到，治理一词的基本含义是指在一个既定的范围内运用权威力量来维持秩序。这种权威可以来自政府、社会组织，亦或是来自个人机构，当然也可以是这些权威力量的合力。

概括的讲，政府治理理论可以包含三方面的内容。一是来自对多元化权力格局的关注。公共治理理论的倡导者认为政府作为唯一权力中心的时

---

① ［美］库伊曼和范·弗利埃特：《治理与公共管理》，载库伊曼等编《管理公共组织》，等萨吉出版公司 1993 年版，第 64 页。

② ［英］格里·斯托克：《作为理论的治理：五个论点》，华夏风译，载《国际社会科学杂志》（中文版）1999 年第 1 期。

代已经过去，除政府外，志愿团体、非营利组织、压力集团和社会互助组织等开始登上舞台，并且可以成为不同社会层面上的权力中心。政府应该把部分职能转移给这些公民社会组织，由它们代为管理，从而减少财政支出、增加行政效率。二是对政府角色进行重新的定位。政府治理理论者尽管承认政府仍然在当前社会中发挥重要作用，但他们同时认为政府不能成为全能政府，而应该增加其透明性和行政效率。“政府要在公共管理中扮演催化剂和促进者的角色”，是“掌舵”，而不是“划桨”。[①] 三是政府治理理论包含了网络管理的内容。公共治理理论强调政府和公民社会组织的某种结合，它是政府与非营利组织之间的一种网状安排。通过行为者之间的谈判、对话和协商，进而达到某种公共的目标。

但是，政府治理理论可能存在着模糊国家和市民社会界限的某种倾向，也可能成为某些国家和组织干预别国事务的借口。我们在充分肯定政府治理理论积极作用的同时，也应该对其负面影响有着清醒的认识。

二、重塑政府理论："解科层化"的金钥匙

重塑政府理论最早发端于美国，而后扩展到其他国家，它对西方各国政府管理新变革产生重要影响。戴维·奥斯本和特德·盖布勒是重塑政府理论的代表人物，他们所著的《改革政府：企业精神如何改革着公营部门》是重塑政府理论的代表作。该书系统总结了 20 世纪 80 年代美国政府行政改革实践经验，详细地阐述了关于变革和重塑政府的新理念。

通过和现实中企业的运作相比较，重塑政府理论者认为政府显示出了更低的工作效率，存在着更多的资源浪费。由此他们得出结论：传统的官僚体制已不适应信息社会的时代要求，传统的官僚主义政府治理模式已经破产，新的企业化政府治理模式正在出现。通过借鉴和吸收企业的管理优势，重塑政府理论者们提出了推动政府改革的十大原则主张，他们坚信以这种

① ［美］戴维·奥斯本、特德·盖布勒：《改革政府：企业精神如何改革着公营部门》，上海市政协编译组、东方编译所编译，上海译文出版社 1996 年版，第 1—3 页。

新理念建立起来的政府运作模式一定可以战胜和取代旧有的官僚模式。

这十个改革政府的原则可以概括为如下内容:一是由"划桨"到"掌舵"。政府应该是起催化作用的政府,不能事必躬亲。这意味着,政府应该承担更多制定决策和公共政策的职能。二是由服务到授权。政府应该学会将提供公共服务的权力适当地由官僚组织转移至社区民众。这样不仅可以减少行政成本,还能够调动公民参与的积极性。三是由垄断到竞争。政府应将竞争观念寓于公共服务的产出之中,同时还应该在政府内部引入竞争机制。四是由规章到使命。政府不应该仅仅是照章办事的政府,而且要有使命感,要更有效率,更具活力。五是由投入到效果。具有企业家精神的政府应该把投入与结果联系起来。要加强对政府业绩的评估,引导政府对其施政结果负责,杜绝浪费、倡导节约。六是由官僚导向到顾客导向。政府运行在很大程度上受内在性的自身利益和组织目标的驱动,重塑政府理论提出"顾客驱动"原则,倡导政府在符合社会需求的方式和服务质量的标准下正常运转。七是由浪费到收益。政府除了思考如何花费预算外,还应考虑如何把钱花得更经济和如何增加政府财源。八是由治疗到预防。政府应该重视事前问题的预防,以取代事后补救,从而使政府能够应对瞬息快变的国内、国际形势。九是由集权到分权。这主要包括分散联邦政府的权力,政府机构扁平化,加强政府雇员的参与和协作等。十是由计划到市场。政府应该是市场导向的政府,应该选择不同的市场机制解决不同的公共问题,进而改善政府及公共服务。

重塑政府理论看似比较复杂和深奥,但是掌握了三个方面的关键问题,我们就能够比较清楚的理解它的内涵。首先是重新界定政府的作用。政府的主要职责就是收税和向社会提供服务,这是发达国家政府官员们头脑中根深蒂固的观念。重塑理论认为,政府的中心工作应该是"掌舵",政府应该集中精力做好决策性工作(掌好舵),把具体的服务性工作承包给私营企业和非营利性机构去做。这样,政府可以居高临下,用政策吸引竞争者,以便保持最大的灵活性来应付变化着的大环境,出色地扮演好自己的角色。其次是转变政府观念。政府的改革从某种程度上说就是一种观念的变革,这种变革的关键就在于确立市场观念。政府观念的转变,主要体现在以下两个方面:第一,政府雇员应转变服务观念。在政府中,大多数政府雇员根本不知道谁是他们的顾客。重塑理论认为不能满足顾客需要的政府将失去民众的拥护,动摇政府执政的合法性基础。第二,政府应转变投入产出观念。政府不仅要维护社会正义与公平,而且要像企业家一样追求效率,企业家总是把经济资源从生产率和产出较低的地方转移到较高的地方,企业化政府也应该如此。再次是完善政府运行机制。完善政府运行机制,是在转变观念,重新评价政府的作用之后应着重解决的问题。重塑政府理论强调注入竞争机制、转变驱动机制、完善组织机制,从而完善政府运行机制。

在美国,重塑政府理论指导下的重塑政府运动取得了一系列成效。首先,联邦政府在不到5年的时间里,裁减公务员28万人,实现了预期目标;其次,废除了1万多页的联邦人事管理手册,放松了内部规制;政府职能开始从管制走向服务,实现了"更少的开支、更多的客户、更好的服务"的改革目标。由于这些成就,使重塑政府理论自问世以来一直备受关注,在许多发达国家中,重塑理论在其政府改革中起着重要指导作用。

三、整体政府理论:政府"内外上下"四维度资源整合与共享

以分工为基础、以各司其职和层级节制为特征的传统官僚制,日益形成了"碎片化"的分割管理模式,它导致了行政业务之间、政府各部门之间、各地方政府之间、垂直部门与地方政府之间、各行政层级之间的分割。这种分割管理模式初衷是为了满足工业革命以后社会经济发展对政府管理效率的需求,但随着分工越来越细,产生了部门林立、部门间职责交叉重复、部门间协调成本和社会交易费用加大等弊端,反而降低了效率和增加了成本。特别是随着网络化、信息化的快速发展和普遍应用,分割管理模式的弊端更加突出。

这种基于专业分工、等级制的官僚制组织形式和分割管理模式越来越遭到学者和实践家们的批评。马丁·米诺格等人批评了发达国家大量存在

的管理分权、"机构化"和"公司化"的问题。① 佩里·希克斯则认为，分割化的治理存在诸多问题，如让其他机构来承担代价，互相冲突的项目，重复导致浪费并使服务使用者感到沮丧，在对需要作出反应时各自为政，公众无法得到服务或对得到的服务感到困惑，等等，所有这些问题正是治理中的一些协调、合作、整合或整体性运作想解决的。②

20世纪90年代中后期，发达国家行政改革的新趋势是从结构性分权、机构裁减和设立单一职能的机构向整体政府形式的转变。整体政府理论的提出是在信息技术革命的背景下，理论者对传统官僚制和分割管理模式进行的深刻反思。整体政府的核心目的是通过对政府内部相互独立的各个部门和各种行政要素的整合、政府与社会的整合以及社会与社会的整合来实现公共管理目标。

汤姆·林归纳出一种最佳实践的整体政府组织模式，该模式的提出源于他对西方各国整体政府改革的实践与经验进行的理论总结。他认为，整体政府组织模式包括了"内、外、上、下"四个"联合"子集。首先，"内"意味着一种新的组织结构形式，它是指组织内部的合作，即通过新的组织文化、价值观念、信息管理、人员培训等途径来实现"联合"。其次，"外"意味着一种跨组织的工作方式，它是指组织之间的合作，即通过分享领导权、共同预算、融合性结构、联合团队等途径来实现"联合"。再次，"上"意味着一种新的责任和激励机制，它是指组织目标的设定自上而下以及对上的责任承担，通过以结果为导向的目标分享、绩效评估、公共服务协议等途径来实现"联合"。最后，"下"意味着一种新的公共服务供给方式，它是指以顾客需要为服务宗旨的公共服务供给过程，通过联合磋商、顾客参与、共享顾客关注点等途径来实现"联合"。正是新的组织结构形式、新的工作方式、新的责任和激励机制、新的服务供给方式这四者的有机结合，构成了既不同于传统官僚制又不同于纯市场化的一种新型管理模式——整体政府。

---

① [英]马丁·米诺格、查里斯·波里达诺、大卫·休莫:《超越新公共管理(上)》，闻道、吕恒立译，载《北京行政学院学报》2002年第5期。

② 竺乾威:《从新公共管理到整体性治理》，载《中国行政管理》2008年第10期。

无论是作为一项具体的行政措施，还是作为一种新型的行政改革理论，整体政府在打破分割模式下的组织壁垒和自我封闭状态、强化政府之间的合作和协调、促进政府功能的整合及部门之间资源的共享、提高社会服务质量和应对突发事件等方面，都发挥了传统官僚制所无法比拟的积极作用，表现出了很强的社会适应性和生命力，已成为国际公共行政改革的一种趋势。

四、有效政府理论：实现政府发展的可持续性

政府的治理过程是展现政府能力的过程，是政府与社会进行互动的过程。任何一个政府都必须在特定的社会环境下开展行政活动，所以其行政活动必须与外部环境相适应，必须随着环境的变化而不断地进行调整。在西方国家，随着经济和社会的迅速发展，20 世纪 70 年代，公众的价值观念、行为方式也都发生了急剧的变化，同时对政府的功能和管理方式也都提出了新的要求，80 年代行政管理的改革之风开始席卷各大洲，传统的官僚制模式在“风云突变”的社会环境之下开始不合时宜，不得不退出“伊甸乐园”，行政管理的新思维——“有效政府”便在这种情况下应运而生。1979 年英国最先拉开了政府改革的帷幕，推行公共服务市场化，更加注重政府的有效性。随后美国的改革也如火如荼地进行，奥斯本和盖布勒在《改革政府——企业家精神如何改革着公共部门》中指出，公共机构应引进新的方式来提高其效率和效能。他们认为，企业化的政府模式才是有效的政府。1997 年，世界银行在《世界发展报告》中认为，有效政府是指“通过鼓励和补充私营企业和个人的经济活动来起到催化和促进作用的政府”。[①] 目前西方各国已经普遍重视有效政府的构建，在实践中也都积极地进行探索。

“实践的发展要求理论的创新，理论的创新反过来又推动实践的发展。有效政府模式的确立，是行政实践发展的必然要求，是对环境变迁的能动适

---

① Word Bank, *Word Development Report* 1997: *The State in a Changing World*, New York: Oxford University Press, 1997, Foreword 1.

应，是对传统公共行政模式的革新。”①在实践中打造有效政府，首先要求政府必须公开，只有公开才能使政府的行为透明，社会公众才能够有力的监督其行为。目前，西方发达国家如美国、德国、英国、瑞典等都已经普遍建立起了完善的信息公开制度、公务员财产申报制度，打造“阳光政府”；其次，政府必须适应不断变化的环境，及时的进行改革，不断提高自己的行政管理能力；再次，政府必须要有对公众负责的态度，以公共精神为价值核心，西方国家的政府每年都会向议会作报告、汇报工作情况，切实做到对公众负责；最后，政府必须提高公众的参与程度，国外政府在立法时普遍采取的听证会制度就是显著提高公众参与度的体现，这既有利于保障公众的知情权、监督权和参与权又能提高政府决策的科学性。只有做到以上几点政府才能够更加有效地为公众提供公共产品和公共服务，才能够做到真正的有效。

政府在社会的发展中起着不可或缺的作用，政府的有效与否直接关系到政府的合法性和权威性的有无，有效的政府是政治稳定的基石，是政治发展的基础。“拥有一个有效的政府，是一个国家公民的福气，因为他们据此可以拥有高质量的公共生活，从而能够有效地处理各种各样的冲突和纠纷。”②只有建立一个有效的政府才能实现社会文明的进步，社会经济的发展，社会秩序的安定，才能保证社会的可持续发展。

五、虚拟政府理论：政府流程再造的“电子化”

虚拟政府是未来政府形式的大胆设想，该理念来源于企业经营领域，以互联网的使用为基础，以组织结构的变革为重点。虚拟政府打破了传统政府与社会的割裂，企图消解政府与社会的矛盾，创建一种政府与社会合作生产的模式，从而彻底改变政府与社会的对立。

当今世界瞬息万变，技术革命、全球经济竞争、市场日益分化、受过良好教育的从业者、苛求的顾客以及严格的财政限制，所有这一切都使得高度集

① 吴开松、张中祥：《有效政府的理论基础及其建构》，载《中国行政管理》2001 年第 10 期。

② 毛寿龙：《有效政府的基本价值》，载《天津行政学院学报》2003 年第 2 期。

权、自上而下的官僚制显得老态龙钟、反应迟钝，在变革与创新方面显得无能为力。从20世纪30年代以来，官僚范式一直受到学者们的广泛而严厉的批评。对此，麦克尔·巴泽雷在《突破官僚制》一书中，列举了种种批评官僚制的声音。接着，他说："最近在实践中对官僚模式的最大概念性的挑战，就是政府组织应该是以用户为驱动并且应该是服务性的。公共部门主管一直在探索希望利用这些概念解决一个公共部门的日常运作问题，即把公共部门转变成更贴近客户，方便用户，有活力，有价值具有竞争力的服务提供者。"①顺着这一理路，以信息与网络空间为技术支持的虚拟政府就自然而然地出场了。

虚拟组织是信息时代的产物，是伴随和适应网络经济发展而兴起的一种组织理念和经营理念。20世纪90年代，企业经营环境面临空前激烈的变革：科学技术的迅猛发展，产品不断地被推陈出新；信息技术的发展让地理空间的距离大幅缩小，"地球村"成为人们熟悉的名词；全球一体化和信息化的结果使企业竞争的优势从掌握自然资源转变为掌握信息资源和智能知识；企业和企业之间的关系由争夺不可分享的资源走向了合作、组合可分享的信息资源。在这种冲击下，传统的企业组织结构、组织形式似乎已不能适应时代的要求，虚拟企业——一种新型组织形式与管理形式应运而生。虚拟式的组织，是由许多不同的企业体，各自专门负责整个企业流程中比较具有竞争优势的活动，并透过彼此间的合作网络，完成全部的企业职能。虚拟组织有这样几个突出的特点：首先，虚拟组织是基于某种核心优势建立起来的企业间的伙伴关系和联盟。其次，虚拟组织的产生所依赖的基础是网络技术的应用和发展。再次，网络组织代表着组织理念的变革，传统的科层组织已经被一群迅速回应市场变化的组织体所替代。最后，虚拟企业能够顺畅运转的另一基础是彼此的合作和信任。传统的企业竞争方式和竞争观念是你死我活、势不两立；虚拟企业的出现则使之有了根本性的改变，企业为了生存，必须首先学会合作和彼此信赖、为竞争而合作、靠合作来竞争，彼此

① ［美］麦克尔·巴泽雷：《突破官僚制：政府管理的新愿景》，孔宪遂等译，中国人民大学出版社2002年版，第5—6页。

达成某种利益的共生体。

虚拟政府建立的关键在于利用网络空间重塑政府。福山认为，高度分权组织内部协调问题的另一个解决办法就是网络。它并非是由中央集权的权威创造的，而是由分权后各部门间相互作用产生的一种自发秩序。① 鲍威尔也认为，“网络应该被看做一种独特的组织形式，它在概念上和理论上等同于等级结构与市场，并且拥有自己的逻辑。”②这样，在政府管理活动中，一系列的关系网络诸如信息系统、机构间安排、公私合作、政府间协议将美国的联邦政府、州政府、地方政府、非营利机构以及私营机构连接了起来，而且建立在网络上的服务则将成百上千个组织的网络串联起来。正是通过这些网络关系和网上服务，政府机构正越来越趋向于网络化。简·芳汀说：“当我们谈论这些现象的时候，所谈论的可能就是虚拟政府。将那些没有关联的、权限上分离的、地理上经常分散的组织或者服务整合起来以至于表面看来天衣无缝，虚拟指的就是这样一种整合功能。”③另外，因特网以及信息技术的不断更新，从根本上改变了社会传播、工作交流，以及企业与政府的组织方式。同时，作为一项革命性的组织安排方式，网络空间既提供了一种新的社会治理理念，也提供了一种新的聚集社会资源的手段。从长远来看，信息技术、网络空间与政府改革的联姻，很有可能导致政府管理在形式与能力方面的重大修正，甚至能引发官僚机构纵向与横向的组织变革。这些组织变革势必成为变革传统官僚制模式的一种选择。

总之，虚拟政府是一种集众多优势于一身的政府模式，也是一种理想中的未来的政府模式设计。考虑到虚拟政府更多的是停留在一种理论层面的思考，因此，它能不能成为当前政府模式的替代者，还需要更多的探索和研究，更需要实践的检验。

---

① ［美］弗朗西斯·福山：《大分裂：人类本性与社会秩序的重建》，刘榜离等译，中国社会科学出版社 2002 年版，第 252 页。

② ［美］简·芳汀：《构建虚拟政府：信息技术与制度创新》，邵国松译，中国人民大学出版社 2004 年版，第 77 页。

③ ［美］简·芳汀：《构建虚拟政府：信息技术与制度创新》，邵国松译，中国人民大学出版社 2004 年版，第 30 页。

第三节　政府管理的理念变革(上)

政府管理的理论创新总是在一定的理念基础上发展并建构起来的。即便是早已存在的理念,随着时代的发展和社会的进步,也会被注入新内涵。实践的发展推动政府管理理论不断的丰富,在从统治走向治理的嬗变进程中,突破政府全能主义的困境,借鉴企业运营管理方式方法,顾客、参与和绩效等理念走进了政府管理创新的视野。

一、公正:“旧调重弹”的新意蕴

公正是人类社会不懈的追求,是人类社会的基本理念和基本行为准则,这决定了它具有永恒的价值。古今中外的思想家们,大多是把自己思想的终极归宿构建在公正理念之上。亚里士多德认为,在各种德性中,人们认为公正是最重要的。① 柏拉图的《理想国》就是围绕着正义展开的,认为正义是一个理想国家的必要条件。“我们可以设想一种公开的正义观,正是他构成了一个组织良好的人类联合体的基本条件”,②这是罗尔斯对社会公正意义的评价。

公正是社会的一种基本价值观念与准则,它与一定的社会基本制度相连,并以此为基准,规定着社会成员具体的基本权利和义务,规定着资源与利益在社会群体之间、在社会成员之间的适当安排和合理分配。换句话来说,公正表现为“给每一个人他所应得的”这种基本的形式。③ 公正的概念所反映的是人类的一种价值追求,是一种理想,但是它又具有包括自由理念、平等理念和社会合作理念为具体内容的现实形态。第一,自由理念。近代

---

①　[古希腊]亚里士多德:《亚里士多德全集》第八卷,苗力田主编,中国人民大学出版社 1992 年版,第 96 页。

②　[美]约翰·罗尔斯:《正义论》,何怀宏等译,中国社会科学出版社 1988 年版,第 3 页。

③　[英]A. J. M. 米尔恩:《人的权利与人的多样性——人权哲学》,夏勇译,中国大百科全书出版社 1995 年版,第 58 页。

以来,西方哲学是以自由主义为主流的,由洛克、康德和约翰·密尔奠定的自由主义阐明了西方基本的政治观念和政治价值,为现代西方民主政治制度确定了基本框架。自由理念的主要内容是:(1)人作为个体应该有自主性并受到保护;(2)尊重人与人之间本身合理的差异;(3)自由是理性的自由。人的自由应当是有节制的,故而需要理性的指导和约束。洛克认为,法的目的不是取消和限制自由,而是保护和扩大自由。因为在所有能够运用法律的人类状态中,没有法律,就没有自由。① 自由理念对于公正的特定要求在于,应尊重个体人各自的差别比如禀赋、能力以及具体贡献等方面的不同,尊重个体人的发展与选择,并给予有所差别的对待;还应考虑到极端化自由对于社会可能产生的负面影响,避免个体人之间不同待遇差距的过分拉大。第二,平等理念。虽然人人生而平等,但是直到罗尔斯的《正义论》才转换了近代西方哲学以自由主义为主题的现象,突出了平等问题。罗尔斯主张,正义是社会制度的首要价值,这里的正义意味着平等。他提出了正义的一般概念:"所有的社会基本善——自由和机会、收入和财富及自尊的基础——都应被平等的分配,除非对一些或所有社会基本善的一种不平等的分配有利于最不利者。"②平等对于公正的要求在于,平等的享有自由的权利和民主政治,以及对财产、社会机会和政治权力的分配的平等。第三,社会合作理念。人的基本属性是社会性,也就说个体人离开了社会是无法存在的,更谈不上发展。所以个体人之间需要合作,只有有效的社会合作才能实现自身和社会的发展。社会合作理念对于公正的要求在于,强调社会的整体性,弥补自由和平等所不足的部分。

20世纪七八十年代以来,公共行政改革的潮流席卷了全球,各国纷纷步入改革的浪潮,而改革的先导就是管理理论的不断转变和创新。先后兴起了三种公共行政的理论,分别是以弗雷德里克森为代表的新公共行政理论、以奥斯本和盖布勒为代表的新公共管理理论和以登哈特夫妇为代表的新公共服务理论,这些理论无不丰富和发展着公正的内涵。在新公共行政学以

---

① [英]约翰·洛克:《政府论》,杨思派译,九州出版社2007年版,第373页。

② [美]约翰·罗尔斯:《正义论》,何怀宏等译,中国社会科学出版社1988年版,第292页。

前的政府管理中，政府扮演着“守夜人”角色，信奉价值中立、科学主义和管理主义等信念，而新公共行政高举“社会公平”的旗帜，倡导公正。为实现社会公正，主张构建开放的新型的政府组织形态，以高度的公共责任关注民主社会中的政策问题。政府管理者应当以公共利益为准则，政府需要更多的响应公众的需求，让公民经过各种渠道参与公共事务，使公共政策能公平有效地体现社会各区域、各阶层、各群体的价值及期待。20 世纪七八十年代，发达国家掀起了针对政府部门改革的“新公共管理运动”浪潮，其中“重塑政府理论”是突出代表。认为公众作为“纳税人”，是政府的顾客。政府管理应该按照顾客的需要，将资源直接配置到群众的手里，让群众能自主地选择所需要的服务和所喜欢的服务提供者，创造更多的公平的机会，充分体现公正的自由、平等要求。之后，新公共服务理论在对新公共管理理论的反思中应运而生，它强调以人为本，把公平、公正、民主、正义等看做公共管理的价值所在，认为政府的职能是服务而不是掌舵，为服务型政府建立提供理论基础。

总之，自从有了人类社会，公正就成为人们修身养性以及政治追求的主题。在不断追求公正的过程中，公正从只是作为人们德行的重要条件及自身追求的理想，发展到以自由、平等和社会合作等理念为具体实现形式的社会制度安排，再到现代政府管理中把公正作为一种理念去指导公共服务和产品的供给，这使人们对公正的理解和认识逐步趋于深刻和完善。

二、顾客：从管制走向服务

早在卢梭时期就将人民与政府定为主仆关系，所以政府是人民的公仆，本应该为广大民众也就是它的主人提供服务。而传统的行政模式是建立在官僚制理论基础上的，以官僚制理论建立起来的管制型政府由于过分崇尚专业化，缺少灵活性与应变能力，从而不能应对全球化、竞争加剧以及技术快速更新带来的挑战，造成了低效率、官僚主义、政府规模膨胀等各种问题。自 20 世纪七八十年代以来，发达国家纷纷掀起了政府改革浪潮，以实现突破官僚制弊端的束缚和困境,重建政府的信任。

顾客理念就是在此次政府改革运动中提出来的。新公共管理改变了传统模式下政府与公众的关系,政府不再作为权威官僚机构发号施令,而是服务的提供者,政府公共行政从“管治行政”转向“服务行政”。公民是享受公共服务的“顾客”,政府以顾客需求为导向,尊崇顾客主权,坚持服务取向。

在新公共管理理论中对顾客的概念进行了多种解释。相对于政府而言的顾客,是指政府机构所服务的对象,一般可分为主要顾客和次要顾客,主要顾客是政府的工作主要用来帮助的个人或团体;次要顾客是政府的工作用来使之受益的其他个人或团体(但是不如主要顾客那么直接)。①

奥斯本首先在《改革政府——企业精神如何改革着公营部门》一书中提出了面向顾客的理念:受顾客驱使的政府——满足顾客的需要,而不是官僚政治的需要。他认为政府应该具有企业家的精神,应关注自己的顾客,听取顾客的意见,把资源交到顾客手里,并且顾客可以选择服务的提供者,提供者对顾客负责,满足顾客的需求。在《摒弃官僚制:政府再造的五项战略》一书中,他更为明确和翔实地提出了顾客战略——将顾客置于驾驶员的位置上,解答了“组织到底对谁负责”的问题,而且,又赋予顾客监督的责任,这样就增加公共组织改进绩效的压力并将其置于反馈的循环之中,即“顾客战略建立在后果战略基础之上,使组织不仅仅循着命令链对其行为绩效负责,也要对顾客负责”。② 拉塞尔·M. 林登在《无缝隙政府:公共部门再造指南》中认为政府应该密切的、直接的联系顾客,并为满足顾客个性、多样的选择和参与的欲望,从而对传统的官僚机构进行扬弃和再造。所以顾客导向就是要政府把公众视为服务的顾客,强调政府要提供高质量的公共服务来满足顾客高质量的需求,并以此为政府管理活动的归宿。

20 世纪 90 年代,英国首相梅杰首先发起“公民宪章”运动,坚持“顾客第一”原则,提出“一站式”服务理念,并要求英国政府机构对顾客进行调查,并

---

① [美]戴维·奥斯本、彼德·普拉斯特里克:《摒弃官僚制:政府再造的五项战略》,谭功荣、刘霞译,中国人民大学出版社 2002 年版,第 183 页。

② [美]戴维·奥斯本、彼德·普拉斯特里克:《摒弃官僚制:政府再造的五项战略》,谭功荣、刘霞译,中国人民大学出版社 2002 年版,第 177 页。

从是否让顾客满意的方面来测量工作绩效，通过实行社会服务承诺制改善公共服务的质量和效率。1993 年，戈尔在《戈尔报告》中提出了改变美国政府文化的四条原则，其中就谈到“顾客至上”原则。同年，“国家绩效评估”的行政改革开始启动。1997 年美国政府出版了《顾客至上：为美国民众服务的标准》，即政府服务标准手册。具体做法是：第一，明确机构现在或将来的顾客。第二，要全面调查下面的问题：顾客需要怎样的服务？公众对现存的政府公共服务的满意度如何？第三，设定服务基准并测定结果。第四，给予顾客选择的余地。第五，建立信息、服务、投诉处理体系。第六，提供顾客投诉方法。①

三、参与：重归民主“原教旨”的微型实践

参与是民主的内容之一，与民主有密切的联系。实际上，民主意味着参与，没有参与，就没有民主。科恩认为，衡量民主有三个尺度：民主的广度、民主的深度和民主的范围。② 而参与则是衡量民主三个尺度的核心指标。

人的根本属性是社会性，所以说，只要有了人类社会，就有参与。公民参与的理论渊源最早可以追溯到古希腊雅典的直接民主模式，即古典主义民主。在直接民主体制下，公民亲自掌握国家权力，做出决策，不需要代表。古希腊的公民认为，只有亲自参与国家活动才能实现自身的价值、获得人格的完善。他们把参与政治生活，即公民参与公共事务—辩论、投票、选举、担任公职等作为生活的主要内容。卢梭是古典民主参与理论的代表人物，他在《社会契约论》中提到：“一切公共事务都是公民亲手来做”，“一旦公共服务不再成为公民的重要事情，并且公民宁愿掏自己的口袋而不愿本人亲自来服务的时候，国家就已经濒临毁灭了。”③可见，卢梭是提倡公民直接参与公共事务的，古典民主理论中的参与就是指国家制度上的直接民主参与，强

---

① ［美］乔·皮尔斯、约翰·纽斯特朗：《管理宝典：开创管理新纪元的 36 部经典管理著作集萃》，东方慧译，东北财经大学出版社 1998 年版，第 145—146 页。

② ［美］科恩：《论民主》，聂崇信、朱秀贤译，商务印书馆 1988 年版，第 12—31 页。

③ ［法］卢梭：《社会契约论》，何兆武译，商务印书馆 1982 年版，第 123—125 页。

调统治者与被统治者身份的重合。

18—19世纪,代议制民主被提了出来,并成为公民参与的最理想的制定形式。代议制民主和公民间接参与认为,直接参与只适合小国寡民社会,随着国家规模和人口的扩大,直接参与不但在技术上无法操作,造成参与成本高昂,而且普通群众也没有足够的知识和理性去参与国家公共事务的决策和提供公共服务。但是,代议制民主也有可能排斥公民参与,公民参与只是公民参加选举活动或广泛参与对决策者的选举,人民"只有在选举国会议员的期间,才是自由的,议员一旦选出之后,他们就是奴隶,他们就等于零了"。也就是说,公民的民主权利主要体现在选举代表的权利上,公民投完票后便退居一旁,国家事务由"代表"们决定。[①] 这样,公民参与公共事务沦为精英代表的特权,从而使公民对政策和公共事务是间接的了。

民主意味着参与,不管是直接民主还是间接民主,都需要公民的参与。古希腊的古典民主表现的是公民的直接参与,但是由于国家规模和构成日益庞大而沦为乌托邦;代议制民主下的公民间接参与仅仅局限于定期的投票选举等政治过程,而且有可能导致对微观层面的参与的忽视以及不能充分表达民意。因此,在代议制发展过程中,吸取了古典民主模式,形成了一种混合民主模式,即参与民主,它是公民既能直接地又能间接地参与到公民决策过程中。参与民主重拾了公民参与的民主传统,强调基础公民参与的直接性,以弥补代议制民主公民参与的不足。

政府管理是在公共管理理论的指导下的对公共事务的管理,然而,公民参与并没有在公共管理理论的发展过程中得到贯穿和始终的重视,从而导致了公民参与在政府管理中的地位和作用的不一致。

传统的行政管理模式是以政治行政二元结构为基础的,政治和行政被严格地界定为泾渭分明的两个领域。正如威尔逊在《行政学之研究》一文中所说的,政治是包含了投票、意见表达等民主程序的公共政策的制定;行政是公共政策的执行。显然,在传统行政管理中,公民参与属于政治的范畴。

---

① [法]卢梭:《社会契约论》,何兆武译,商务印书馆2003年版,第121页。

而且威尔逊对公民参与日常行政活动的危险性曾经做过警示，“对政府日常工作细节的监督和政府日常管理措施的选择直接施加公众批评，这无疑是一种愚蠢的妨害。”①因此，在政治行政二元结构中公民参与没有得到应有的重视。再加上，当时对官僚制的崇拜，认为非人格化、层级化、专职化是提高政府组织效率的最佳方式；而官僚制与公民参与是对立的，甚至，官僚制在某种程度上威胁到民主。因此，公民参与在传统行政管理时期从理论与实践中都是被排斥的。

20世纪60年代之前，以效率为行政目标的传统行政管理理论忽视了平等和公正等问题。所以，政府管理注重行政过程和程序公平的民主行政的新公共管理理论应运而出。弗雷德里克森认为，公共行政过程中公平只有通过公民的参与才能确定，公共管理者也需要努力使社会弱势群体参与有关公共行政的对话。新公共行政认为要确保社会的平等公正，必须让公民广泛地参与到公共政策的制定等政府的公共管理中。

新公共管理运动兴起于20世纪70年代末80年代初。作为一种新的政府治理理论和模式，它把政府与公民的关系定位为“生产者”和“顾客”的关系，政府必须满足作为顾客的公民的需要。因此在新公共管理中，公民参与更多的是回应政府提供的公共服务是否满足自身的需要。然而正是政府以顾客回应为导向，往往导致新公共管理方法中的理论缺陷和实践缺陷，即不那么愿意与公民分享、让公民参与以及与公民建立伙伴关系。

20世纪80年代以来，新公共管理遭到针对该理论对公民参与有意或无意的忽略的批判。因为官僚制仍然发挥着作用，公民仍然无力影响政府的政策导向，政府也无法听到公民的心声，新公共服务理论正是在这种批判的背景下建立起来。

新公共服务理论认为政府不应该仅仅是掌舵，“公务员的首要作用乃是帮助公民阐述并实现他们的公共利益而不是试图去控制或驾驶社会。”②可

① [美]约翰·克莱顿·托马斯：《公共决策中的公民参与：公共管理者的新技能与新策略》，孙柏瑛等译，中国人民大学出版社2005年版，第15页。

② [美]罗伯特·B. 丹哈特、珍妮·特V. 丹哈特：《新公共服务：服务而非掌舵》，丁煌译，中国人民大学出版社2010年版，第57页。

见，新公共服务理论试图以建立公民为核心的公民参与模式来重新确定政府与公民之间的关系。

上面我们从政治学和公共管理相关理论来探讨了公民参与的演变过程，现代社会是民主社会，公民参与仍然在继续发展，并表现着新的特征。除了参与民主重拾古典民主的直接参与的民主原教旨模式，最大的新特征就是公民参与从政治等宏观层面的参与扩展到社区等微观层面的参与。

长期以来，公民参与主要以政治领域为重点，尤其是政治选举层面，然后逐渐重视公共政策和公共行政领域的参与。实际上，在社会发展过程中，公民参与在微观领域的实践，诸如乡村自治、社区自治、邻里互助、志愿组织和非营利组织等参与形式日渐受到重视。直接参与基层公共事务，有利于推进实现公民自治。基层领域是与公民生活最直接、最密切的领域，公民只有直接参与到公民生活最直接、最密切的基层领域才能更好地促进个人能力的发展。比如，佩特曼主张公民积极参与到与“人民生活息息相关的领域”；麦克弗森的“金字塔体制”的底层，乃是工厂、地方社群及工作场所等“有限网络”；巴伯认为应该把民主参与推广到地方性、街道性、邻里、职场等各个层面。在当代社会，个人要想控制自己的生活和所生活的环境，就必须直接参与和自己生活密切相关领域的公共事务决策，公民个人在这一过程中将有机会学习和了解公共事务，从而进一步培养和提高自己的政治控制能力，从而发展和完善民主制度。从这个意义上说，现在公民在政府管理微观领域，例如基层、社区等进行的各种形式的直接参与，就是对古典民主的一种复兴和微型实践。

四、绩效：政府低能向高能迈进的“神器”

自从有了公共行政学开始，人们就认识到政府的重要性并对其不断探索。例如公共行政学的鼻祖威尔逊在研究行政学的目标和任务时就说：“行政学研究的目标在于了解：首先，政府能够适当地和成功地进行什么工作。其次，政府怎样才能以尽可能高的效率及费用或能源方面用尽可能少的成本完成这些适当的工作。”①其中就涉及在政府管理中，要运用什么方式、方法进行管理，才能提高效率的问题。

随着公共行政学的发展，政府绩效的内涵也会有不同的解释。传统行政学时期，在传统官僚制基础上，政府绩效的内涵多从以经济和效率为主的生产角度反映。怀特认为，公共行政的目的，就在于政府最有效的利用各种资源。在新公共行政时期，绩效的内涵加入了社会公平公正方面的内容。正如弗雷德里克森所言：“新公共行政学把社会公平加入到传统的目标和基本原理中。实用的或传统的公共行政学试图找出下列两个问题中的任何一个问题的答案：(1)我们怎样才能够利用有限的资源来提供更多的或更好的服务(效率)？(2)我们怎样才能够花费更少的资金来保持我们的服务水平(经济)？而新公共行政学则增加了这样一个问题：这种服务是否增进了社会公平？”②新公共行政学反对传统公共行政以机械性效率为准则，即可以用具体数字表示的投入与产出之比率，反对过分强调以最少的投入取得最大的产出，转而赞成以社会价值观念为目标，规范地予以衡量的效率，也就是说，效率必须与公共利益、个人价值、平等自由等价值目标结合起来的绩效观。

以法律权威、等级制、非人格化、专业化职业、遵循一般性规定为精髓的官僚制理论产生于19世纪，却被发达国家一直沿用到20世纪70年代。③官僚制理论由于具有理性形式、不透明性、组织僵化以及严格等级制的特点，使得它不可避免地造成实践中与理论相脱节，必然产生低效率和低效果。再加上，20世纪70年代，西方各国社会、经济、国际条件的变化，官僚制理论已无法回答和解决政府所面对的政府财政危机、社会福利问题、政府机构臃肿、效率低下、公众对政府能力失去信心等问题，所以发达国家相继开

① ［美］伍德罗·威尔逊：《行政学研究》，载彭和平、竹立家等编译《国外公共行政理论精选》，中共中央党校出版社1997年版，第1页。

② ［美］杰伊·M. 沙夫利兹、阿尔伯特·C. 海德：《公共行政学经典》（英文版），中国人民大学出版社1987年版，第426页。

③ ［澳］欧文·E. 休斯：《公共管理导论》，彭和平等译，中国人民大学出版社2001年版，第34－36页。

始了提高政府绩效的以新公共管理理论为指导的政府改革运动。此时的绩效内涵进一步增加了社会效益的内容，主张以顾客为导向，奉行顾客至上的全新价值理念。这要求政府以提供全面优质的公共产品、公平公正的公共服务为其第一要务。政府管理的高绩效就是满足顾客需要，提高顾客满意和信任是公共部门追求质量和效益的不懈努力。

现代社会是信息化高速发展的社会，因此对政府管理的绩效要求就更高。现代政府管理理论，例如重塑政府理论对科层制的瓦解、整体政府理论对资源的整合和共享、虚拟政府理论倡导的电子政务等都是以提高政府管理的绩效为直接目的，只有绩效提高才能更好地解决和实现公正、参与等问题，才能提高政府管理的能力，所以，绩效是政府从低能转向高能的"神器"。

第四节　政府管理的理念变革(下)

当前，国际局势正在发生广泛而深刻的变化：世界多极化、经济全球化的趋势在曲折中深入发展，科技进步日新月异。信息化的奔涌将时间和空间挤压成扁平化，现实社会与虚拟社会相互交织渗透，并引发国家秩序、集体交往和个人要求方面诸多矛盾与冲突。全球思想文化交流交融交锋呈现新特点，综合国力竞争更趋激烈。这些对各国政府管理提出了新的挑战。面对时代发展的深刻变化和公共行政改革纵深的要求，必须实现政府管理理念的转变与创新。现代政府管理理念应更加关注民主价值和公共利益、更加适合于现代公民社会发展和公共管理实践的需要。面对官僚行政的日渐式微，更富前瞻性和革命性的公开行政、共治行政、知识行政、协商行政成为现代政府管理理念发展创新的必然要求。

一、公开行政：从暗箱操作到透明管理

近年来，随着信息化的奔涌和民主化潮流的勃兴，暗箱行政的技术基础和社会基础被逐渐颠覆。美国未来学家尼古拉·尼葛洛庞帝在《数字化生

存》一书中指出:“我们存在的状态是数字化生存,一个个包含了大量信息的信息包各自独立,每个信息包都可以经由不同的传输路径从甲地传到乙地。……正是这种分散式体系结构令互联网络能像今天这样三头六臂。无论是通过法律还是炸弹,政客都没有办法控制这个网络。信息还是传送出去了,不是经由这条路,就是走另外一条路出去。”①在这种数字化的空间里,信息的传播与交流日益呈现出多元化、多中心的态势,政府利用对信息的垄断来控制公众的时代已经一去不复返了。

从技术基础来看,现代科学技术的高速发展,特别是信息化的奔涌,为公开行政提供了强大的技术支撑。信息化简化了信息反馈的传输通道,有效避免了信息反馈过程中的信息失真和信息不对称现象,使得政府更便捷、更广泛地收集社会各阶层的意见和偏好,即时获得准确的信息反馈。信息技术的发展和普及性的传播使行政公开运作和建立全过程参与型的公民政治成为可能,公众的信息反馈速度和政府对问题的回应速度大大加快,政府和公民之间实现了直接沟通。

从社会基础来看,随着公民的文化素质普遍提高,在理性的指导下参与政治生活的能力不断提升,公民变得不但有热情而且有能力关注和参与公共生活。而信息化大大扩大了公民对公共生活的参与,促进了公民社会的发育和壮大。在民主宪政社会中,每个公民都有权获得与自己利益攸关的政府信息,信息化在很大程度上造就了公民参与的公共互动平台。公民的广泛参与机制具有覆盖广、时效快等特点,这既是民主政治发展的具体体现,也将给社会建设注入全新的活力。

公开行政是指“将行政权力运行的依据、过程和结果面向相对人和公众公开,使相对人和公众知悉”②。加强政府信息公开法制建设,实行公开行政不仅是大势所趋,更是在世界范围内形成一股潮流。公开行政又称“透明行政”、“阳光行政”,即行政活动的运作以一种透明、阳光的机制运行,并无时无刻不在受到公众审视和评判的一种行政理念和行政范式,它带有明显的

---

① [美]N. 尼葛洛庞蒂:《数字化生存》,胡泳、范海燕译,海南出版社1996年版,第274页。

② 应松年:《行政程序法立法研究》,中国政法大学出版社2001年版,第463页。

现代民主主义色彩，随着大众传媒尤其是信息化普及和公民社会的壮大应运而生。

公开行政具有深刻的理论基础。人民主权理论阐释了政治哲学的一个基本问题，即谁应当握有权力，表明了公开行政的理由。程序公正理论解释了政治民主的一个基本问题，即“公民应当通过什么方式行使民主权利”，描述了公开行政的途径。信息不对称理论回答了政治经济学的一个基本问题，即“为什么会出现公民在政治上的逆向选择”，分析了政府信息不对称的原因及其后果。上述三种理论，直接支配着公开行政的设置与运作，并成为其制度产生与发展的逻辑起点和归宿。

从政治学的角度来看，人民主权理论为政府公开行政提供了最原始的理论支持。洛克指出：“人类天生是自由的，历史的实证又证明世界上凡是在和平中创建的政府，都以上述基础为开端，并基于人民的同意而建立。”① 在洛克看来，政府的权力来源于人民的同意和授权，法律也是经人民同意才生效的；政府的重大决策，必须取得人民的同意。卢梭继承并发展了洛克的思想，明确系统地提出了人民主权理论。他强调，人民主权是人民的“公意”的具体体现和运用，它属于参加社会契约的全体人民。卢梭认为，主权就是“社会赋予政治体以支配其成员的绝对权力”②。“主权不可转让，不可分割，主权者是一个集体的生命，只能是人民，即主权在民”③。人民是国家权力的真正享有者，政府只是根据人民的“公意”而结成的人民的代言人。无论人民以何种方式行使国家权力，其前提都是人民能够确切地了解政府及其行为。这就要求政府在行使人民所委托的权力时实行公开行政。

从法学的角度来看，知情权理论及程序正义理论为政府公开行政提供了最直接的立法依据。知情权又称“知晓权”、“了解权”、“知的权利”等，其基本含义是指公民有权知道他应该知道的政府信息，国家应最大限度地确认和保障公民知悉、获取政府信息的权利。如果民主国家中，不论间接或直

① [英]洛克：《政府论(下篇)》，叶启芳、瞿菊农译，商务印书馆 1964 年版，第 64 页。
② [法]卢梭：《社会契约论》，何兆武译，商务印书馆 2003 年版，第 37 页。
③ [法]卢梭：《社会契约论》，何兆武译，商务印书馆 2003 年版，第 33 页。

接民主,有治理权的公民出于一无所知的状态,要想治理好这个国家是不可能的如果没有知情权的保障,民主主义就不可能得到真正的实现。因为主权者如果不能获得正确的信息就不可能作出准确的判断。公民和其他组织对政府决策、管理活动的广泛参与,从某种意义上讲是公民诸多权利的核心。程序正义是一种"过程价值",指法律程序在具体运作过程中所要实现的价值目标,它是评价程序本身正义性的价值标准。程序正义的观念早在13世纪就在英国萌生。受长期以来形成的法律传统的影响,人们相信"正义先于现实"、"程序先于权利"。根据英国普通法,法庭在对任何一件争端或纠纷作出裁判时应绝对遵循"自然正义"原则,包括两个方面的内容:第一,任何人都不能成为自己案件的法官。第二,未被倾听,一个人不得被定罪领刑。

从经济学的角度来看,信息不对称理论为公开行政提供了有力支持。随着社会问题日益增多,社会关系日趋复杂,为了有效地进行公共管理,行政机关被授予了更广泛的自由裁量权和准立法权、准司法权。从摇篮到坟墓,行政权无处不在、无孔不入,政府实际上成为最大公共信息资源的所有者和控制者。政府具有利用自身的信息优势地位垄断信息传播、追求自身利益最大化的倾向。公众处于信息弱势地位,如果政府不主动公开或允许公众申请公开信息,公众就难以获得政府所控制的公共信息。政府与公众之间的信息不对称往往会导致政府公共权力的畸变,使得公众权益受到损害,进而会以冷漠、不信任回报之。政府的公信力遭到严重削弱,甚至会产生合法性危机。

二、共治行政:从统治通往善治之路

公共行政是具有历史性的,它有着发生和发展的过程。按照历史与逻辑统一的方法考察,政府治理方式存有农业社会的统治行政、工业社会的管理行政和后工业社会的服务行政三种基本历史类型。在整个农业社会,人类的行政管理属于统治行政的范畴,政府的职能主要体现在社会秩序的获得上。近代以来,管理行政逐渐成长起来,政府的职能根据社会发展的要求不断变革。大致从20世纪80年代开始,与后工业化进程相适应的合作治理出现,政府职能表现为引导型职能。①

统治行政是在政治与行政尚未实现分化条件下的行政管理活动,它直接服务于阶级统治和统治利益的实现,是统治阶级的行政。与传统农业社会相适应的行政活动具有以下特点:首先,行政活动的社会职能与国家政治权力的统治职能鲜明地交织在一起。其次,行政活动与宗法权力或血缘关系有着根深蒂固的联系。最后,行政活动与经济权力有着相当直接的关系,形成权力支配社会价值和社会财富的格局。可见,传统农业文明时期的行政活动中,人的地位是非常突出的,人的权威大于组织的权威,人的作用大于制度和规则的作用,是具有统治本质的"人治"活动。

管理行政是建立在政治与行政分化的基础上的,它的政治功能被隐含在对社会的管理活动之中,它在工具理性的原则下开展活动,实现了职业化和非人格化。它所追求的是形式合理性,技术专家是行政活动的主体,通过科学化和技术化的改进去实现效率目标。至于行政的政治内容和伦理价值,都是在行政过程开始之前就已经被确立了的,属于行政过程之外的东西,并不是行政活动所要关注的事情。与现代工业社会相适应的行政活动具有以下特点:首先,行政活动同外部权力如宗法权力、血缘关系等相分离,自主性明显增强,社会管理职能日益突出。其次,行政活动的内部功能分化日益发达。最后,行政活动以行政主体所拥有的合理合法权威为基础,是一种法理型的活动。可见,现代工业文明时期的行政活动中,职位权力大于个人权力,法律的权威高于人格的权威,是具有管理本质的"规则性"活动。

服务行政将要超越的是任何停留在形式上追求公共性的做法,它在服务精神的引导下开展行政活动,通过对自身的管理而服务他者,通过服务而营造起一个合作治理的局面,一切社会治理主体都在自我管理、相互服务中及在社会治理过程中实现合作。服务本质成为行政活动的中心取向和终极

---

① 张康之:《论行政发展的历史脉络》,载《四川大学学报》(哲学社会科学版)2006年第2期。

价值，管理虽然还存在而且必不可少，但管理只是作为服务的部分内容而被保留，是为服务而存在的。与后工业社会相适应的行政活动具有以下特点：首先，行政活动以信息化为依托进而实现现代管理水平的提高。其次，行政活动更加关注人文关怀，提倡“以人为本”。最后，行政活动的科学化、法制化、民主化的内在价值要求更加深化。可见，后工业文明时期的行政活动，是具有服务本质的合作化“治理”或“善治”活动。

公共行政的发展是永不停息的，始于公共行政传统模式的变化已经开始，公共部门运行中的大量变化表明了这一范式变迁。① 人类社会进入21世纪以后，政治学逐步形成围绕社会治理重构政治学知识体系的趋势，其基本关怀在于修正由科学精神、技术理性和机械文明构成的管理行政以及对服务行政之各种制度构建和工具设计上。目前，政府的治理模式正在为越来越多的国家机器政府部门所接受和运用。治理既体现政治共同体内部成员之间的权力关系，也反映共同体成员对社会、法律规范的自觉遵从。可以说，治理实际上就是一种国家与社会的相互合作，同时相互制约的管理模式。作为与传统的统治模式相对立的一种管理公共事务的方式，治理打破了以往公与私、国家与社会的二元对立思维定式，在管理主体、管理手段、权力关系及追求的管理目标等方面都与统治模式截然不同。

统治模式意味着国家及其代表政府是社会公共事务的管理主体，治理模式则把众多的社会团体纳入了公共权力的视野；统治模式侧重于强制性行政、军事、法律手段的应用，治理模式则注重公私的合作、国家与社会的资源平等地位；统治模式把公共权力局限于公共政治权力，其运行方式是自上而下，治理模式则认为公共权力还包括公共社会权力，它有自下而上运行的特征；统治模式追求严明的法纪和森严的等级制度等，但治理模式追求的是善治目标，它是政治国家与公民社会的最佳状态，它不仅是国家与社会的划分，即各自掌管各自的事务，更要求二者的互渗合作，即国家可以参与到社

---

① ［澳］欧文·E. 休斯：《新公共管理的现状》，沈卫裕译，载《中国人民大学学报》2006年第2期。

会事务管理中去，社会也可以参与到国家事务管理中来。①

而善治，就是使公共利益最大化的社会管理过程，其本质特征在于政府与社会、政府与公民、政府与市场对公共事务的互动合作管理，是国家与公民社会的一种宽容为本、和而不同、和而共生的互促互进关系，是两者的最佳状态。善治的深刻意蕴在于国家权力向社会回归。善治的过程就是一个还政于民的过程，就是一个实现政府、市场与公民社会的良性互动与合作的过程。在治理过程中，政府一方面是治理的主要行为体，但同时治理的发展方向又体现为多中心化的趋势，治理主体应是包括政府在内的治理网络体系。治理意味着一系列来自政府但又不限于政府的社会公共机构和行为者，政府不再是唯一的公共权力中心；治理意味着在为社会和经济问题寻求解决方案的过程中存在着界限和责任方面的模糊性，各种私人部门和公民自愿团体正在承担着越来越多的原来由国家承担的事务和责任；意味着在设计集体行为的各个社会机构之间存在权力的相互依赖关系，意味着参与者将形成一个自主的网络；意味着对公共事务的管理在政府权威职位还有其他的技术和方法。②

善治是对"政府失灵"、"市场失灵"、"社会失灵"的多重回应。20 世纪 80 年代人们认识到，政府大包大揽的社会管理模式已经不能适应现实社会的需要，政府不可能也不应是公共权力的唯一掌握者，这种政府对公共权力的垄断往往是导致行政效率低下的主要症结。20 世纪 90 年代对取代政府的市场也不再抱有幻想，同时又意识到第三部门的限度，因而秩序的唯一来源应该是政府、市场、社会的携手，它们既需要相互分工，又需要相互依存、相互支撑，以共同奠定公共秩序的制度安排的基础。政府、市场、社会分别对应着不同性质的社会物品和社会事务，应分别由不同类型的组织机构来承担，每种机制背后存在着不同的假定，并分别代表着不同的社会价值。发达国家的历史比较充分地展示了政府、市场和社会的三种力量和三种机制各自的优势及弱点。优势说明政府、市场和社会都有存在的必然性、必要

---

① 徐勇：《GOVERNANCE：治理的阐释》，载《政治学研究》1997 年第 1 期。

② 俞可平主编：《治理与善治》，社会科学文献出版社 2000 年版，第 96—107 页。

性，弱点表明它们又都有自己不擅长和不能发挥作用的对象和领域。戴维·奥斯本和特德·盖布勒曾对此进行过概括，如表 2－1 所示：

表 2－1　政府部门、私人部门和第三部门各自的优势

对提供服务者服务质量的期待（H＝高；L＝低；M＝中）			
	政府部门	私人部门	第三部门
政府部门优势			
稳定性	H	L	M
处理中心任务以外的问题的能力	H	L	M
不受偏爱的影响	H	M	L
私人部门优势			
对迅速变化的形势作出反应的能力	L	H	M
革新的能力	M	H	M
模仿成功的倾向	L	H	M
放弃过失或失败项目的倾向	L	H	M
愿意冒风险	L	H	M
产生资本的能力	M	H	L
职业专长	M	H	M
获得规模经济的能力	M	H	L
第三部门优势			
向各色人等服务的能力	L	M	H
同情心和责任心	M	L	H
对问题的全面处理	L	L	H
产生信任的能力	M	L	H

资源来源：［美］戴维·奥斯本、特德·盖布勒：《改革政府：企业精神如何改革着公营部门》，上海市政协编译组、东方编译所编译，上海译文出版社 1996 年版，第 329—330 页。

善治理论作为一种强势的政治理论话语，影响着政府对公共事务和公共资源的有效安排，已成为各国政府再造运动中的一个重要的战略选择。每一个社会、每一种伟大的文明都产生了治理的特殊传统，并分别产生了风格各异的治理，大部分民族国家宪法的前言，也分别以不同的语言，按地方、文化和时代的不同，提到了治理的远大目标。①

① ［法］皮埃尔·卡蓝默：《破碎的民主——试论治理的革命》，高凌瀚译，三联书店 2005 年版，第 9 页。

三、知识行政:从封闭到学习的自我探索

当前,世界正在经历从传统的工业社会形态转向知识经济下的信息社会形态的变革。在这场变革中,生产要素的形态及其特点发生了颠覆性的转变。在传统农业社会和工业社会,生产要素以物质和能源为基础,具有稀缺性、私有性和独占性。而在现代信息社会,生产要素以信息和知识为基础,信息资源极其丰富,具有共享性、再生性和倍增性。信息为知识的生产、传输和存贮提供了有力的工具,信息知识化、知识信息化,信息与知识一起成为重要的战略资源。这一切都表明,工业社会渐行渐远,而知识社会占据中心的地位愈加稳固,知识成为最重要的社会资源,知识的进步成为社会发展的主导性力量。

与传统农业社会、工业社会相比,现代知识社会具有深刻的时代特征,知识社会的行政生态发生了翻天覆地的变化,如表 2-2 所示:

表 2-2　人类社会行政生态的比较

	农业社会	工业社会	知识社会
生产要素	土地	资本	知识
生产技术	手工技术	机械技术	信息技术
生产工具	人力或畜力工具	能源动力工具	互联网工具
生产方式	自给自足	大规模	定制化与一体化
市场与消费	本地市场	国家或全球市场	全球一体化市场
政治体制	宗教与皇权	代议制	民主政治
社会组织形式	家庭是基本单位	非血缘组织	虚拟团队
社会关系	等级关系	阶级关系	阶层关系
社会信仰	宗教、超自然神灵	资本、技术	知识
社会形态	异质性	同质性	多元化
社会分工	群体分工	流程化分工	协同式分工
社会控制	宗教、道德、军事	法律、文化、军事	文化、法律
社会教育	精英教育	社会教育	普及教育
社会需求	生存	尊敬和关爱	自我实现

资源来源:中国科学院领导力课题组:《信息化领导力范式》,载《领导科学》2010 年第 13 期。

从公共行政的视角来看，知识社会的时代特征主要表现在以下几个方面：第一，时空的改变。信息化的奔涌将时间和空间挤压成扁平化，信息流动的速度和广度以及由此而产生的整个社会运作的效率越来越快，现实社会与虚拟社会相互交织渗透。第二，公民社会的发育和壮大。在知识社会，公民的知识普遍增长，文化素质大幅提高，公民不但有热情而且有能力关注和参与公共生活，公民社会逐渐发育壮大。第三，知识经济。知识经济是以创新为根本动力，以人力资本为基本要素，以人的智慧为主要增长来源的经济结构、增长方式和社会形态。第四，电子政府的勃兴。综观全球电子政府30年的发展历程，电子政府已经从20世纪70年代基于数据管理的第一代电子政府，20世纪80年代基于信息管理的第二代电子政府，发展到今天的基于知识管理的第三代电子政府。① 第五，全球化。尽管全球化的概念至今尚未有统一说法，但综合现有理论至少可以达成初步共识：全球化指的是在交通和通信技术的促进下，全球经济、文化、政治等方面出现的相互联系、相互依赖、彼此交融、彼此同化，并最终出现一体化的过程或现象。在全球化的诸内容中，经济的全球化尤其重要，对全球的公共行政改革起着至关重要的影响作用。②

时空转变、公民社会、知识经济、电子政府和全球化，这些现象的出现，使得知识社会和工业社会相比，无论是复杂性、动荡性还是多样性的程度均大大增加，对公共行政和公共政策提出了严峻的考验。其涉及面甚广，既有国际层面，又有政治参与层面、需求响应层面和政治责任层面；既有政府职能、权力，也有政府的结构和运作模式。政府作为社会的综合管理组织者，首当其冲地面临政府模式的重塑和政府管理方式的转变，“知识行政”应运而生。

所谓知识行政，就是以现代科学知识为核心的政府行政。通过行政组织、行政行为的创新，使政府行政建构在知识化、科学化、技术化、专业化的

---

① 王德禄：《知识管理的IT实现——朴素的知识管理》，电子工业出版社2003年版，第314页。

② 武玉英：《变革社会中的公共行政——前瞻性行政研究》，北京大学出版社2005年版，第28－29页。

运行之上。知识行政将使得政府行政权力的获得和行使更多地以知识为核心，与此相应，政府组织必须是知识型组织，行政人员则应是知识型人才。①知识行政并不排除对于经验的重视，但它不墨守成规，而是将经验当做行动的参考。在利用经验时，目的是使创新的思想在稳妥的前提下得以实施、扩展，以求得更多、更大的行为效果。知识行政的产生及发展有着深刻的时代动因。

政府职能的演变是知识行政的内部推动力。现代政府行政职能的膨胀扩张造就了“行政国家”的兴起，因应政府职能的不断扩大，行政活动的宽度、深度、速度都发生了质的变化。行政职能的覆盖面极大增加，知识行政活动与信息化相互交融，日益成为全天候、全方位的社会管理通道和社会治理机制。随着政府公共行政改革的纵深，公众迫切希望政府变得更富有效率，这就要求政府从传统封闭的经验管理、技能管理走向开放的知识管理。

信息化的奔涌是知识行政的外部强势拉力。与传统行政空间相比，信息化时代的行政空间是一种全新的管理存在结构和领导运作领域。信息技术和知识手段的深刻变革正以巨大力量冲击和改变传统行政空间，信息的数字化组合和网络化运行使得行政活动日益表现出无纸介性信息载体限制、无地域性限制、无行业限制甚至无国界限制的虚拟化特征，行政生态系统由闭合、静态、层级向开放、动态、立体转变。

随着官僚行政的式微，传统金字塔式的政府组织结构越来越难以适应冗繁纷杂的社会环境。推行政府知识行政，将知识管理的理念、技术和方法运用到公共管理中来，必将引起公共行政理论和实践的重大创新和变革。

推行知识行政对于提升政府能力具有巨大推动作用。首先，知识行政成为政府人力资源能力建设的关键要素。知识社会赋予政府公务人员以新的眼光、谋略、方法和技术手段来开展行政工作，进行宏观管理，指导微观活动，协调社会行动，开拓国际事务，他们的经验、能力和现代知识技能得以充分结合。其次，知识行政实现了政府的业务流程再造。知识行政打破了传

① 舒绍福、邬晓燕：《知识行政初探》，载《行政与法》2002年第6期。

统的以审批为中心、以手工操作为主的业务流程,政府的运行机制解组并得以重构。知识行政渗透到政府能力要素的各个部分,政府对知识的内生和外纳能力大大增强,政府知识创新的效率大大提高,持续优化的学习和决策成为政府核心竞争力的不竭之源。

推行知识行政对于行政组织创新具有巨大推动作用。行政组织承担着管理国家事务和社会公共事务的重任,不仅是公共职能的载体,其效能的高低及组织创新的程度也直接影响和制约着其他各类组织的管理创新。将知识行政的理念引入行政组织,必然会对政府的组织结构和运作方式形成冲击。从世界各国的情况来看,政府信息化,使传统的科层组织朝着网络组织方向发展,打破了地域、层级、部门的限制,促使政府组织和职能的整合;政府信息化,促使政府的程序和办事流程更加鲜明、畅通;政府信息化,节约了人力、物力和财力资源;政府信息化,提高了政府机关的办事效率。凡此种种,均体现了技术发展对政府效率的提高和行政组织的制度创新所起的巨大推动作用。

推行知识行政对于政府知识体制创新具有巨大推动作用。在知识社会,知识量和信息量极度膨胀,政府作为信息资源的最大拥有者必须实现政府知识体制的不断优化和创新。首先,建设学习型政府。知识社会信息资源极其丰富,且具有再生性强、倍增性快等特点。正如埃文斯所说:机体若要存活,其学习(L)的速度必须大于或等于周围环境变化(C)的速度,用生态学的公式表示,即 $L \geq C$。[①] 政府作为一个综合性的有机统一的知识系统,如果还固守于封闭的自我,而不注重学习的自主和自觉探索的话,必将被时代的潮流所湮没。面对巨大的信息总量,政府必须及时、准确地筛选出有价值的信息,合理管理和利用信息,并进行深度挖掘和加工。其次,建立政府隐性知识向显性知识的转化机制。政府作为保障国家安全、促进社会发展的重要机构,在已具备一定的理论知识和实践经验的基础上,进行隐性知识转化是必然的趋势和正确的选择。政府各组织、各部门是既相互独立又相

---

① John D. Evans, *Infrastructure for Sharing Geographic Information among Environment Agencies*, http://web.mit.edu/jdevans/thesis/chapter2.html

互联系的有机整体,彼此之间应该互相学习。通过以个人为主体和以组织为主体的隐性知识转化,可以使政府整体的知识存量和知识结构得到改善,政府的应变能力和处理公共事务的能力将会有较大幅度的提升。① 最后,建立公共信息资源共享机制。由于政府拥有大量的信息资源,社会需要政府与之共享高质量的、权威的、经过深度挖掘的信息和知识。为此,知识经济下的电子政府需要对知识和信息进行有效管理,并与社会形成公共信息资源的共享,共同提高政府应变和创新能力。

四、协商行政:从强制到沟通的平等对话

协商一词,源自政治民主领域。自从政治学者约瑟夫·毕赛特于1980年首次从学术意义上使用“协商民主”(deliberative democracy)这个概念以来,“协商”的功能和价值被深入地开发和挖掘,内涵得到极大地丰富。之后,协商民主理论引起了广泛的关注,越来越多的学者参与到协商民主或协商政治的研究和探讨中来,协商民主一度成为西方政治学研究领域的前沿和热点。

所谓“协商”,就是各协商主体以利益多元为现实基础,以公共协商为核心内容,以公共理性为基本要求,以平等合法为价值诉求,以体制机制为根本保障,通过客观、冷静、审慎地讨论、对话、辩论、审议和妥协,形成具有政治合法性的决策和立法的一种民主形式;其政治目标是平等参与、达成共识和关注公共利益,本质是充分体现并维护全体民众的重要诉求和根本利益。②

“协商”的勃兴缘于现实政治发展实践的需要。相对于纷繁复杂的现代社会而言,传统社会结构不但简单而且大体是均质的,金字塔式的等级权力结构和异常清晰的身份安排使得人们各归其位,井然有序。数量有限的公共事务只是在人数有限的范围内得到讨论,跨阶层、跨区域的重大事项要么

---

① 王家斌、张绪:《政府隐性知识转化的实证研究》,载《中国行政管理》2009年第7期。

② 李后强、邓子强:《协商民主与椭圆视角》,四川人民出版社2009年版,第14页。

由专制统治者独自决断，要么由寡头精英小范围商议，大多数民众没有介入政治生活的权限和能力。然而，自工业化以来，社会变迁剧烈，人员流动频繁，身份和等级秩序被大面积瓦解，人与人皆自由平等的平权观念不仅得到了广泛认同，而且得到了从宪法到制度层面的有效保障，公民变得不但有热情也有能力关注公共生活。公共事务的复杂性和民众的积极表达愿望相互激荡，为“协商”的兴起提供了重要的铺垫。未来的公共服务将以公民对话协商和公共利益为基础，并与后两者充分结合。

当代行政过程中无处不在的利益冲突、竞争和妥协，表明行政过程本质上已经成为一种政治过程。而取得相对一方对行政机关所欲推行的政策的理解和支持，以及协调可能发生冲突的公共利益和其他程序参加者的利益之间的关系，获得各方都满意的均衡方案，都需要通过协商、寻求合意，并在合意的基础上作出决定，这代表了一种新的行政理念，即“协商行政”。

作为一种民主决策机制，协商行政能够“超越多元冲突与权力专断”①。它强调公共议题应该由受决策影响的人，通过理性的讨论、对话、审议等方式作出决策。正如戴维·米勒所说：“当一种决策是通过公开讨论过程而达成，每个参与者都能自由发表意见并愿意听取和考虑不同意见时，这个民主体制就是协商性质的。”②在现代民主社会里，政府作为以公民的意愿联合或本质上的强制性为基础的组织，其产生源于人民的公意达成和公意授权，它的功能在于运用其他社会组织所不具备的强制性公共权威，承担起无可替代的社会责任。由公共管理专家组成的行政机构获得越来越多的公共政策和游戏规则制定权的同时，轻易绕开监督而无须承担与立法机关同等的民主责任，以致民主可能在关乎其切身利益的实践中失去意见表达权，官僚自由裁量权膨胀的危险趋势显而易见。

作为一种民主参与机制，协商行政能够“彰显个人权益与公民责任”③。协商的核心思想是重视公民乃至整个公民社会在政策过程中的作用，促进

① 张凤阳等：《政治哲学关键词》，江苏人民出版社2006年版，第241页。

② ［南非］毛里西奥·登特里维斯：《作为公共协商的民主：新的视角》，王英津等译，中央编译出版社2006年版，第139页。

③ 张凤阳等：《政治哲学关键词》，江苏人民出版社2006年版，第248页。

国家和公民社会的相互依赖和良好合作。因此,它更为强调公民参与的重要性,普通公民通过各种途径和方式积极参与公共事务,以影响公共政策的制定和执行的行为,它要求公民通过自由平等理性的对话、讨论、审议等方式,以公共利益为取向,积极参与公共政策和政治生活。协商民主在强调公民参与的重要性时对有效参与和讨论提出了诸多要求:第一,就民主过程本身而言,平等自由的参与权是公民集体性政治自主的前提。公民参与权必须是“充实的”,可实现的,而不是仅仅停留在理念和规范宣示层面上的。协商民主过程通过对话或商谈来构造公民的集体观念和意志,它自然要求承认公民的参与权。第二,协商民主所强调的参与,是参与和协商的统一,也是直接参与和间接参与的统一。第三,协商民主所强调的参与,是一种理性的参与。在公共对话中,一切论证都应受到尊重,以共同福祉为基础的更好论证的力量,是决定公共生活质量的关键。我们可以将协商行政看做这样一种生活方式:它既是一种静态的制度安排,又是一种动态的行动过程。在公共生活中的公共参与,是行动中的民主,也是公共生活的大规模、可持续的建设性力量。因此,如何通过体制、结构和程序的改革,将公众纳入公共生活的领域,培育富有激情、理性和责任心的公民精神,是我们时代的一个重大命题。

作为一种民主治理机制,协商行政能够“平衡民主过程与政策结果”①。民主程序是合法性的源泉。② 协商行政在本质上以公共利益为取向,主张通过对话实现共识,明确责任,进而做出得到普遍认同的决策。它能够有效回应文化间对话和多元文化社会认知的某些核心问题,尤其强调对于公共利益的责任、促进政治话语的相互理解、辨别所有政治意愿,以及支持那些重视所有人需求与利益的具有集体约束力的政策。在利益高度分化的多元社会,通过协商行政纳入更广泛的公民参与,能够有效促进公共生活领域善治局面的形成,通过集体追求共同之善而社会得以整合。协商理论的兴起,并

---

① 张凤阳等:《政治哲学关键词》,江苏人民出版社2006年版,第244页。

② J. Cohen, Deliberation and Democratic Legitimacy, in J. Bohman & W. Rehg(eds.), Deliberative Democracy(Cambridge MA:MRR Press,1997), p. 67.

不是对现行民主制的颠覆，也不可能是根治“多元社会病”的秘方。但它在价值诉求上至少具有下列优势：(1)可以培养维护健康民主所必需的公民美德，促进政治共同体之间相互理解的公民性格特点；(2)提升公众对公共生活的集体责任感；(3)在多元文化和利益交织的现代社会化中，协商民主可以有效促进不同文化和利益主体之间的交流与理解；(4)通过开放的结构和讨论过程，协商民主可以促进公共决定的合法性和扩展知识与理性。①

① Jorge, M. Valadez, *Deliberative Democracy, Political Legitimacy, and Self-Democracy in Multicultural Societies*, West view Press, 2001, pp. 34 – 39.

第三章　有限政府:职能转换下的有限角色扮演

有限政府起源于西方自由主义理论视角下的政府模式建构,主要关注为什么要以及如何限制国家行动的范围。在“行政国家”日益崩溃的当下,缩小政府规模、转变政府职能、缩减政府工作人员等公共行政的实践和展拓似乎预示着有限政府到来的“曙光”。在市场经济体制逐步建立和完善的当今世界,市场对政府的纠正和限制,已经取得了巨大的胜利,尤其是20世纪七八十年代的新公共管理运动,主张政府借鉴企业的管理方法、方式来进行政府的重塑,借用市场之手来限制政府取得巨大成绩,并且这一运动仍在世界各国风起云涌。在政府、市场、社会成为三位一体治理机制的今天,公民社会的崛起,使各国政府更加受到来自社会权利的挑战,不得不调整政府高高在上的傲慢姿态,淡化行政主导一切的霸权政府的意识,转而寻求政府与社会的良性互动,赋予社会更多的自主管理权。同时政府职能的重新定位也在随着不同时代公众的话语导向而不断转变,由此而需要明确政府主体的边界和角色担当,已成为有限政府塑造过程中,不得不面对的新问题和急需解决的任务。

第一节　有限政府的新进展

在政府、市场、社会三种力量相互联动的治理机制得到大众的普遍认同下,限制政府行为除依靠市场外,公民社会的突起俨然成为一支重要力量。尽管作为公民社会主体的社会组织的力量在世界各国的发展并不平衡,但毕竟社会组织的“利器”已经出鞘,对政府改革起着潜移默化的倒逼作用。

在这一倒逼作用的推动下，政府自身也在进行着调试，减少行政主导意识和色彩，转变政府职能，明确政府主体的运行边界，“不越位”、“不错位”行使政府权力，已成为有限政府塑造进程中的新进展。

一、社会组织发展的倒逼作用

社会组织本身具有的非政府性、非营利性、相对独立性以及自愿性的特征，使得它在启发公民意识、培育公民精神、推动社会自治等方面发挥着重要的作用，是启迪民主意识和思维的一剂“良药”，这从一定程度上逼着政府不得不面对自身所面临的问题，改变过去政府对社会的强力控制，转而寻求实现政府与社会的良性互动，以此来纠正市场失灵、政府失灵带来的问题。

第一，社会组织的发展，特别是基层社会组织的发展，对于启迪公民意识，培育公民精神，寻求基层民主和社会自治，进而要求政府放松和减少对基层的管制，实现基层的自治具有积极的作用。在西方国家，基层被誉为民主践行的“温床”，而基层社会组织的发展为公民以集体或组织的力量来参与社区事务的管理提供了载体，这种不加任何中介的积极的公民政治参与从理论上说就是“自治”。公民自己管理自己的事务，减少行政控制，或冲淡政府对基层事务的管理角色，杜绝了高高在上的中央政府和地方政府对地区基层事务的粗暴干涉。托克维尔在考察了美国民主的具体运行实践后发现，美国民众似乎天生具有结社的意识，而正是这种结社的意识和行动，成为培育公民意识和公共精神的载体。博克斯和巴伯所主张和建立的公民社区自主治理模式，无一不是建立在依托基层社会组织的基础之上的。博克斯认为，让公民治理运转起来需要有组织结构的依托，“建立一个常设的公民治理委员会来帮助创造结构，阶段性地评价发展进程”①。巴伯积极强调地方机构在开展公民教育的重要作用，认为地方机构的确是一种重要的民主训练场所。基层社会组织向着广度和深度的进一步发展，对公民意识的

① ［美］理查德·C. 博克斯：《公民治理：引领21世纪的美国社区》，孙柏瑛等译，中国人民大学出版社2005年版，第138页。

觉醒和公共精神的培育具有不可替代的作用,对从更广的范围来促进政府改革,限制政府纵向管理范围和权能有积极的推动作用。

第二,社会组织的发展,公民的声音越来越得到政策制定者的倾听,成为影响公共政策制定和政府决策的重要力量,成为推动政府改革的强大动力。在政策制定、执行、评估和反馈等阶段,充分听取公民的声音成为政府的一项重要工作。2010 年针对美国食品安全突出的问题,美国社会组织自发寻求多种途径来缔造一个更安全的食品供应链。成立于 2010 年 11 月的美国农产品安全联盟通过启动官方网站,公开呼吁美国各地农民、农产品研究人员、政府官员、消费者等加入联盟的工作委员会,一起推动实施从农产品种植到工厂加工包装过程的食品安全标准,以此促使政府不断修改完善食品安全管理体系。① 突破原子式公民单个个体作用的局限,以社会组织为依托,诸如公民论坛等形式,积极表达对政策的看法和意见,在国外已成为制度和惯例固定下来。许多社会组织,诸如专业性的社会团体和学术研究机构,拥有丰富的专业知识,成为政府的智囊和思想库,积极参与公共政策的全过程,推动了政府决策的民主化,也推动着政府的改革。公民参与公共政策的过程,必然意味着政府要改革以政府为单一中心的政策制定主体,客观上导致了政府分权给社会,并以社会组织或公民个人的形式参与政策过程。

第三,社会组织的发展,对政府形成了一种外部监督,从而对政府权力和行为构成了制衡和制约。社会组织积极倡导公民的自我管理和自我发展,积极争取社会治理的权力和权利,彰显公民权利,主张依靠权利制约权力,实现了从权力本源上制约公共权力的旨归。一些社会组织在发现本地政府的不适当或者违法的行为和政策时,有意识地运用集体组织的力量,对这些政策进行抵抗和反对。尤其是随着网络的发展,虚拟社区平台的建构更为公民通过网络进行维权和申诉提供了捷径。2011 年 9 月 17 日"占领华尔街"示威游行活动在纽约声势浩大,这一游行活动已演变成社会运动,并

① 高原:《美国:民间组织共铸食品安全链》,载《新华每日电讯》2011 年 4 月 28 日。

蔓延至全球 70 多个国家，这一运动虽是民众的积极参与，但背后与 Facebook、Twitter 社交网络的运作是分不开的，虚拟社区在动员民众参与社会和国家事务方面扮演着越来越明显的角色。“在美国大城市里，一直都存在着一种基层志愿性组织，很多都是在邻里基础上形成的。自 20 世纪 60 年代以来，这些组织在对大城市政府绩效的质疑中开始起带头作用”。① 社会组织的发展，本身彰显着民主政治的理念，促进了政府民主行政的实施，社会组织所形成的外部监督和制约力量，为公民参与公共行政提供了条件，而这一外部监督力量的形成，也促进了政府监督体系的改革，促使政府将内部监督与外部监督相结合，进而从完善监督体制和机制上保证社会组织的对公共行政或公共管理的参与。

第四，社会组织的发展，突出了公民参与的地位和领域，突出了公民的地位，有助于践行自治理念，营造民主的氛围，进而从基层自下而上地推动上层政治领域的改革。社会组织的发展，积极展拓着公民参与的领域，有利于一定范围内利益的整合，进而拥有和掌握话语权。后现代公共行政主要建立在“话语”体系之下，依托社会组织的契合语境的话语的充分表达，为公民有序参与政治提供了载体和平台。2008 年美国遭遇毒奶粉事件，但美国食品和药物管理局却迟迟不公布调查结果，直到美联社根据美国《信息自由法》要求美国食品和药物管理局提供检测结果后，对方才被迫公布调查结果，由此导致了民间组织“消费者联盟”的强烈声讨。美国食品和药物管理局不得不对奶粉中三聚氰胺的含量制定了标准，并承诺不会再有安全问题。同时，对市场经济组织的监督也成为社会组织的活动领域。近年来苹果公司的产品风靡全球市场，产品频繁地更新换代，引发了公众对苹果公司供应商对环保承诺的质疑。中国“自然之友”、“公众环境研究中心”、“达尔问”、“环友科技”、“南京绿石”等多家环保组织，曾针对苹果供应商的污染问题，多次以联名信的方式联系苹果公司，希望建立对话机制，一起讨论苹果供应链的环保问题。在苦等 5 个月后，姗姗来迟的苹果公司终于回应愿建立对话

---

① ［美］文森特·奥斯特罗姆、罗伯特·比什、埃莉诺·奥斯特罗姆：《美国地方政府》，井敏、陈幽泓译，北京大学出版社 2004 年版，第 82 页。

机制,调查供应链环节的产品。在这里社会组织的声音越来越对政府、市场主体进行着监督,甚至超越一国的地域范围,在全球治理中扮演重要角色,维护社会公众的共同利益。社会组织的发展,尤其是社会自治的变现,有利于剥离集权的危害,还权于社会,形成权力主体多元化,保证国家权力的适当分散,从而降低政治领域改革的风险,避免造成剧烈的社会动荡。同时,社会组织的发展,所倡导的自治理念和志愿服务精神,有利于公民文化和民主价值文化的培育和发展。民主社会的最大危害在于公民的政治冷漠,"公民志愿参加各种民间社团活动是民主实践和文化的根基,也是民主活力的源泉之一"。① 社会组织的存在和运行从根本上保证着民主价值理念的践行,也为从更广领域和更高层次上拓宽政治民主提供着文化和思想上的支撑。这种思想和文化价值理念,随着社会大环境的嬗变和整体变迁,必然会对更高层次的政府行政提出要求,或者要求直接切身的参与,或者要求公共行政的民主、阳光和透明。

政府、市场、国家是社会发展不可或缺的三个主体,缺一不可,任何一方没能充分发挥自己的作用都会导致社会的不良发展。向市场放权在20世纪的后期已开始进行,并且进展顺利;而向社会放权的进程则尽显曲折和漫长,不论是政府的顾忌慎重,还是社会组织力量的弱小,都不应该成为政府止步不前的借口。随着社会组织的发展壮大和公民意识的进一步觉醒,依靠社会权利制约权力,回归权力制约的本源,已成为时代发展的潮流。社会组织发展对政府改革的倒逼作用,随着社会组织的发展壮大而越发显著。有限政府的塑造,很重要的方面是权力的有限,向社会放权已成为这个时代民众强烈的呼声和热情追求的理想治理模式,这既依赖于政府自身的积极作为姿态,也有赖于社会组织发展对政府改革的倒逼作用,两者上下结合,使政府充分认识到社会组织的力量和作用,方能尽快实现政府有限性的进一步塑造。

---

① 苏咏喜:《试论当代中国公民社会兴起的意义》,载《中共杭州市委党校学报》2009 年第 1 期。

二、行政主导意识的淡化

第二次世界大战之后，行政权借助凯恩斯主义的春风逐步得以扩大，在西方社会三权分立的体制下独占鳌头，行政权成为社会治理的独霸话语。然“祸兮福所倚，福兮祸所伏”，20 世纪 70 年代初的西方社会出现经济“滞涨”问题，再次把大众的视角转向对全能政府的讨论和怀疑。在政府、市场、社会三者相互联动的社会治理机制越来越得到广众的认可和支持下，减少行政主导，放权给市场和社会，已成为政府改革的趋势。

行政主导一切社会治理事务模式的缺陷已经证明，必须打破行政主导的治理范式，转而寻求新的治理范式。市场和社会的孕育成长提供了新的曙光。正如哈耶克所说，市场不是政府为了更高层次的效率和使消费者满意而创造出来的事物，它是自发地发展起来的一种自然现象，政府的责任就是保证市场的稳定发展、扫除市场发展的障碍、营造良好的市场发展环境。可以说政府和市场是截然分离的。因此，政府应该简政放权，将自己管不好、管不了、不想管的事情交给市场来做，充分运用市场的自我调节作用，反而能更加有效率的出色的达到理想效果。同时在传统的思维里，除了公即为私，其实不然，在公共领域和私人领域外还存在着第三部门（或称非营利部门）。“非营利部门的根本特点在于，它不具备政府强制性的行政管理权来支配资源，也无法依赖于市场追求利润最大化的驱动力。因此在非营利部门，人类最基本的两大情感元素——恐惧和贪婪都几乎不起作用”。① 第三部门因其专业性和独立性可以在很多政府和市场不能有效处理的领域发挥自己的优势，提供良好的社会服务，可以重新激活公共事务管理中的“治理盲区”和“真空地带”。第三部门能够“提供一些政府无法参与的社会服务，美国宗教服务的提供就是一个例子，美国实行政教分离的原则，政府在原则上无法干涉和管理宗教活动，所以非营利部门是美国开展所有宗教活

① 卢咏：《第三力量：美国非营利机构与民间外交》，社会科学文献出版社 2011 年版，第 358 页。

动的唯一选择。"[①]2011年1月25日,美国联邦时报的一项调查显示,美国公民对于联邦政府的满意度继去年下滑之后,今年继续下滑,而且美国公民对于联邦政府的信任度已经滞后于私人部门。[②] 人们依赖政府,形成了动辄诉求政府的习惯,以及把既有的救济措施即刻适用于任何场合的短视的诉求,常常会使政府抢先控制某个服务领域,然而政府采取的一些鲁莽而拙劣的措施,堵死了人们获取更好结果的途径。此时如果借助独立部门的力量与政府在提供公共服务方面竞争,那么就可以在很大程度上减少以政府权力为支撑的垄断以及由垄断所导致的低效状况。

"行政国家"的出现一方面是当时行政环境或说是社会治理机制的需求所致,另一方面也许就像公共选择理论学派所认为政府是"经济人",追求自身利益最大化,满足行政人员自身利益扩张或欲望的结果所致。面对政府与民争利和挤压市场作用的弊端日益显现,尤其是经济发展的止步不前,西方国家对政府开始了手术刀式的自身改革,纷纷改革政府行政理念。而依靠市场化方式改革政府的新公共管理运动,减少了政府的过多干预,减轻了政府全面控制和管理社会的负担。但市场失灵和政府失灵的教训一直在警告行政者和民众,必须寻找另一个社会治理机制或力量来弥补市场失灵和政府失灵导致的社会治理的紊乱。20世纪80年代以来,服务行政的思潮越来越得到上至政府下至普通民众的广泛支持和热爱。新公共服务理论倡导政府以"服务"为核心理念的主张,使政府摆脱了"掌舵"与"划桨"的论辩和反驳,促使政府回归"公共至善"的伦理本质,从根本上规定了政府的性质就是"为民请命",主张、维护、促进公民的利益是政府的一切工作的出发点和落脚点。2010年5月英国首相卡梅伦在上任伊始就积极主张政府应该注重国民的总体生活质量和家庭幸福,而不是单纯注重国民的财富增长。从行政主导转向服务行政,不仅仅是政府理念的转变,也意味着行政方式、程序、政府机构的变革,淡化行政主导意识和色彩,赋予市场、社会更多的治理权

---

① 卢咏:《第三力量:美国非营利机构与民间外交》,社会科学文献出版社2011年版,第21页。

② Federal Times 官方网站, http://www.federaltimes.com/article/20110125/AGENCY02/101250302/1055/AGENCY。

限，是各国政府转变治理模式的普遍价值追求。这种转变，意味着政府由传统行政向现代行政的转变。传统公共行政，政府凭借其掌握的行政权力，主导一切社会价值物的权威性分配，政府以高高在上的姿态和强权政治的运作，凌驾于任何机构之上，统揽一切人、财、物的分配，并按照自己的意愿采取有利于自身的模式对资源进行统一配置。旨在淡化行政主导意识的服务行政的面世，标志着政府公共行政运行的价值范式和指导思想的嬗变，标志着政府从工具理性向价值理性的转变，而“价值必须建立在具体的、集体性的人类关系基础上”，①政府作为一种集体性的人类关系，必须以公众为中心，突出强调政府工作的核心是提供公共物品和公共服务，旨在实现公共行政以人为本的人性回归。

行政主导意识的淡化，表现在政府部门及官员意识、姿态和行为从以政府自身利益为中心的倾向转向以为公民服务、市场服务为中心。淡化政府或者行政在社会治理中的角色；表征着政府退出了对经济事务和社会事务横加干涉的领域，还权于市场和社会，只充当“守夜人”的角色，分离市场和社会可以自主管理和运作的事务，政府只充当维护公民利益和保证市场正常运行的秩序稳定者和制度提供者的角色；放弃微观领域的管理，着重把握宏观领域的方向。同时，还表现在一定程度上，政府放松甚至取消对外部的规化，赋予地方或下级政府更多的自主性，提升和提高政府组织内部机构的灵活性、自主性以及行政效率。行政主导意识的淡化，还表现在促使政府以更加积极姿态回应行政环境的考量，变行政主导的封闭式的行政运行环境为注重沟通的开放性的行政运行环境。

行政主导意识的淡化，意味着改变政府单一中心的治理体制，倡导和实施多中心的治理模式，倡导公民的积极的政治参与。政府单一中心治理模式出现的政府失灵的阴影仍在笼罩着大众心理，为克服这一弊端，公民的积极的政治参与是必不可少的。要求公民在政治生活中，通过各种合法渠道和途径，以社会组织为载体，或者公民的直接的诉求参与公共行政或政策过

① ［美］麦克斯怀特：《公共行政的合法性：一种话语分析》，吴琼译，中国人民大学出版社 2002 年版，第 242 页。

程。同时在行政主导意识淡化的情势下,建设有限政府,并不是要求政府的无所作为,而是要求政府提高效益,以最少的政府开支和物质消耗,提供高质量政府服务,满足市场和社会大众对公共物品和公共服务的需求。

三、政府主体运行边界的明确

有限政府意味着政府本身和其他行为主体如企业、市场中介组织、社会组织等之间必须确立边界。政府的行动必须在其边界之内,超出这个边界便不是有限政府。政府行政主体边界的问题主要表征着政府的权力边界和职能的界定问题。在政府、市场、社会三位一体的现代社会构建机制的基础之上,明确政府主体的运行边界,厘清中央政府与地方政府的职能权限,是有限政府构建过程的应有之义。从全能政府转向有限政府的建构,最重要的是重新确定政府的权力延伸边界和政府功能再定位。

关于政府主体运行的边界早已成为政治学与公共行政学领域争论的焦点。早在亚当·斯密古典自由主义时期,依靠政府干预实施重商主义的强行政色彩,逐渐让位于政府应该充当“守夜人”的角色。但随着经济危机、金融危机等市场失灵问题的突出,又使人们认识到不加限制的市场会导致市场秩序的混乱,政府的干预又逐渐加强。但随着公共选择理论的兴起,人们认识到,政府同样存在政府失灵的问题,甚至会导致政府蛮横和粗暴的无理、无端的干涉,通过政府去弥补市场失灵不仅不能弥补问题,反而会导致政府权力和规模的无限制扩张。西方社会三权分立的设置初衷在于行政、立法和司法的相互制衡,但随着“行政国家”出现,行政权早已占据权力的主导和中心地位,大有干预司法和立法的嫌疑,甚至在一定程度上已经超越立法、司法在公民生活中的地位。全能政府的运作不仅不能解决市场失灵,反而导致了更为严重的政府危机,极大挑战政府的信任度和合法性。政府的地位和角色似乎总是在上上下下中摇摆不定,也许政府地位和角色就像是后现代公共行政理论学家所坚持认为的那样,“公共行政活动和人类的交往活动一样,都是一种话语的游戏,而历史则是这一游戏活动的一种文本,不同人在不同语境中有不同的解读，并不存在确定无疑的一成不变的原则和规律，只存在合情景性”。[1] 在政府、市场、社会成为社会治理三维机制的当下，基于这一主张话语下的政府必然有其运行边界和角色定位的再解释。

美国进步中心的博得斯特认为，政府的主要职责应该是实现公共的善、呼唤我们共同的责任意识与促进世界的融合。[2] 一般来说，确定政府边界需要依据一定的标准和依据，现在一般性的结论是，“按照市场化程度确定公共事务范围，作为界定现代政府作用边界的基本依据”；同时“公共事务公益性的本质决定了应该把道德与效能作为界定现代政府作用边界的主要标准”。[3] 政府主体的运行边界历来是难以明确界定的，在充当“守夜人”角色的小政府时期，政府主体运行边界主要是在于维护市场的稳定，市场秩序和制度的制定者和监管者，不干预市场主体的具体运行方式和市场交易行为。在全能政府时期，政府以前所未有的权力掌控社会机器的全部运作机能，对社会的全部资源进行统一的配置。公共管理运动时期，政府主体的运行边界缩小，甚至新自由主义的盛行，以市场化的管理机制来改造政府业务流程的方式，极大地缩小了政府的运行空间，“小政府”的治理模式再次成为人们心中理想的政府运行边界。然而政府存在的合法性在于其维护社会和公众的合法的共同利益，进而实现“公共至善”，这既是对政府设置的初衷，也是对政府的道德伦理考量。无论是在古典公共行政时期，还是在现代公共行政时期，抑或后现代公共行政时期，人们设立政府最主要的目的就是维护市场和社会的稳定，进一步促进、维护和保障社会的发展和公民的权利的实现。“政府目的的公益性注定了政府运用权力不得违背这一根本目的，从而限制了政府运用权力的目的与手段”。此外，“天赋人权”的人文主义至上的理念，彰显着公民社会权利的至高无上性，要求政府权力的运行不得以侵犯公民权利为边界。同时基于政府有限性的前提假设和“人性恶”的伦理设置，主张对权力的审时度势的制衡和制约，而“政府的客观能力是有限的，存

① 谢昕、张亮：《后现代公共行政理论精要探微》，载《中国行政管理》2007 年第 9 期。

② 美国进步中心官方网站，http://www.americanprogress.org/issues/2006/01/real_role_of_govt.html。

③ 黄健荣等：《公共管理新论》，社会科学文献出版社 2005 年版，第 157－158 页。

在政府能力不及领域。政府能力在客观方面的限制要求政府有所不为,即构成政府权力的客观边界”。①

在奥巴马的就职演说中,他明确地说道:“今天我们所要回答的问题不是我们的政府是太大了或者太小了,而是我们的政府能否正常工作。”②明确政府主体运行边界,目的在于明确政府的角色,即明确政府主体的职能,既包括中央政府的职能,也包括地方政府的职能。安德森探寻到了7项被其称为“一般角色”的政府的基本职能:提供经济基础;提供各种公共物品与服务;解决与协调团体冲突;维持竞争;保护自然资源;确定个人获得商品和服务的最低条件;保持经济稳定。③ 现代市场经济中的政府行为模式应正确处理好政府与市场、企业和社会的关系,在此基础上明确政府的角色和职能,陈振明将政府的作用或行为模式概括为如下五种角色:公共物品的提供者;宏观经济的调控者;外在效应的消除者;收入及财产的再分配者;市场秩序的维护者。④ 中央政府和地方政府职能的表现主要差异在于职能履行的层次和范围不同而已,并没有实质性的差异,同时地方政府应在维护本地区利益的前提下,注重从国家整体利益和长远利益的角度来履行职能,统筹兼顾整体与部分的关系。

第二节　政社明晰之分与新加坡有限政府建设

有限政府的理念在公共行政的历程中始终是一个受青睐的话语,而有限政府的前提假设和运行历程也表明,创造一个有限、有效的政府在现代市场经济的模式下是必要的。在社会三分治理机制得到普遍认同的当下,有限政府的打造越来越放权于社会和公民,以实现公民社会的自我治理的良性发展。新加坡在打造有限政府的过程中,除注重市场的基础作用外,更加

---

① 曹丁:《公共物品的“有限”供给》,载《辽宁行政学院学报》2011 年第 3 期。

② 经济学人官方网站,http://www.economist.com/node/13743310。

③ [澳]欧文·E. 休斯:《公共管理导论》(第三版),张成福、王学栋等译,中国人民大学出版社 2007 年版,第 104 - 105 页。

④ 陈振明主编《公共管理学》,中国人民大学出版社 2005 年版,第 191 - 193 页。

注重社会的自我治理。政府主导下的社会建设、社区发展，极大地减轻了政府负担，精简了政府规模，极大地促进了有限政府的打造。

一、新加坡政社的明晰之分

据报道，为经济放缓给低收入家庭带来的冲击做准备，新加坡政府将从三方面加强社会援助。新加坡政府社会发展、青年及体育部将改善社区关怀计划，并为社区发展理事会和社会服务机构提供更多资源，以便为需要帮助的家庭提供更灵活和更具成效的援助。① 近年来，新加坡政府注重对社区的建设，逐步形成了以政府为主导的社区自我发展的机制，布控了健全的社会组织网络，将公共职能和社会管理职能进行区分，以“有限政府”的理念减少政府对社区、社会组织发展的无端干涉，政府只起到引领和指导的角色，为社会组织的发展提供制度保障，为营造社区、社会组织自我管理良性发展的环境提供服务，充分发挥社会组织、社区、公民的自我管理机制，逐渐构筑了以政府为主导的、基层社会组织和公民共同管理社会的良好互动机制。

新加坡政府在社会管理过程中，注重依靠社会组织的载体作用，将社会管理职能大大赋予社会组织和公民进行自我管理，政府适时引导社会组织的建设，并为社会组织在全社会的布控提供公共服务。新加坡注重社会组织在全社会的全覆盖，注重将社会组织的建设涉及社会生活的各个领域，以此减轻政府的社会管理负担，而专职履行公共服务职能。在国家层面上，组建国家理事会，该理事会并不是政府组织机构，而是独立于政府体制运作的公共组织，该理事会主要包括社会生活各个领域的专家、学者和志愿者以及专职服务人员，覆盖了残障人士、孩童等共计 803 项计划，侧重于社会服务的专业性，对社会公众的服务需求进行分类，在此基础上提供个性化的服务。在社会层面上，组建两大社会民众服务组织，即人民协会、志愿者服务和慈善中心。新加坡的有限政府打造的大背景是完善的法制建设，机构法定化

① 哈莉玛：《新加坡政府将从三方面加强社会援助》，载《联合早报》2011 年 10 月 19 日。

是新加坡政府的特色之一。人民协会就是新加坡通过法律程序设立的一个法定机关，现在已成为新加坡各级政府与普通公众进行沟通联络的重要桥梁，人民协会经常举办各种吸纳公民参与的活动。比如举办与社区居民的对话会，向公众解释政府政策，听取居民对政府或社会组织的政策的意见和建议，也能向政府和其他组织反映居民和公众的呼声和愿景。新加坡志愿者服务和慈善中心则横跨社会的各个分界和领域，既服务市场主体，也服务于社会各个阶层。新加坡国家理事会、人民协会、志愿者服务和慈善中心等组织健全，几乎涵盖了社会生活的各个领域，这些社会组织的参与者除小部分国家公务人员以外，其他的参与人员皆为普通公民和社区志愿者和义工，已经能有效服务于新加坡500万人口的规模，再加上各种其他社会组织的发展和提供的个性化服务，公民社会的自我管理已在新加坡进行着。

此外，新加坡政府依托社会组织提供优质的服务和人性化的管理模式。社会组织提供的服务主要面对的是公众日常生活的细微领域，新加坡不仅从宏观层面建设完善的社会组织，更注重社会组织的内部管理和服务项目的细微体贴。比如，为社区孤寡老人设立专门的社区就餐点，政府提供对就餐地点的补贴。人民协会于2011年10月份提出了“全方位关怀”概念，[①]结合2010年在基层研讨会上宣布的“社区2015总蓝图”计划，吸引更多居民参与社区活动，鼓励基层组织利用各种管道，并通过更有创意的方式，加强不同年龄、种族和住宅区居民的社区参与感，其主要目标是2015年以前吸引一半国人参与社区活动，通过各种适宜男女老幼参加的活动和服务，进一步扩大和加深各阶层居民的社区参与感，共同建设“美好的家园和关爱的社区”。[②] 针对这一行动规划，基层社区组织在人民协会的鼓励下，积极开展各类趣味活动，并针对基层居民多方面的需求，积极寻找更多具有创意的新点子，设法融合多种管道，利用同一个平台吸引更多居民参与。比如，基层组

① 林瑞生：《通过各种管道人协要吸引更多各族居民参与社区活动》，载《联合早报》2011年10月16日。

② 《建设美好家园和关爱社区人协社区2015年总蓝图出台》，载《联合早报》2010年11月22日。

织举办快步走活动就与慈善活动结合起来，规定居民快步走的距离越长，所筹得的白米数量就越多，用来帮助贫苦家庭和弱势群体。新加坡社会组织提供的服务真正地将人性化管理和满足居民多样化需求紧密地结合起来，使社会组织在服务公民需求方面发挥越来越重要的作用，极大地减轻了政府对这些微观领域事物的管理重担，剥离了政府职能，也没有造成社会的混乱。

新加坡政府对社会的管理还注重依靠制度的建设，健全社会组织运作的管理和服务机制。政府在营造社会良好的大环境下，注重引进专业人才对社会组织的充实和引导，还注重制度建设，注重对社会组织的运作进行监管。除引导社会组织对自身的自律监管外，还完善管理系统，从构思、推行、策划、检讨四个环节互相轮动来推动社会组织的发展。在人民协会的"社区2015 总蓝图"计划下，基层组织为吸引更多的居民参与，积极谋求和私人住宅居民社区的合作，比如在私人住宅占六成的武吉甘柏区，负责组屋区居民基层活动的居民委员会和私宅公寓管理委员会以及负责私宅居民活动的邻里委员会良好合作，组建了社区花园、社区服务等兴趣小组，成功吸引了不同住宅区居民一同参加活动。为了检验活动的成效，人民协会也在重新检讨已使用7 年的基层组织表现评估系统。针对基层活动资金困难问题，一部分需要基层组织自行筹集之外，人民协会还会提供专门的资金支持，在"全方位关怀"概念下，在预算不会大幅提高的情况下，人民协会还承诺会提高资金支持额度，用以保障基层组织开展有创意的活动。在新加坡，人民协会扮演的是总协调的角色，各区基层组织"独立运作"，根据区内居民年龄、种族和住宅区的情况，用创新的方式联系居民。这种管理模式，既保证了政府公共服务的有效供给，还保证了社会组织的自我管理和独立运作。

二、新加坡有限政府建设的分析与展望

新加坡通过布控完善的社会组织网络，在政府的引导和指引下，促进政府与社会组织、社区的良性互动运作，实现了政府和社会的有效明晰的分

离，既保证了政府的公共服务职能，又赋予社会组织、社区自我管理、自我发展的独立运作的功能和地位，这就是新加坡政府的“有限政府”理念的具体实施。在现代市场经济的治理背景下，新加坡政府在经济发展和社会建设方面都取得了巨大的成就，在法制和宪政框架下，新加坡政府有效实现了“小政府，大社会”的“有限政府”治理模式。

新加坡的社会组织的发展虽仍具有强烈的政府主导色彩，但政府非常看重社会组织在服务基层、满足社区基层民众多方面需求的作用。人民协会是新加坡最大的社区组织总机构，是法定机构，但并不是一级政府，仅是全国社区组织的代表，代表社区组织与政府进行对话，起到沟通桥梁的作用。一般人民协会的董事长由政府总理兼任，其目的是促进不同种族居民的和谐和社会的安定团结，加强公民与政府的一体感，贯彻政府施政意图，同时倾听民众声音，以便完善政府政策。

新加坡积极整合各种社会组织的资源，积极引导和完善政策措施让社会组织参与到社区服务和管理中。在新加坡政府层面指导社区发展的机构有两个：社会发展、青年及体育部，主要负责社会发展政策的规划、制定。下属的三大社会机构：人民协会、社区发展理事会、市镇理事会，负责社会组织和社区发展的具体运作和服务项目的协调和配置。人民协会主要是协调者的角色；分布全国的5个社区发展理事会，主要担负着推动和组织实施社区发展规划，帮扶社会弱势群体和贫困人口的发展以及为老年人提供服务等公共服务职能；而市镇理事会，相当于国内的社区物业管理委员会，主要职能是管理和维护社区的组屋的居住和生态环境，维护社区的公共基础设施和旧设施的翻新改造。人民协会和社区发展理事会主要从软件方面促进社区的发展和提供社区公共服务，而市镇理事会则主要从硬件方面提供公共服务。这三大社区公共服务的机构，独立于政府部门之外为公众提供服务，极大地减轻了政府在基层公共服务提供方面的不足。

同时，许多自愿福利团体和社会救助组织等基层组织加入到社区建设和提供公共服务的队伍中。目前，在新加坡政府注册的志愿福利团体已经达到408个，这些专业化的非营利机构分布在社会服务的各个领域，所提供的各式服务项目几乎惠及社会的各个群体，而政府则通过市场运作的方式，通过招标竞争的方式，将社区服务项目推向市场。这些自愿社会福利慈善组织承接政府的各种服务招标，开展一系列咨询、中介、教育、培训、救助等活动。新加坡声誉卓著的飞跃社区服务中心，设置有家庭服务中心、邻里联系中心、老龄中心、学生托管中心、青少年中心等，几乎涉及涵盖了不同年龄层次的公众以及各种不同的服务需求项目，开展的服务内容有家庭生活教育、儿童发展计划、青年成长服务、婚姻生育、就业技能培训服务等，并建立社区教育终身教育体系，承担着新加坡政府多项社区服务项目。新加坡政府通过培育社会组织，积极吸纳社会团体组织参与政府公共服务项目的招投标，按市场规则运行操作，有效地防止了政府规模的无限制扩大和政府权力对社会组织的无端干涉，使政府只扮演引领和指引的有限角色作用。

新加坡还积极引导公民直接参与社会事务和公共服务的提供，实现公民的直接治理。除邀请各色专业人员和各界精英不计报酬地投身社区管理外，还积极引导社区居民广泛开展各类互助公益活动。同时各个社会组织之间广泛开展合作，以吸纳更多的居民参与到社区组织的活动。目前，新加坡3000多个各类基层组织，聚集了不同兴趣爱好的人，他们在互助的基础上，积极参与社区服务。公民积极参与社区事务是社区开展服务的基石，公民的积极参与保证了公共服务的受众性，可以监督社会组织服务提供的质量和效益。

新加坡政府和社会相分离的治理体系，是在法制和宪政框架下来具体开展的，制度的完善是新加坡政社之分的保障，新加坡机构的法定化和社会组织的注册管理都是在相关制度的框架下进行的。《新加坡共和国宪法》和《土地权益法》等相关法律都有规定，强调政府的公共服务职能和社会组织的公共服务提供受到法律的保障，并有健全的市场规范式的运作程序，避免了政府招投标通过竞争方式购买社会组织服务过程中的徇私舞弊，树立了新加坡社会治理“小政府”的有限政府标杆。

第三节　集权财政模式下公共服务供给与英国有限政府建设

英国的集权财政模式，实现中央财政与地方财政在分担全国和地方的社会治理方面各司其职，并通过完善的财政转移支付制度，中央财政对地方财政给予极大的支持，充分发挥了有限政府借用公共财政的力量承担了政府角色，履行了政府应有的职能。

一、英国集权财政模式下的公共服务供给

英国是单一制国家，政治体制高度集权，与此相适应的财政体制，也是高度集权的财政体制和模式。英国税收的立法权高度集中于中央政府，只有中央政府有权开征税种，地方没有权力设置税种来征税。中央政府对地方政府进行财政控制主要有两个手段，“其一，中央政府可以调整各个地方政府的资金分配；其二，中央政府可以监督其分配给地方政府的资金使用情况。中央政府可以通过改变地方政府预算或严格控制投资等方式来限制地方政府的支出”。① 英国中央和地方的税收收入完全按税种划分，不设共享税，税收也分别由中央和地方各自的税务机关负责征收。英国的绝大多数税种是中央税，地方税仅有“市政税”（或称“家庭税”）和“营业税”两种。

英国主要包括英格兰、苏格兰、威尔士、北爱尔兰四个地区和大伦敦市，地区下辖郡和区。地区和郡、区都不是一级政府，只能执行中央政府赋予的职责和权利，不能设置地方税。郡、区一级属于地方当局，权力略大于地区，可以有权设置地方税。在英国，中央和地方完全按税种划分来获得税收，地方政府仅有“家庭税”和“营业税”收入，个人和公司所得税以及消费税等都归中央政府管辖，地方无权改变中央税种的税率，即使对地方政府的征收率

---

① ［英］戴维·威尔逊、克里斯·盖姆：《英国地方政府》，张勇等译，北京大学出版社 2009 年版，第 178 页。

都会进行严格的审批预算，不允许地方政府为增加地方公共财政收入而过度增加地方税的征收比例。中央税是英国公共财政的主要收入来源，2007—2008财政年度英国中央税占到财政所有总收入的85.17%，而地方税只占财政总收入的8.75%。很大程度上地方财政的收入是依靠中央政府的财政补助，为了弥补地方政府在履行公共职能过程中的资金不足的问题，中央政府建立完善的财政转移支付制度，一般通过定额补助和专项补助两种形式对地方政府进行财政补助。定额补助一般是通过中央政府核定地方政府的总收入与总支出的差额进行补助，一般主要是收入的补助。而专项补助则主要通过项目支出的具体情况来核定，由中央政府按项目来给予地方政府专门补助。外部融资总额是主要的专门补助项目，是一种转移支付大类，主要用于诸如教育、环保、城市公共基础设施等项目的补助，几乎占到地方财政总收入的30%，此外还设立对社会治安和住房的补助。①

英国高度集权的公共财政体制，决定了英国中央政府在提供公共物品和公共服务过程中要承担主要职责。根据英国基本法的规定，中央政府的公共财政职能主要包括社会资源的统一有效配置、稳定经济和提供公共劳务等关涉整个国家民众的全局性利益以及依靠地方政府和市场无能力去解决的公共物品。地方政府的财政职能主要是从事公共建设事业，维护地方公共安全，发展社会福利，改良城乡基础设施等地区性事务。由于中央政府的税收收入占据国家税收总收入的绝大部分，所以中央政府与地方政府在公共服务中承担的职责，大体上按财权与事权相匹配的原则，中央政府承担大额的公共支出，或者通过转移支付制度给与地方政府财政补助。英国政府的自上而下的公共服务提供模式，中央政府承担了涉及国家全民利益的事务，或者外部性较强以及关系国计民生重大项目的支出，而地方则承担地区性的公共项目支出，同时明确细分了中央和地区以及郡、区在公共支出项目上的职能。

英国高度集权的公共财政体制，造成地方对中央的高度依赖，使地方只

① 江依妮：《英国集权财政下公共服务供给的分析与启示》，载《当代财经》2011年第4期。

能完全执行中央政府赋予的职责,而没有多少自由裁量权限。面临第二次世界大战后政府巨大的财政赤字、政府财政压力过大,国有企业效率低下、政府失灵凸现、经济持久增长的动力缺乏以及政府不信任等危机,英国政府进行了大量的改革,从20世纪七八十年代开始,从撒切尔夫人执政后,英国政府积极推动"新公共管理"运动,在公共服务提供方面积极寻求与私人部门的合作,在地方公共服务项目方面进行招投标,引入竞争机制,缩减政府开支,进行权力下放。在20世纪80年代的政府改革中,运用新公共管理理念,进行国有企业私有化,以及通过与私人部门签订合同,引入竞争机制来促进政府与私人部门在提供公共服务方面的合作,促使政府职能转变,改变此前的全能政府治理模式。在20世纪90年代政府改革中,更是积极建立公私部门合作关系,通过公共部门与私人部门的合作和联合提供公共服务。布莱尔政府执政后,则积极推动向地方的放权,使地方拥有更多的权力,并注意积极吸纳公民的参与。一系列的政府改革措施,形成了公共部门与私人部门和社会组织合作提供公共物品和公共服务的局面,再通过中央财政对地方财政的转移支付,或者中央财政对私人部门的服务的购买,体现着公私合作的"有限政府"治理理念,政府的权限大大缩小,专职于公共服务的提供,即使在公共服务领域,也积极吸引私人部门和社会组织的参与,减轻了政府失灵困境的出现。2007年6月,托尼·布莱尔辞去首相职务,财政大臣戈登·布朗接任首相。布朗担任首相后,基本继承前任托尼·布莱尔的政策框架,继续深化宪政改革,限制政府权力,扩大议会权力和作用;加强政府服务职能,建立"服务性国家",深化公共服务改革,鼓励民众充分参与决策。

2010年5月就任首相的卡梅伦宣称将继续进行政府的改革,并在当年的7月8日在对政府公务员发表讲话时强调将进行政府机构的改革,赋予民众更多的权利,为政府部门设置更加明确的工作重点和衡量标准,使公众更加了解每个部门的运作,以便他们能够有效监督政府机构各项承诺和规划的执行情况,强调政府正是要通过改革,在经济拮据的情况下,保证贫困的孩子可以接受最好的教育,每个人都能享受到一流的国家医疗体系保障,每条街道、每个家庭、每个社区都有安全保障。在2010年10月12日,公布了题为《确保未来的高等教育持续发展》的布朗报告，指出要推动高等教育市场化和高等学校的私有化，这一报告的出台，促使著名高校纷纷进行改革，伦敦政治经济学院正在考虑对学校进行私有化改革，剑桥大学也在考虑推动市场化改革以增强和美国常春藤大学的竞争优势。2011 年 1 月 17 日，卡梅伦在伦敦皇家艺术协会发表演讲时更是强调，将推进英国国家医疗服务系统改革，宣称致力于实现公共服务的现代化是英国联合政府工作日程的核心。

作为保守党赢得选举胜利的卡梅伦政府，在一定程度上继续工党执政时期的政策和政府改革主张，精简政府机构，强调政府公共服务的职能，继续对政府进行市场化改革，一上任，就对公共机构进行了改革。英国内阁 2010 年 10 月 14 日在其网站专门刊出《公共机构改革预示着政府的责任新时代来临》，标志着公共机构改革时期的来临，并在文中详细公布了公共机构改革的策略和步骤。计划改革 901 个公共机构中的 481 个，192 个公共机构将被取消，将其职能转移至地方政府或推向市场或彻底取消职能，同时还将 118 个公共机构合并为 57 个，从而将 901 个公共机构最终缩减为 648 个。① 主要目的是恢复公众对政府的信任，减少政府开支，使政府以企业般的方式运作，提高政府工作效率和效益。② 这次机构改革的总体思路是，保留下来的机构将更加突出其专业职能，对不再保留下来的非部门工作机构将其职能进行清理，尽可能的削减公共企业部门。以此减轻政府公共财政负担，部门合并主要是职能整理和归类，保留下来的公共机构部门将降低投入、提高信任度和运作透明度，撤销的政府部门主要是为了给政府“减肥”和解决政府“越位”问题。总体而言，英国公共机构改革中渗透着两个关键逻辑：“职能革命”与“财政减负”。职能革命主要是解决政府组织、公共机构、公益组织、公共企业等之间的职能不清晰，将政府越位的职能清理出政府机构，划入其所应该属于的公共机构、公益组织、公共企业；将政府

---

① Quango reforms announced, http://network. civilservicelive. com/pg/news/csw/read/608791/quango-reforms-announced. 2010 - 10 - 14.

② Special report: The hard road ahead, http://network. civilservicelive. com/pg/special_report/csw/read/608872/special-report-the-hard-road-ahead. 2010 - 11 - 03.

组织缺位的职能从公共机构、公益组织、公共企业等重新纳入政府机构。“财政减负”也就是解决机构的融资模式与预算软约束问题，其目的是将那些本不应该由公共财政支持的机构剥离出公共预算支持系统，或者将那些应该由公共财政支持但绩效不彰的机构按照绩效结果进行投入，甚至撤销财政支持直至撤销机构，实际上是用绩效评价与绩效预算来做到预算硬约束。①

二、英国有限政府建设的分析与展望

集权财政模式下英国政府改革进程，整体思路是切实转变政府职能到公共服务的层面，对政府的各种机构进行整合、清理和完善，以使政府切实缩减到“有限的规模”，这一有限的规模是以公共服务的完善提供为边界的。英国公共财政坚持其公共性本质，高度集权的财政模式，注定了中央政府将承担绝大部分公共服务的提供职责，而财政负担的加大，也促使着政府规模的有限，在公共服务的提供中实现公共部门和私人部门的共同参与，以使公共服务和公共物品的提供更加有效。

英国中央集权财政体制下，中央和地方的事权和财权划分明确，职责明细，这也是财政转移支付的前提。英国是两级府际关系模式，政府部门采用大部制组织架构，实施扁平化的组织结构。政府间的事权与财权划分明确，中央和地方的财政承担职责也根据其财权来提供不同的公共物品和公共服务的供给，中央财政占据了总收入的绝大部分，直接或间接承担了绝大部分的支出份额，地方政府的则根据自己的财力多少，承担着地区居民日常公共服务的提供。中央和地方职能的明细划分，是确保公共财政得以在中央和地方之间规范转移的前提。这也是中央和地方有限政府塑造过程中必须要明确的前提，在现代市场经济基础上运行的政府，其有限性在于公共物品和公共服务的担当，这也是政府主体运行的边界。

---

① 参见尚虎平、于文轩《从“职能革命”到公共机构改革——卡梅隆联合政府公共机构改革对我国事业单位改革的启示》，载《当代财经》2011年第7期。

近年来英国公共财政的负担越发明显，一方面是不得不对政府机构进行改革，明确政府职能，进行职能革命，解决政府的“错位”、“越位”问题。另一方面，则在公共物品和公共服务的过程中，寻求公私部门的合作，通过政府购买公共服务的方式，按照市场规则引进竞争机制、合同外包的方式来实现公共服务的有效供给，使“有限政府”的理念真正落实到实处。“英国地方政府通过推行竞争供应、引入私资营运的改革，对降低公共服务成本、扩大融资渠道、提高公共服务质量起到了重要作用，达到了政府投资风险转嫁的效果，实现了政府、公民和私人部门的三赢。”①

英国政府高度集权的中央财政体制和“有限政府”理念的运作，使公共财政在坚持公共性的基础上，履行公共服务的职能，再通过公私合作的方式，既减轻了政府的负担，也使公共服务能以更高的效率提供，满足公众的要求和期望。

第四节　有限政府建设的启示

我国政府改革的历程已经走过了30多年的历程，社会组织的发展孕育着公民社会的逐步形成，而社会的壮大势必会要求政府还权于社会，以权利制约权力的权力制衡虽已不是新鲜的事务，但却回归了权力制衡的本源，同时，公民社会的壮大也导致政府改革的呼声高涨，从而对政府从全能走向有限的改革起着倒逼作用。在现代市场经济基础上建立起来的公共财政体制，其职能定位在于弥补市场失灵的不经济。我国公共财政体制在注重财政对经济发展的促进作用下，应逐步回归公共财政的本质，明确公共财政的职能，完善财政转移支付制度。同时政府职能的转变也应注重发挥公共财政的作用，完善公共服务机制，切实使政府职能转变以公共物品和公共服务的提供为导向。

---

① 江依妮：《英国集权财政下公共服务供给的分析与启示》，载《当代财经》2011年第4期。

一、积极回应社会组织发展的倒逼

有限政府的塑造，需要政府的积极作为，顺应时代发展对政府行为的要求和公民寻求改革政府的呼声，也需要公民的积极呐喊，自下而上推动或逼迫政府改革。目睹政府自身改革困境的现状，试图寻求或希望政府自身的积极改革，在很多国家是不乐观的。但是随着全球化、民主化浪潮的影响，中国政府的转型和重塑，进而实现政府治理模式的整体性变迁，已成为一项重大的任务摆在眼前。实际上中国政府自身的积极改革一直没有停顿，这从改革开放以来六次行政管理体制改革就可见一斑，虽取得了一定成果，但改革的力度和深度并不够，在改革进入深水区的时期，政府改革抑或有限政府的塑造应更加重视外部力量对政府改革的推动作用，一面靠市场，另一面靠社会。在此，应积极重视公民和社会组织对政府改革的倒逼作用，发挥社会组织在扩大群众参与、反映群众诉求方面的积极作用，增强社会自治功能，使有限政府的塑造真正落实到位，还权于社会，鼓励社会的自治，减少政府干预领域。针对社会组织发展面临的困境，诸如注册和管理困境、资金来源、缺乏信任等问题，政府应在科学发展观的指导下积极采取措施帮助解决。

首先，积极培育社会组织。转型中的中国政府，正在逐步摆脱全能型政府的治理模式，但这一转换过程仍需要时间来逐步完善，在从全能型政府向有限政府转换的过程中，要充分发挥政府仍具有的主导作用，积极发挥政府对社会组织的支持和引导作用，尤其是对具有社会自治性、自主性的社会组织要积极培育，并主动寻求政府与社会组织的合作和良性互动，充分发挥社会组织在地方治理、促进社会公益、培育社会民主的作用，缩减政府职能，减少或减轻政府对社会领域的干涉。新加坡社区基层组织的健全和社会福利慈善团体的规范运行，不仅为社区居民提供完善系统的服务，还积极吸纳公民参与社区活动，增强居民的共同体观念。对当前中国而言，以直接选举、村民自治和社区自治为主要内容的基层民主的不断完善和发展，均离不开村民委员会和社区居委会的动员、号召和组织，而村民委员会和社区居委会作为我国的非政府基层社会组织，在保护基层民众免受地方政府的过多干涉，限制地方乡镇政府权力触角基层事务方面发挥着重要作用。在城市社区建设中，应逐步培育社会组织服务社区居民的能力，居委会和物业管理委员会在软硬件建设方面也应积极合作，借鉴新加坡社区理事会和市镇理事会的工作经验，为居民提供良好的软环境和社区基础设施。

其次，逐步完善社会组织发展的各项制度。可以借鉴新加坡的管理经验，注重政府在社会组织发展中的主导作用，健全法律制度，制定专门的社会组织管理法，对社会组织的注册、变更、撤销、管理单位等明确规范，并从法律上明确社会组织的定位和分类，明确各类社会组织的主体功能、运行范围和空间；同时对现存的社会组织管理条例和规章制度进行整理、修订和完善，撤销重复的规章制度，减少对社会组织发展的过多限制，改变目前的登记管理机关和业务主管机关的双重管理制度。据报道，《社会团体登记管理条例》、《基金会管理条例》和《民办非企业单位登记管理暂行条例》修订草案的征求意见已经结束，“新规”没有再出现关于业务主管单位的规定，仅规定各级人民政府及其有关部门做好业务指导和相关管理工作。虽有将社会组织只纳入民政部门单独管理的倾向，但也应在具体管理和指导操作细节上详细规定。①

第三，改革社会组织的行政化管理模式。新加坡社会组织虽是在政府引导和指引下发展起来的，但政府行政主导角色的色彩很淡化。新加坡社会组织的代表人民协会作为全国社区组织的总机构，独立于政府之外，自主管理，承担着全国社会组织和社区基层组织的协调指挥的角色。我国社会组织的发展大多具有行政化倾向，除上文叙述的受双重管理之外，行政领导干部任职兼职社会组织负责人的现象也很普遍，固然这一设计初衷是为了保证社会的稳定，但现在已明显不再适合社会组织的发展，甚至从一定程度上困扰着社会组织的发展。另外社会组织的内部架构也类似行政部门的运作程序，层级设置过多。对此应积极进行社会组织的去行政化改革，社会组

① 范传贵：《社会组织挪用善款时有发生“双重管理”致双重难管》，载《法制日报》2011 年 7 月 20 日。

织负责人在听取主管单位的指导意见基础上通过自由选举产生,改革内部运作程序和结构,实施扁平化管理,减轻行政化色彩。对于涉及大范围事物领域的社会组织,除给予社会组织的支持外,主要还是要发挥其协调作用,充分发挥基层社会组织的独立运作功能。

第四,完善社会组织的资金和财务管理制度。解决社会组织的资金问题应主要依靠政府资助、营业收入、各类捐赠。但社会组织的非营利性质决定其本身资金的缺乏,可以借鉴新加坡人民协会的做法,对社会组织的运作提供资金支持或者物质帮助,政府也可以通过财政补助或服务购买的方式给予支持,或者在公共服务的过程中积极引进私人部门或社会组织的参与,通过合同承包或购买的方式,对社会组织给予资金的支持和财政补助。针对社会组织财务管理混乱,资金使用不透明等问题,应完善对社会组织的财务审计制度,对社会组织非法乱收钱财的行为应严加惩罚和依法取缔。曾经的全国牙防组违规认证收取企业资金,以及2011年6月"全国高科技协作组织"涉嫌违规敛财被民政部取缔,表明对社会组织进行资金和财务管理的重要性。

毋庸置疑,公民是公民社会的主要角色,而社会组织是公民社会的主体或载体,强调社会组织,并不否认公民的作用,因为没有公民的积极参与,社会组织就无存在的必要和可能,主要是因为原子式的个体的力量和呼声是很难传递到政府决策视阈范围之内的。"把民间组织当作是公民社会的主体,丝毫不贬低公民本身在公民社会中的基础性的作用。单个公民当然是公民社会的出发点和归宿,也是公民社会的主要角色。但是,公民社会是一种社会形式,是人类的一种社会组织方式,单个的公民只有组织起来,才具有社会的意义"。①

二、明晰政府公共财政的职责,完善财政转移支付制度

公共财政建立于市场经济基础之上,主要功能是弥补市场失灵所导致的

① 高丙中、袁瑞军:《中国公民社会发展蓝皮书》,北京大学出版社2008年版,第17页。

市场混乱和外部性等问题。在现代市场经济体制下，市场在资源配置中起着基础性作用，而政府的宏观调控仍要在遵循市场基础地位的前提下，解决市场失灵所导致的一系列问题，以及依靠市场所不能解决的诸如公共物品的供给与公共服务的提供等方面的事务。在市场存在缺陷和不足的情况下，政府的公共财政职能主要在于提供市场所不愿和不能提供的公共物品与公共服务，在此基础上，明确政府与市场、社会的分工，政府的主要职能是向社会提公共服务和公共产品，以满足社会的共同需求，维护社会公众的共同利益。政府这一职能的实现，则要求建立与市场经济相适应的财政管理方式，公共财政的目标和任务以及运行机制正是自此基础上得以建立和发展完善的。

明确政府公共财政运行体制设置的依据，重要的在于明确公共财政的职能。所谓公共财政的职能，是指政府的财政活动在经济和社会生活中所固有的功能，是政府活动对经济的各个方面的所产生的影响和变化的高度概括。市场失灵的存在，使政府的介入不仅必要而且合理，在经济、行政、法律成为政府弥补市场失灵运用的三种手段之间，遵循市场经济发展规律的经济手段最为温和，也更利于实现经济的平稳运行和“软着陆”。在经济手段中，运用公共财政的手段解决市场失灵可以产生良好效果，已成为各国政府理想工具。公共财政的本质在于运用经济手段体现的公共财政的公益性、公共性，决定了公共财政的职能在于实现和维护公众的公共利益。在此基础上，公共财政的职能主要是：(1)资源配置职能，市场失灵的存在暗示着市场配置资源的结构不会是最优的，公共财政的职能在于合理配置市场失灵所不能提供的公共物品，或通过公共财政的购买、契约生产等方式实现公共物品的直接或间接提供；(2)收入调节职能，在按生产要素参与社会分配的机制框架下，市场并不能解决社会的公平问题，这就需要公共财政通过运用税收政策、财政转移支付以及专项补贴等再分配政策促进社会的公正；(3)经济稳定职能，主要是指政府运用公共财政的手段实现经济的平稳发展，实现充分就业、物价稳定和国际收支平衡。

英国和中国同属集权财政体制，英国公共财政在提供公共产品和公共服务方面，以及中央政府与地方政府的合作机制和财政转移支付制度为我们提供了很好的借鉴。中国自改革开放以来，经济的飞速发展已成为世人注目的焦点，但经济运行过程中出现的环境污染、生态破坏、居民收入差距过大、区域发展不协调等问题早已成为政府必须加以解决的紧迫任务。自1992年实施分税制改革以来，中央税和地方税的分离，促使中央将大量的财政资金用于经济领域，以求促进经济的飞速发展；面对日益严重的城乡居民收入差距拉大以及就业、住房等等问题时，我国公共财政必须在服务于“以经济建设为中心”的国家战略的前提下，使财政资金更多地向社会民生领域倾斜，尤其是通过税收来调节居民收入差距拉大，通过财政转移支付制度来加大对中西部贫困地区的支持力度，使公共财政回归公共性的本质。分税制的实施，必然需要有完善的财政转移支付制度，而此前提是明确中央政府和地方政府的事权和财权，明细中央政府和地方政府在提供公共服务方面的各自担当职责，英国完善的财政转移支付制度就是以中央和地方的职能明确细化为前提的。从我国分税制改革实际出发，明确中央和地方的事权和财权之分，使财权和事权相符，无疑是进一步推进财税体制改革、健全财政转移支付制度的重要前提。

中央财政和地方财政在本质上是一致的，功能也是一样的，只是作用范围和调控的范围不同而已。在单一制的国家中，地方政府主要是执行中央政府的政策，因此，地方财政也主要是服从中央财政的总体战略，把中央财政的措施在本地区具体化执行。只不过由于地区发展的不平衡，或者地方财政不足以承担地方公共物品和公共服务的提供之责，中央政府与地方政府间的财政转移支付制度尤显重要。英国经过中央和地方不断的财政政策的调整，建立了比较完善的中央对地方的财政转移支付制度。而中国自1992年实施分税制以来，中央和地方分开征税，由此导致了税收大部分在中央，在财政转移支付制度不健全的情况，“跑部要钱”的现状实属无奈之举。对此我国应进一步完善分税制财政体制，健全财政转移支付制度，建立健全财政转移支付制度的法律机制，明确财政转移支付制度的目的，理顺各级政府财权与事权的关系，完善横向转移支付制度，规范财政转移支付结构。

三、明确政府职能转变导向是公共物品和公共服务的提供

有限政府是以政府的有效性为前提的。政府的有效性更多地依靠政府的职能表征。有限政府的政府职能以其有限性的限定，决定了政府职能“小而强”的特征，在后现代语境下建设有限政府，面临着“风险社会”的种种挑战，以及高度不确定性和高度复杂性社会情势的压迫，促使政府在坚持政府、市场、社会三维治理机制的前提下，应加强政府自身的建设。对于我国来说，在从传统社会向现代社会、从封闭社会向开放社会的嬗变进程中，在从全能政府迈向建设有限政府的努力过程中，必然面临政府职能的重新整合、优化与界定，而其前提则是政府主体运行边界的明确，然后政府职能和政府角色的定位才能具有实质的转变内容。

政府治理模式的嬗变，意味着政府职能内涵和外延的重新界定。各国政府治理模式的转变，无非是就如何处理政府与企业、政府与公民作用的边界而达成某种程度上的协调一致，进而奏出和谐的韵律。我国从封闭型政府向开放型政府的职能转变，由于在市场经济的环境下进行，同时公民社会也在逐步形成，这要求中国政府的职能转变也要充分考虑与市场、社会的关系。回顾我国政府职能转变的历程，可发现在改革开放以来的历次政府机构改革中，政府全能角色在逐步淡化，但是受政府行政惯性和行政文化传统等因素的影响，政府与民争利，干涉企业微观运作的现象时有发生。虽然强调市场经济的基础性地位，但目前我国政府的强势地位，容易促成政府的乱作为和不作为。有研究指出：“涉及公共利益领域，政府拼命地以市场经济的话语加以退出；而有利可图的领域，政府又拼命以发展经济的话语进入。”①在大力建设服务型政府的新的历史条件下，我国政府职能的重心应从“以经济建设为中心”转向注重实现社会公正，政府职能转变的导向应以提供公共物品和公共服务为主。

---

① 郑永年：《中国政府改革的目标当是有限政府》，载《联合早报》2008 年 3 月 11 日。

英国集权财政体制，公共财政主要职能就是公共物品和公共服务的提供。中央财政和地方财政承担着各自的权限职能，中央财政通过财政转移支付制度对地方财政进行补贴，同时在公共物品提供过程中，积极吸纳公民和社会组织、私人组织的参与，通过政府购买和招投标的方式提高公共服务的有效供给。当前我国政府公共服务供需矛盾尖锐的情况下，紧迫任务应是加强政府职能转变，明确导向公共物品和公共服务的提供，明确政府是公共服务责无旁贷的责任主体和主角，强化政府公共服务能力。完善公共服务提供的制度建设、法律框架以及引导其他社会主体参与公共服务的机制建设，加强公共服务战略规划，在强调政府为公共服务主体的前提下，积极引导企业和社会公众的参与，形成合作机制，从多方面保证公共服务和公共物品的提供。优化公共物品和公共服务项目提供的质量，保证公共服务和物品能满足不同层次公众的需求，以优质高效的服务素质提升政府的行动力和执行力。注重公共服务提供的区域差异。长期的城乡、区域之间经济社会发展不平衡，导致不同地区之间的公共基础设施和供应机制不同，在提供公共服务过程中应因地制宜地采取供应机制和发展步骤。同时，改革我国目前公共财政对经济领域过多支持的公共财政支出结构，充分发挥公共财政的公共性本质，增加政府公共服务财政支出，切实解决公共服务财政资金投入不足的问题。应注重公共服务体系和公共服务模式的构建，切实解决公共服务的覆盖的广度，满足社会公众基本的公共服务需求。

第四章　法治政府：行政行为过程中的法治规制

法治政府是一种理想的政府运行状态，也是现代政治文明的重要标志。西方国家在依法行政和法治政府的实践之路上已经走过数百年。纵观历史，以英美和法德为代表的两大法系依法行政经历了两条不同的轨迹，但横观现实，我们可以看出，这二条曾经相异的依法行政之路如今在本质上呈现逐步靠近并融合的趋势：在依法行政道路上，英美法系逐步改变了对行政法的无理偏见，大陆法系逐步改变了对行政权的特殊偏袒；英美法系接受了对公益维护的思想，大陆法系接受了对公民权保障的制度；英美法系从敌视行政权走向重视行政权，大陆法系从行政权优越走向公民权优越；英美法系从绝对崇尚司法权走向重视行政裁判权，大陆法系从崇尚行政权走向重视司法权。综观西方依法行政的历史演变，一条清晰的脉络呈现在我们眼前：依法行政演变的历史既是行政权作用不断扩大的历史，又是公民权救济不断加强的历史；既是行政权行使的强权色彩趋于淡化的历史，又是行政权运行的程序法治化的历史；既是国家主权豁免主义趋于消匿的历史，又是公民权救济制度体系逐步完善的历史。依法行政的"依"由消极走向积极，由机械走向机动；依法行政的"法"由单一走向多样，由零散走向统一；依法行政的"行"由被动走向主动，由强制走向平缓；依法行政的"政"由狭窄走向宽泛，由干预走向给付。西方国家依法行政的道路并非是平缓和直线发展的，而是崎岖的和波浪式前进的。它既是民主宪政的产物，又是民主宪政的保障，它与民主宪政互动式前进：民主宪政一方面为其发展铺平了道路，另一方面又要求完善依法行政。虽然我国法治政府建设的历史路径和现实环境均较西方各国有很大的差异，同时西方依法行政的共同趋势亦不能被简单地称为依法行政的法治规律，但这些经验和教训可以为我们探索法治规律提供佐证，可以对我国依法行政提供诸多启示。

第一节　法治政府的改革动向

西方国家从资产阶级政权的确立开始，就对建设法治政府进行了不懈的探索，在长达几个世纪的法治政府实践之路上，通过对自由法制原则的坚持和发展，形成了较为完备又各具特色的依法行政体系。各国在司法审查、行政程序和行政救济制度上不断学习、融合发展，依法行政的方法和手段不断丰富，各类创新举措和改革动向值得我们关注。

一、司法审查制度的发展趋势

司法审查是指通过司法程序审查并纠正不法行政行为，以保护公民和组织的合法权益免受国家行政行为侵害并维护其合法权益的一项基本制度。随着现代西方各国行政权的不断扩大，司法审查的范围和深度也较以往更进一步，在日益增多的司法审查实践中，西方各国不断修正和丰富原有的司法审查标准，也发展出一些新的司法审查原则，从而推动司法审查与政府运行之间的良性运转。

在美国，主要是通过对宪法的弹性解释加强司法审查的力度。在美国依法行政的历史进程中，司法审查虽在 20 世纪 30 年代的“大萧条”时期有所放松，但整体而言，司法审查是呈逐步加强趋势的。司法审查的加强包含两个方面的内容：一是司法审查范围的扩大，二是司法审查深度的加深。其中，司法审查范围的扩大主要体现在原告资格的逐步放宽。“在最近几年中原告资格的栏杆大大降低了。在过去的 10 年中，通行的严格限制原告资格的观念让位了，代之而起的是发展中的观念日益频繁地打开了司法复审行政行为的大门。”①过去实行严格的时机成熟性原则，现在则为“时机的成熟

① ［美］伯纳德·施瓦茨：《行政法》，徐炳泽译，群众出版社 1986 年版，第 404 页。

性放宽”①。法院扩张了宪法中正当法律程序的适用范围，使其不仅仅及于普通法上的权利，而且适用于社会福利补助项目。司法审查的深度主要体现在司法门的专业性上，对于法律问题，法官以法律知识见长，他们有能力进行更深程度的审查，甚至可以以自己对法律问题的理解代替行政机关的理解。而美国加强司法审查力度的主要途径是通过对宪法的弹性解释。从《独立宣言》的起草直到今天，美国宪法基本没有修改，只增加了20多条修正案。宪法的稳定性保障了宪法的权威，也保障了美国民主制度的高度稳定和有效传承。而与此同时最高法院对宪法的解释是有弹性的，这就使得宪法可以不断适应新环境、新情况、新发展，也为司法审查制度的顺利实践奠定了基础。总之，司法审查的逐步加强，反映了美国社会对行政权扩张进行控制的必然要求。

在英国，司法审查由合法性审查向合宪性审查转变。受制于本国不成文宪法传统与议会至上的宪法原则，几个世纪以来，英国司法审查一直局限于合法性审查的层面。但是，随着其宪法成文化趋势的加强，特别是20世纪后半叶以来，以欧共体法、欧盟宪法、人权法以及宪政改革法等为代表的“高级法”的相继出台，使得英国司法审查由合法性审查向合宪性审查转型成为可能。特别是2005年3月21日，英国议会通过了《宪政改革法》。根据该法案，英国终结了贵族院的司法权，并将其移交到最高法院。2009年10月1日，随着《最高法院规则》的正式生效，英国历史上首个最高法院正式启用，12名担任“常任上诉法官”的议员卸去议员职务，成为全职最高法院法官。截至目前，英国最高法院已经审理了60个案件，并且将相应的判决及审理情况向社会公布。② 这意味着，在形式上，英国法律意义上的最高司法机关已经从议会中分离出来从而获得正式的独立地位，开始正式运行并由此形成了议会两院、女王及政府、最高法院三方并立的政体新格局。由此可见，借助于不成文宪法的成文化演进、1972年欧共体法、1998年人权法、2005年宪

---

① 所谓“时机成熟”是指被指控的行政行为只有对行政相对人发生了实际不利影响并适于法院审查时才能接受司法审查。参见[美]伯纳德·施瓦茨《行政法》，徐炳泽译，群众出版社1986年版，第485页。

② 参见英国最高法院网站，http://www. supremecourt. gov. uk/decided - cases/index. Html。

政改革法等法令，英国宪法在经历一个渐进的宪法变革过程，在此变革过程中，英国法院不仅在法院的体系建构方面获得了统一，而且通过适用和解释欧共体法此类高级法，在某些情形下已经可以对议会法令进行与美国等国类似的合宪性司法审查。如此，英国的合法性司法审查确实得到了一个自我超越、并向合宪性司法审查转型的机会。但是，正如议会主权的保留和弱化共存的事实所显示的，这样的一个机会并不必然意味着这种转型就能成功实现。原因在于，从国内法的角度观察，英国司法审查制度向合宪性司法审查制度的转型，其合宪性所必需的"宪"并不存在。因此，英国司法审查制度相应的转型似乎缺失一个必要的形式前提。尽管英国不成文宪法传统下成文宪法成分仍然较少，而且至少在有形意义上依然坚持坚固的议会主权，加之无形意义上的保守主义理念，凡此种种都对当代英国司法审查制度构成相当的障碍，然而，我们亦有理由相信，基于英国悠久的法治、宪政传统，以及日益广泛的人权保护的客观要求，英国法院历史上废止殖民地立法的旧日景象，也不是完全没有可能出现在未来的包括新设最高法院在内的英国国内法院处理议会立法的司法实践之中，从而使英国的司法审查走上合宪的道路。

对行政自由裁量权的控制一直是司法审查的重要任务，针对这一问题，法国和德国发展了司法审查中的比例原则。其内涵具体包括：(1)符合宪法：比例原则的基本前提是：一项法律文件对公民利益范围的触动，不但在目的上，而且在实现目的的手段上均要符合宪法。(2)有效性：有效性是指此项法律文件对公民利益范围进行必要干涉时所使用的手段是有效的。比如有一工厂的废气对环境不利，但是法规不能简单地规定用编织过滤网来阻止工厂排出的废气，这是与有效性要求背道而驰的。(3)必要性原则：此原则要求立法者，必需使用对公民利益损害最小的法规来实现国家所追求的目标。比如，在企业能通过改进机器的方法来排除污染气体时，行政当局不得责令一家施放污染气体的企业搬迁。(4)狭义上的比例原则：比例原则在符合宪法的前提下，先考察手段(法律文件也可视为一种手段)的有效性，再选择对公民利益最温和的手段来实现同样可以达到的目标。最后还必须进行利益上的总体斟酌，考察此手段实现的目标价值是否足够高于因实现此目标所使用的手段对公民的人身财产等基本权利的损害价值。这就是所谓“狭义上的比例原则”，也是比例原则的精髓。比例原则是在西方法治主义由机械走向机动，行政权由消极走向积极的历史背景下逐步发展并完善的，它适应了行政自由裁量权扩张的客观现实，成为现代依法行政的必然要求。

二、行政程序法治化

英美行政法的核心有两个，即司法审查和行政程序。面对行政权的不断扩张，为了防止其被滥用，西方各国逐渐认识到以行政程序控制行政权的重要性，并逐步建立了行政程序法律制度。现代行政程序法源渊于英国，发展于美国，传播到世界各国。大陆法系受英美的影响，亦开始注重行政程序法治化，德日均已制定行政程序法典，法国亦已制定几个单行的行政程序法。虽然两大法系行政程序制度不尽一致，德国将行政契约、日本将行政指导纳入行政程序法调整范围，而英美则与此不同。但它们毕竟同属行政程序制度，它们均规定了行政行为的法定程序，规定了听证制度，且有相互融合的趋势，注重对行政权的制约和对公民权利的保护。行政程序法治化是西方依法行政的共同发展趋势。行政程序法的颁行，是法治国家法治行政的必不可少的基石之一，也是行政领域的重大事项。就世界而言，制定行政程序法的热潮正方兴未艾。

依法行政的程序逐步走向法治化，普遍实行行政程序法典化。行政程序法是行政法中的基本法，行政管理虽然纷繁复杂，但仍有其共同的方面，如果不将这些共同的方面统一起来，由各级行政机关或部门自行其是，在行政权力日益扩大的情况下，就难以控制官僚主义、效率低下，以至于侵犯公民权益等各种情况的发生。以美国的听证程序为例，美国的社会福利部门是与公民接触最多的部门之一，社会福利金的发放直接影响公民的生活，为此，美国在社会福利部门设置了众多的行政法官，即听证官。如某公民原应得到社会救济金为1000美元,但发放部门只给了500美元,该公民可向该部门询问原因,提出要求增至1000美元,如该部门不同意,该公民即可向设于其上级机关的行政法官申诉,要求听证,电话、写信、自去都可。行政法官定下日期请有关部门与申请人同时到达,听取双方意见后,于法定日期内作出给予或不给予的裁决。如该公民在裁决后仍有意见,则可向法院起诉。这一简单的听证制度,具有及时解决政府与公民之间的纠纷,缓和社会矛盾,稳定社会秩序,并加强对行政的监督等多方面的功能。听证程序类似于我国的复议程序,但范围吏广,程序更明确而简便。尤其值得注意的是,行政法官相对比较独立,其考试、录用、考核、晋升、待遇等全部由全国人事局统一管理,不受其所在工作部门的影响,因而其作出的决定比较公正;而公正,正是解决纠纷的关键。行政程序法的施行,使纷繁复杂的行政权的行使得到基础性的统一,因而大大提高了行政效率。公开、参与原则通过程序法得以落实。对依法行政和公民权益的保护,从主要依靠事后的司法监督,增加了通过行政程序使政府进行自觉的事中监督和事先监督,从而大大扩大了监督的范围,促进了行政法治的发展。面对行政权的不断扩张,为了防止其被滥用,西方各国逐渐认识到以行政程序控制行政权的重要性,并逐步建立了行政程序法律制度。

行政程序法典化,是当代法治国家行政法治实践中最重大的事件之一。行政程序法典化的过程,始于19世纪,迄今已有两次高潮。第一次高潮在19世纪末20世纪初。1884年德国巴登邦与1889年西班牙制定的行政程序法,是目前最早见到的程序法典。一般认为,随着资本主义的发展,官僚主义、效率低下,严重影响经济和社会发展,成为公众攻击的重要目标。为提高行政效率,欧洲一些国家开始尝试制定行政法典。但是,行政管理的繁复性和多变性,使制定实体法典相当困难,而制定程序法典却相对比较容易。此后,奥地利(1926)、德国的奥林根邦(1926)、捷克(1928)、波兰(1928)、南斯拉夫(1930)、德国的符腾堡邦(1931)等,都制定了行政程序法典,从而形成了制定行政程序法典的第一次高潮。这一时期的行政程序法,大都以提高行政效率为目标模式。行政程序法典化的第二次高潮,可以1946年颁布的美国行政程序法为起点。第二次世界大战前后行政权力的扩大和强化，使限制或侵害公民权益的情况增多，因此，保护公民权益，监督行政权力，成为行政程序法典化的主题。美国行政程序法就是其中的代表。随之发展成为各国制定和修改行政程序法的第二次高潮，并把保护公民权益作为修订的主要内容。这次高潮延续至今，方兴未艾。值得注意的是，亚洲国家也加入了这一行列。反复修改了近30年的日本行政程序法，终于完成，于1993年11月12日正式通过公布；韩国于1987年颁布《行政程序法》；澳门地区的《行政程序法典》于1995年3月1日起施行。在美国行政程序法以后颁布或修改的行政程序法典，大都将保护公民权益和提高行政效率这两大目标结合起来，呈现出新的时代特点。

三、形式法治与实质法治的融合

早在古希腊时期，亚里士多德就从形式和实质两个层面对法治的内涵作出了经典的界定：法治是“已成立的法律获得普遍的服从，而大家所服的法律本身应该是良好的法律。”①之后的西方政治和法律思想家基本上均从形式和实质相结合的视角解读现代法治或宪政。近十多年来，围绕“形式法治”与“实质法治”两个概念，西方法治理论方面的学者展开了很多有意义的讨论。在现代西方法治政府的实践过程中，体现出二者融合、并重的趋势。

形式法治强调“以法治国”（rule by law），注重法律的普遍性和一致性，强调依法统治，法律自治，法律面前人人平等，主张司法独立，注重程序要件，强调形式公正或程序公正；反对旨在追求结果平等或限制实际不平等的措施，反对特别法律，反对掺入具有价值意向的道义原则；维护个人自由，坚持市民社会与政治国家的区分，维护作为私域的空间。显然，形式法治体现和推崇的是法律的工具性。

---

① ［古希腊］亚里士多德：《政治学》，吴寿彭译，商务印书馆1965年版，第199页。

实质法治强调的是“法的统治”(rule of law),实质法治不仅坚持对法律的普遍服从,而且强调防止“恶法”,主张以实在法之外的标准衡量检验法律,寻求法律的实质合理性。可见,实质法治是将法治作为一种价值,而非工具。①

形式法治和实质法治的共同之处都旨在建立一种理性的法律秩序,但两者在价值取向上不同。首先,形式法治强调的是“依法而治”,对法治的工具性使用;实质法治强调的是“法的统治”,把法治作为一种价值。其次,形式法治强调秩序,偏重自上而下的管理,使民众有法可依和有法必依;实质法治虽也重视民众守法,但其重点不是“治民”而是“治官”。第三,形式法治重视法律的普遍性、稳定性和逻辑一致性等形式要件,对于法律的精神价值并不关心,甚至排斥道德和伦理等考虑;实质法治强调法律内容和适用必须以保护人权的自由为归宿,任何个人或机构都不能制定剥夺基本人权和自由的法律。第四,形式法治关注的重点是效率,它旨在通过“形式合理性”的法律,使人们对自己的行为具有可计算性和行为的结果具有可预见性;实质法治含有道德等方面的考虑,试图通过社会立法和司法中的自由裁量等办法,纠正因竞争造成的社会不公。

在资产阶级革命胜利之后的自由发展时期,对行政专横保持高度的警惕,资产阶级力主严格的规则主义,重视形式正义。奉行“无法律即无行政”,依法行政要求政府严格按照国家制定的正式的法律规则办事,一切行政行为都要以议会制定的法律作依据,符合法律的规定。法律规则具有绝对的至上性和主导性。即使在法律适用于个案时存在明显的不公正或违反正义时,执法人员也不能用合理性来对抗或修改既定的法律规定。行政行为的合法性被理解为对规则的严格负责,而不论规则本身如何,也不论行政的实质如何。进入20世纪后,政府权力扩张而积极主动提供公共服务的客观现实需要要求政府摆脱严格的规则主义的束缚,行政实质的正义逐渐受到人们的关注。特别是第二次世界大战后,由于纳粹德国的法西斯统治使

① Carothers Thomas, *Rule of Law Revival*, Foreign Aff. ,1998, p. 95.

形式法治走向极端，良法为治的观念为人们普遍强调。由此，西方行政法治由单纯的强调形式正义走向形式正义与实质正义的统一，在承认法律至上的基础上要求法律本身具有正当性，在要求政府行为符合法律规定的同时要求合乎立法的目的，行政力求合法性与合目的性的统一。西方行政法治原则的这一发展变化，在西方主要国家行政法治建设中明晰可见。英国从戴西传统的法治观到韦德的法治观，再到拉兹的法治观，逐步经历了从着重形式法治，到着重实质法治，再到形式法治与实质法治相融合的过程。美国的法律正当程序原则也在社会发展过程中不断地调整和发展，从程序性保障走向实体性保障，更加凸现其实质法治的内涵。法国行政法治也有一个实质法治内组不断增强的过程。自 1873 年布朗戈案件确立了国家赔偿责任之后，其归责原则经历了从主观过错为主，到公务过错为主，再到过错责任为主、无过错责任为辅的发展历程，实质法治的特征已经比较明显。德国的依法行政原则也有一个不断发展的过程。它的法治原则虽然同样承认和坚持法律至上，但是对法律的理解已经不再拘泥于法律的文字，而更加注重法律的精神和目的，这主要表现在遵守依法行政原则时，也同时考虑遵守比例原则和信赖保护原则。可见，西方国家政府的法治实践都有一个以实质法治精神弥补和丰富形式法治内涵，以实现两者真正融合的发展过程。

四、依法行政手段的多样化

传统依法行政手段单一且多以强权作后盾，其模式是“命令—服从”。行政指导、行政契约的兴起，改变了单一的依法行政手段，且行政指导、行政契约等属于非权力行为，不实行强制。无论是大陆法系还是英美法系，行政指导与行政契约手段均被普遍采用，它体现了现代依法行政的民主精神，体现了对于行政相对人的尊重。“现代行政法的发展证明，行政权的强制作用并不总是万能的，它会由于相对一方有形或无形的抵制而大大降低其功效；行政机关也并不总是需要运用行政权来强制实现行政目的，它还可以运用一些权力色彩较弱的行政手段来使相对一方主动参与实现行政目的，或自觉服从行政机关的意志。行政契约和行政指导便是其中最重要的两种手段。"①行政指导是对传统的依法行政(如机械法治主义和干预行政)的重要修正,使现代依法行政走向机动法治主义和福利行政,体现了现代行政管理权力手段淡化的新特点。

为克服市场机制缺陷,缓和社会矛盾,以调整政府与公民关系为主要内容的当代行政法,赋予了政府庞大的职能。第二次世界大战后,有代表性的美国行政法,特别是美国联邦行政程序法的规范对象,主要是执行上述两类管制职能的政府机构特别是联邦政府的独立机构。美国的这种政策管制职能在20世纪60年代末到70年代达到高潮。支撑西欧发达国家行政法发展的政府福利职能、社会职能和市场管制职能的作用也在那时达到高峰。当代行政法上所谓从特惠到权利的制度(美国)和主体公法权利的制度(德国),主要是体现战后这一时期政府与公民关系新内容的行政法制度。到了20世纪80年代,西方主要发达国家纷纷放松政府管制,加大市场调节作用,将一些政府垄断项目转到市场竞争领域,利用社会力量分担政府职责,或者将市场因素引入公共领域适用。例如政府鼓励支持建立非政府层次的社区和发展养老院、残疾人福利机构等公益事业,鼓励和吸引私人投资义务性基础教育,照顾低收入的适用型住房建设开发,以招标投标方式将政府负责的公共建设或者其他任务承包给私人单位完成并支付报酬,对公共设施的使用收取费用,等等。

上述行政管理的变化在法律上反映为一些新的法律形式或者原来在行政法中不甚重要的法律形式已经在或者将在行政中发挥新的或者重要的作用。例如,行政契约、行政指导、行政规划、行政补助、行政私法等。正像国家行政、社会公共行政的结合和对私人力量的利用是新世纪实现行政任务的力量结构特征,公法和私法因素互相融通结合,将是新世纪行政法制度发展的法律结构特征。

但是,要将在行政中出现的法律形式制度化、普遍化需要一个过程,以

① 罗豪才:《现代行政法的平衡理论》,北京大学出版社1997年版,第21页。

便形成一个独立制度所需要的各种原则规范和其他要素，并发展为相对于其他制度的完整体系。在此之前，只能是作为其他制度的特例适用行政法的最一般原则。例如，德国行政法上的行政计划，虽然人们承认它有不同于其他法律形式的特殊性，但是在行政法总则的体系中一直不能获得独立制度的地位。在具体事项的法律处理上，是将其割裂开来按照其特征分别纳入行政法令、行政行为和行政合同制度中进行。因循守旧、蔑视新法律形式的情形终将得到改变。美国公共合同制度的崛起就是一个成功范例。它有不同于普通法一般合同制度的特殊规则，有相对独立的法律救济渠道，甚至在美国律师协会中也有单独设立的公共合同法组织。只要各国行政改革的总趋势和总方向不改变，与行政改革相适应的新的法律形式势必会在新世纪中成长起来并取得独立地位。

第二节　英国法治：公共调查制度彻底揭示真相

在英国，公共调查已经成为民众生活的一部分。凡公众可能关注的公共事件，都会有调查小组进行公共调查并公布报告。调查范围十分广泛，从小区管线架设到有全国影响力的事件——公共服务设施的缺陷、公务人员腐败案件、监狱里的非正常死亡、影响重大的交通事故、知名人物的死亡以及公共卫生事件等等，都会成为调查对象。2005 年 4 月 7 日，英国议会表决通过了 2005 调查法（Inquiries Act 2005），这部法律构成了目前的英国公共调查制度的法律基础。公共调查制度的范围和深度不断扩展和加深，对英国依法行政和法治政府建设产生了深远的影响。

一、英国的公共调查制度

调查“窃听门”事件

近期最有名的公共调查案件，是刚开始的针对默多克“传媒帝国”旗下的《世界新闻报》“窃听门”事件的调查。“窃听门”事件发生后，除了议会举办该案的听证会，司法机关介入并拘捕大批涉案人士外，英国的公共调查制度也逐步启动。①

2011 年 7 月 6 日，英国首相卡梅伦向议会宣布，将召集一个由上诉法院资深法官布莱恩·亨利·利文森爵士领衔的六人调查小组，对“窃听门”事件进行调查，反思英国报纸的媒体伦理及媒体文化。7 月 20 日，卡梅伦宣布调查范围不限于报纸行业，扩大至对广播电视和新兴社交媒体的调查。

除利文森法官外，成员包括《金融时报》前董事长，著名人权机构“公民自由委员会”的主任，英国通信管理局前局长，英国电视广播公司新闻 4 台前政治新闻编辑，《每日电讯报》前政治新闻编辑以及西米德兰兹郡前警察局局长。被调查人员则包括报纸经营者、记者、警察、政府官员及其他相关人士。

调查小组的授权范围包括：了解报社与政府官员及警察的关系；反思现有媒体管理政策的利弊；考虑如何制定高效的政策和法律，以支持媒体自由、建立多元化的媒体和独立于政府的媒体；鼓励提升媒体行业的专业水准和保证媒体自觉遵守职业伦理；分析如何规制政府官员与媒体的关系。此外还需调查报社的非法和不当行为，报社从业人员和大都会警署警察的不当行为，警察接受贿赂的情况以及新闻集团内部管理的失败等。据目前报道，该调查期限为 12 个月，调查报告要全文公布并对政府下一步所应采取行动提出建议。②

检察官、议会与民间调查

此次公共调查的依据是 2005 年《调查法》(以下称 2005 调查法)，此前的则依据 1921 年《调查法庭(证据)法》(以下称 1921 调查法)及其他法令。

英国公共调查组织的类型非常多，有针对各种违法犯罪的个案调查，由检察官主导，具有司法性质；议会和枢密委员会组成专门委员会调查；还有各种民间团体的调查。但这种多体系的调查模式存在一定弊端：有调查权限的司法调查和议会调查的范围太过狭窄，往往只关注专门事件。组建议

① 资料来源：英国法制网站，http://www.legislation.gov.uk/ukpga/2005/12/contents。

② http://www.infzm.com/content/63364.

会专门调查委员会花费昂贵，司法调查对证明事实所要求的标准太高，程序太漫长；民间调查往往没有法律所保障的调查权限和资金保证，很难收集到必须的证据。

促使英国决定彻底改革旧公共调查模式的导火索，是针对因英国军人在北爱尔兰枪杀14名示威民众的“血腥星期天”调查案。

1998年，英国议会根据1921调查法的规定，决议组建由萨维尔大法官领衔的调查小组调查该事件，并授予该小组与高等法院一样的调查权限。这种“法庭化”的调查小组对“程序正义”的保护不言而喻，调查历时12年，调查费用在2008年就达到了1.82亿英镑，近乎原预估费用的两倍。

议会和政府考虑反思1921调查法及现有调查制度的得失，希望在吸取已有经验的基础上，制定一部更好的调查法。新调查法应详细规定公共调查的启动、调查小组的组建及调查结果的公布；明确内阁大臣和调查小组主席的责任；保证调查程序及结果的透明度和可问责性，以实现更快、更高效的调查。

出于以上考虑，2005年4月7日，英国议会表决通过了2005调查法。正是这部法律构成了目前的英国公共调查制度的法律基础。

关于调查小组

很难准确定义公共事件，但此类事件有些共同点，例如事件造成了较大数量的生命陨落，有可能或已危害公共安全和健康，给公众造成极大震惊等。此类事件都会引起公众强烈关注。通过独立调查向公众报告真相，对恢复公众信心有极重要的意义。

根据2005调查法的规定，当已发生的事件可能或已引起公众关注，或某件即将发生的事已得到公众关注，负责管理该事件所涉事务的内阁大臣有权启动公共调查程序，任命调查小组调查该事件。

第一步是组建中立、专业的调查小组。“中立”是独立调查并给出公正结论的前提，是成为调查组成员的首要标准。与被调查事件有直接、间接利益关联的人，不能被任命为调查组成员。调查组成员在获得任命前，应如实向负责组建调查小组的大臣报告自己是否与所调查的事件存在利益关联，获任命后要注意相关言行。

领衔“窃听门”小组的利文森法官，最近就因被人怀疑其中立性而遭遇严重信任危机。有工党议员指出，利文森法官曾在2010年7月和2011年1月参加过默多克女婿举办的两次名流聚会，所以不该成为调查小组的主席。

这一质疑马上有了回应。上诉法院院长说，利文森法官出席聚会经过院长同意。利文森法官的发言人则赶忙声明，利文森法官与默多克的女婿没有关联，聚会之后也没有任何联系。而唐宁街10号则声明，利文森法官在获得任命前已如实向首相声明自己曾参加过这两次聚会，首相认为这不会影响利文森法官和调查小组的中立性。

“中立”还要求调查小组的独立性。虽然调查小组由内阁大臣任命，但成员基本来自政府外，往往由退休的公务员、法律界人士和专家学者主持，具有独立品格的法官往往会成为调查小组的负责人。小组的独立性、公信力和专业水准，都能得到保障，作出调查的结果能为公众相信。

公共调查要还原事实，完善制度，避免惨剧再次发生，其调查授权范围很重要。授权范围由内阁大臣和调查组成员及相关人士和部门充分协商后划定。事前论证和协商越全面，调查计划越详尽，公共调查越能发挥最大作用。

公共调查的期限不固定，随着事态发展和被调查事件的复杂程度，在法律规定的前提下，负责组建调查小组的大臣有权调整授权范围，延长调查期限。耗资巨大的“血腥星期天”的调查时间是12年，“窃听门”的调查时间初步定为12个月。英国很少有短期内出结果的调查，认真的调查无法在短期限内完成。

由于公共调查对公众生活和社会的重要意义，其调查权力必须得到强有力的保证。2005调查法赋予了调查小组搜集证据和强制传唤证人接受调查的权力，不配合调查的证人，伪造、篡改、毁损证据的人，将被高等法院审理并定罪。

2005调查法并没有将公共事件的调查权垄断在内阁大臣手中，民间调查依然可以自由进行。民间调查受调查权限和费用限制，而公共调查有财政支持，有广泛的调查权力，所以2005调查法专章规定了其他模式的调查可以转化为该法下的公共调查。只要民间调查所调查的事项符合2005调查法第一部分的规定，内阁大臣可以在民间调查组织同意的情况下，将其转化为政府主导的公共调查。专业、独立的民间调查也受到政府尊重，其结论可成为公众对该事件认识的参照。

公共调查当然要有公众参与和监督，该法规定，公众参与的主要方式是：在公共调查期间，旁听调查听证，翻阅及获取调查小组所掌握的相关证据，但非因法定原因和调查小组主席同意，不得对调查程序录音录像。公众参与和监督还体现在，调查结束后，调查小组需要向社会公布调查报告全文，公布调查的所有记录和细节，并在合理期限内将调查报告报送给议会。调查费用的明细也要向社会公开。

调查报告不仅包括调查小组所确定的事实，还要在授权范围内给出调查小组对相关制度完善的建议，调查小组内的不同意见也要如实在报告内载明，报告全文在网络上都能自由获得，调查结果要受议会监督。“血腥星期天”案的第一次调查结果的部分内容受到质疑，议会才在1998年组织了第二次的公共调查。

从英国公共调查制度的立法和实践来看，公共调查的目的正如曾主持过多起公共调查的前英国上诉法院法官，现任英国最高法院大法官克拉克所认为的，“公共调查的目的有两个，其一是确定事实，其二是吸取教训，以保证未来不会出现同样的错误”。

二、英国法治政府建设的分析与展望

公共调查制度是英国依法行政中自然公正原则的延伸。任何权力必须公正行使，对当事人不利的决定必须听取他的意见，这是英美普通法的一个重要原则，称为自然公正原则。自然公正原则包括两个最基本的程序规则：(1)任何人或团体在行使权力可能使别人受到不利影响时必须听取对方意见，每一个人都有为自己辩护和防卫的权利。（2）任何人或团体不能作为自己案件的法官。起初它是法院司法活动遵循的准则，随着行政权力的扩大，该原则逐步扩展到行政领域并成为指导依法行政活动的基本原则。

在行政实践中自然公正原则表现为行政机关的决定对当事人有不利的影响时，必须听取当事人的意见，不能片面认定事实，剥夺对方辩护权利。过去这一听取利害关系人意见的程序反映到法律规范中，称为听证。而随着英国2005调查法在议会通过，公共调查制度以法律的形式确定下来，使得“听取利害关系人意见的程序”的内容和手段得以扩展。传统的听证是一种被动的获取信息从而作出判断的行为；而公共调查制度，则是主动地对公众可能关心的公共事件进行调查，并公布报告，从而为进一步的行政或司法行为提供依据。公共调查制度在政府、议会和司法部门之外，另辟蹊径，发展成为了一条维护自然公正秩序的有效途径，为维护公民权利和公共利益作出了实质性的贡献。

公共调查制度是对英国议会至上传统的挑战。从英国依法行政发展的粗略轨迹来看，经历了严格依法行政（机械法治主义、形式法治主义）到依法行政失控、再到严格依法行政（机动法治主义、实质法治主义）三个阶段。传统的议会至上观念和政府权力的加速扩张，已经对现阶段英国依法行政造成了障碍。囿于英国不成文宪法的传统，其司法审查一直限定在合法性审查的层面，但是，随着其宪法成文化趋势的加强，特别是20世纪后半叶以来，以欧共体法、欧盟宪法、人权法以及宪政改革法等为代表的“高级法”的相继出台，使得英国司法审查由合法性审查向合宪性审查转型成为可能。而公共调查制度的广泛应用，则加快了这一转型的速度。从权力平衡的角度上看，公共调查制度以法律的形式确定下来，就是赋予了参与调查的主体以“确定事实，纠正错误”的权力，通过对公共事务的公共调查和民间调查，能够明确事实真相，从而对接下来的立法、行政、司法行为作出事前限定，特别是对议会的权力起到制衡和监督的作用。公共调查制度的出现为改变英国法治建设过程中议会“一家独大”的局面创造了机会。

公共调查制度是英国依法行政走向行政公开模式的标志。英国的法治传统成形于普通法的形成过程，换言之，普通法的形成过程亦即英国法律自治传统的制度化过程。几个世纪以来，英国的法治传统始终处于不败之地，不管遇到多大的艰难险阻，它都能凭借着制度化的物质力量而化险为夷。都铎王朝在专制道路上的自我克制，斯图亚特王朝专制梦想的最终破灭，都充分显示出了法律制度化的强大威力。由于司法制度超前发展、自治“早熟”，行政制度发展相对滞后，所以，英国的行政管理在很长时期内主要通过司法渠道来完成，由此形成了行政司法化传统。而提倡公众参与的现代公共管理的兴起和发展，向英国行政管理的这一传统提出了挑战，公众对行政机关越来越不满，于是依法行政的方式有了一系列改革，其宗旨是实现行政公开。公众认识到过去通过司法审查和行政程序上限制行政权，只能保障个人的权利免受行政机关的侵犯，而不能保证行政权的行使符合公共利益，也不能保证行政机关能够为公众提供更多的福利。而公共调查制度十分强调公众参与和监督，该法规定，公众参与的主要方式是：在公共调查期间，旁听调查听证，翻阅及获取调查小组所掌握的相关证据。由此可见，英国的公共调查制度以法律的形式确定下来，是英国依法行政走向行政公开模式的标志。

第三节　美国法治：法官裁定奥巴马政府医改关键条款违宪

司法审查制度是美国依法行政的两大保障之一。在美国依法行政过程中，司法审查虽在特定时期（如20世纪30年代）有所放松；但从整体角度而言，司法审查是呈逐步加强趋势的。主要表现在：司法审查的范围逐步扩大，即使立法排除复审，法院也想方设法加以否定；原告资格逐步放宽，过去实行严格的时机成熟性原则，现在则为“时机的成熟性放宽”；法院扩张了宪法中正当法律程序的适用范围，使其不仅仅及于普通法上的权利，而且适用于社会福利补助项目等等。总之，随着现代社会问题日趋复杂，政府行政权不断扩张，旨在限制行政权力滥用的司法审查也逐步加强，反映了美国社会对行政权扩张进行控制的必然要求。

一、法官裁定奥巴马政府医改关键条款违宪

美国一家联邦上诉法院裁定，总统奥巴马推行的医疗保险改革法案中强制个人投保的关键条款违反宪法。医改法案是奥巴马执政以来最重要的立法成果之一，而强制投保是法案核心内容。预计美国政府司法部会提起上诉，由最高法院做出最终裁决。①

直指关键条款

位于美国佐治亚州亚特兰大市的第十一巡回上诉法院一个三人法官小组裁定，医改法案强制投保条款超越宪法赋予国会管理经济的权力范围，因而违反宪法。不过，这不意味着整部法案无效。

总统奥巴马2010年3月签署医改法案，计划今后10年投入9400亿美元，把3200万人纳入医保体系，将医保覆盖率从85%提升至95%，接近全民医保。从2014年开始，大多数公民必须购买医疗保险，否则遭受罚款。

法官小组中，乔尔·杜比纳和弗兰克·赫尔认定强制投保条款违宪，斯坦利·马库斯认为不违宪，最终以多数意见为准。杜比纳和赫尔在一份207页意见书中说，国会不能强制要求民众"与私营保险商签订合同，购买一份覆盖他们从出生到死亡的昂贵保险产品"。

马库斯在一份84页文件中表达反对意见，认为杜比纳和赫尔忽视过去两百年间国会权力呈指数级增长"这一不可否认的事实"。在马库斯看来，国会有权通过管理跨州范围经济事务的法律。

反对一棍打死

强制投保条款旨在吸纳更多民众、特别是年轻人和健康人群投保，从而减小整体保险赔付风险，有效降低保险费率。

美国26个州政府反对这一条款，向联邦法院提起诉讼。佛罗里达州联邦法院法官罗杰·文森2011年1月裁定，不仅强制投保条款违宪，而且整部

---

① 资料来源：凤凰网，http://news.ifeng.com/gundong/detail_2011_08/14/8393087_0.shtml。

医改法案无效。

第十一巡回上诉法院随后复审，2011 年 1 月 12 日推翻文森关于整部法案无效的裁决。判决书认定，“法案大部分条款与私营保险商无关，更不涉及强制个人投保”。

得知最新裁决后，密歇根州司法部长比尔·许特、亚拉巴马州司法部长卢瑟·斯特兰和得克萨斯州司法部长格雷格·阿博特表示欢迎。阿博特甚至断言，奥巴马医改法案“接近玩完”。

美联社分析，第十一巡回上诉法院是美国最为保守的上诉法院之一，但审理这起案件的 3 名法官是随机选出，没有鲜明的保守主义或自由主义烙印。认为强制投保条款违宪的两名法官中，杜比纳由前任总统、共和党人乔治·布什任命，赫尔由前任总统、民主党人比尔·克林顿任命。

遭遇重大挫折

一些分析师认为，强制投保条款是整部法案的基石，遭裁定为违宪是奥巴马医改努力受到的重大挫折。白宫辩解，宪法赋予国会管理跨州事务的权力，包括医保。司法部可能要求第十一巡回上诉法院重审这项裁决，或者向最高法院提起上诉。多家联邦法院先前受理与医改法案相关的诉讼，就是否违宪做出不同裁决。2011 年 6 月，一家位于俄亥俄州辛辛那提的联邦上诉法院裁定这部法案合乎宪法。

不少人认为，鉴于各执法区联邦法院意见不一致，最高法院有必要做出澄清。里士满大学法学院教授卡尔·托拜厄斯说：“需要给出全国性的声明。如果不同执法区的巡回法院裁决不一致，几乎不可能实施（这部法案）。最高法院现在或许认识到有必要表态。”

洛杉矶医保事务律师彼得·里奇介绍，州一级立法机构通过涉及强制投保条款的法律不违反宪法，马萨诸塞州便有类似法律。至于联邦层面是否能够这样做，最高法院尚未表态。

二、美国法治政府建设的分析与展望

美国在重大问题上的争执最终都会归结到对宪法的解释上，对宪法解释弹性的掌握,也就决定了司法审查乃至依法行政的范围和边界。例如,华盛顿当总统的时候,财政部长汉密尔顿建议设立美国国家银行,但国务卿杰弗逊则反对这么做,双方都是以宪法为依据。杰弗逊的解释是,宪法没有规定联邦政府有设立国家银行的权力,所以这么做是违宪的。汉密尔顿回答说,宪法给予国会管制金钱的权力,而行使这个权力时,必须有银行这个机构,所以设立银行的权力,早已包含在宪法里面了。在这个争执中,杰弗逊对宪法所做的是狭义的介绍,而汉密尔顿所做的则是广义的解释。解决类似的争执,必须由联邦最高法院来裁决,因为只有最高法院才有最终解释宪法的权力,这就是分权的作用。当时的最高法院院长是马歇尔,他对宪法采取了广义的解释,因此设立了国家银行,增强了联邦政府的力量。

在美国,宪法至高无上,但并不是僵化的教条,最高法院对宪法的解释是有弹性的,这就使得宪法可以不断适应新环境、新情况、新发展。直到今天,美国宪法没有基本的修改,只增加了27条修正案,宪法的稳定性保障了宪法的权威,也保障了美国民主制度的高度稳定和有效传承。

奥巴马政府医疗保险改革法案之所以受到如此强大的反对,正如赫德森在判决书中所表明的,关键不在于是否应该有全民医保,而在于愿不愿意看到一个权力不断加强的中央政府。赫德森所做的显然是一种狭义的宪法解释,那就是,凡是宪法没有明文规定的权力,都不是政府可以合法行使的权力,宪法没有授予联邦政府替公民做购买商品决定的权力,所以政府一旦有诸如此类的行为,就是违宪。

当然,不能以当年杰弗逊与汉密尔顿的争论为先例,得出这样的推论:任何一个对宪法的狭义解释都必定会有一个与之相反的广义解释。例如,宪法规定公民有言论、集会、结社的权利,按照宪法条文要求这些权利,是狭义解释,很难设想有谁能用广义解释,把这些权利解释成政府可以剥夺这些权利。对宪法狭义解释的反解释往往是不能预先设定的。因此,美国最高法院对赫德森的狭义宪法解释作出怎样的裁决仍无法预测。

美国人对政府的政策提出异议,或者对公共问题有争论或分歧,要陈述自己的理由,最终的根据必须是宪法。美国人熟悉宪法,是从小培养的结果,形成了一种宪法文化。这次法官赫德森以违宪为理由判决奥巴马政府强制购买医保不合法,再次体现了美国人的宪法意识。但是,他毕竟不是解释宪法的最高权威,所以,最终的裁决,将由具有宪法最终解释权的最高法院作出。

司法审查制度是美国依法行政的两大保障之一(另一保障是行政程序制度)。纵观美国依法行政的历程,虽然在20世纪30年代,尤其是在罗斯福新政时期,为了摆脱经济危机,不得不设立大量的独立管制机构来推行新政措施,一时间行政权的迅猛扩张,尤其是独立管制机构集三种权力于一身,导致反对呼声越来越强烈,公众认识到通过司法审查和行政程序上限制行政权的重要性,于是在第二次世界大战后,以《纽约时报》诉萨利文案为标志,司法审查对美国行政权力约束从广度和深度上均不断加强。司法审查的逐步加强,反映了美国社会对行政权扩张进行控制的必然要求,也是美国依法行政和建设法治政府的主要途径。

在美国三权分立的建制原则下,虽然行政权力受到立法和司法两方面的限制,但是随着现代社会问题日益复杂,政府的职能范围也在不断扩展。而司法审查虽然旨在同步限制不断扩展的行政权,但从实际效果来看,二者往往是不同步的。司法审查总是超前或者滞后于政府权力的变动,这样一方面会降低司法审查对行政权的控制力度,另一方面可能降低政府的运行效率。因此,从社会发展的整体视角来看,如何在司法审查的边界和力度与政府的运行效率之间寻求一种长期的有效平衡,是美国依法行政和建设法治政府需要面对的重要问题。

第四节　法治政府建设的启示

改革开放之初,我国就已经开始对建设法治政府进行探索。党的十一届三中全会以后,党和国家的基本方针是,加强“法制”建设,强调发展社会主义民主、健全社会主义法制。20世纪90年代,经过理论上的一番争论之后,1996年3月八届人大四次会议的一系列文件包括《国民经济和社会发展

“九五”计划和2010年远景目标纲要》将“依法治国”作为一项根本方针和奋斗目标确立下来；随后党的十五大正式将依法治国提升到“治国方略”的战略高度。“中华人民共和国实行依法治国，建设社会主义法治国家”写进了1999年的宪法修正案，在我国的历史性文献中，第一次正式采用“法治国家”这一概念，并对它的科学内涵做出了重要的丰富与发展。从此“法制建设”的表述改为“法治建设”。虽然仅一字之差，但是这反映了观念上的深刻变化，反映了一种全新的价值体系的确立。2003年8月，十届全国人大常委会第四次会议通过了《行政许可法》，用以规范行政许可权的运用，确立有效的监督和约束机制，强化行政机关的责任。2004年3月，国务院发布《全面推进依法行政实施纲要》，明确提出建设法治政府的奋斗目标。2005年12月，十届全国人大常委会第四十次委员长会议完成了对《行政法规、地方性法规、自治条例和单行条例、经济特区法规备案审查工作程序》的修订，并通过了《司法解释备案审查工作程序》，以进一步建立健全法规和司法解释备案审查制度。2010年11月国务院发布《关于加强法治政府建设的意见》，规定了提高行政机关工作人员特别是领导干部依法行政的意识和能力、加强和改进制度建设、坚持依法科学民主决策、严格规范公正文明执法、全面推进政务公开、强化行政监督和问责、依法化解社会矛盾纠纷等7个方面的任务，以及围绕上述7个方面任务的落实规定具体措施，增强各项措施的针对性和有效性。

在我国如何实现法治的基本道路上，我们既反对“全盘西化”的观点，亦反对“全盘本土化”的观点，“西方国家的法治经历了漫长的演化历程，在此期间，许多制度理念和制度模式经过了试验和检验，能够保留下来的思想资源和制度形态是有其一定合理性和科学性的，从中选取可资借鉴的内容，可以使我们少走弯路，节省摸索和试验的成本。”①依法行政既是现代法治国家所普遍遵循的原则，也是各国据此原则所建立的一整套行政法律制度。综观世界各国的法治历程，大凡法治搞得比较成功的国家，无一不是较好地坚

① 罗豪才：《行政法与公法精要》，辽海出版社1999年版，序言。

持了法治规律与本国国情的创造性结合。我国是一个人治传统很深、经济文化发展水平不高、法治观念较淡薄的国家，要建设法治政府，无疑具有更大的难度，需要更长的期限。我国的依法行政道路应当坚持依法行政的法治规律与我国的具体国情的创造性结合。虽然西方依法行政的共同趋势不能被简单地称为依法行政的法治规律，但它却可以为我们探索法治规律提供佐证，可以对我国依法行政提供诸多启示。

一、以形式法治为基础，以实质法治为导向，坚持形式法治与实质法治的统一

我国是一个具有悠久德治文化传统的国家，我国古代的法律十分强调“实质正义”或实质合理性，其内容完全道德化，故属于典型的“道德法”或“官僚法”范畴。在这种法律体系中，法律与伦理规范及风俗习惯完全混同，伦理责任和法律责任毫无区别地混合为一体，道德劝诫和法律命令没有被形式化地界分清楚，因而导致了一种特殊类型的非形式的法律。很显然，这种法与道德完全混同的“道德法”是与现代法律的理性化、形式化、程序化特质以及现代法治的“工具理性”取向完全悖离的，我国传统法制之所以未能实现现代化，其根本原因也在于此。

有鉴于此，要在我国实现现代法治或宪政，必须对这种重情理轻法理、重道义合理性轻形式合法性的道德法或官僚法传统进行革命性改造，以建构形式正义与实质正义有机统一的社会主义现代法律体系。正是基于对此的明确认知，才提出人民民主法治思想，使“法制的民主化”与“民主的法制化”相辅相成、有机统一，构成一个完整整体。我们必须充分吸收并借鉴西方法治文明成果，创建融形式法治与实质法治为一体的关于社会主义法治的理论体系。

首先，社会主义法治必须体现现代法治“实质正义”与“形式正义”的双重要求。一方面，社会主义法律必须为“良法”，必须体现广大人民的共同意志或根本利益，必须尊重与保护人权，必须体现社会正义，真正成为“人民自

由的圣经”与“人民权利的保障书”。另一方面,社会主义法律不仅应该具有内容的明确性、规范的严谨性、程序的正当性等形式特征,而且应具有至上权威与相对自主性,一切政党、机关、社会团体与个人均应严格遵守宪法与法律,必须在宪法、法律范围内活动,一切违法行为均应追究相应的法律责任。

其次,必须寻求实现“实质正义”与“形式正义”的科学途径。在立法阶段,我们应将实现“实质正义”放在突出位置。通过立法的民主化,在充分表达民意的基础上经过科学的集中,制定出切实体现人民利益或社会公意的“良法”。同时,应兼顾“形式正义”的要求,通过科学化的立法,充分吸收法律专家参与立法,以制订出内容具体明确、体系合理、结构严谨、语言规范的现代法律体系,并真正体现富勒所讲的“内在道德”;而在执法与司法阶段,则应将“形式正义”的实现放在首位,不仅要充分体现罗尔斯所讲之“程序正义”的要求,而且要确保法律自主性的实现,使法律在实体内容、机构、方法与职业四个方面均具有真正的自治性。

最后,在形式法治与实质法治的程序选择方面,由于我国具有悠久的道德法传统,在执法、司法过程中过分强调实质合理性,且在情与法、理与法发生冲突时常常以法服从“情”与“理”而告终。新中国成立至今,我们仍然深受该传统的影响,十分强调或注重执法的“灵活性”与司法的“变通性”,以至法的权威乃至稳定性常常因这种过分的“灵活”与“变通”而消解或丧失。有鉴于此,在形式法治与实质法治的程序选择上,我们应优先选择“形式法治”,只有在形式法治得到充分实现的条件下才能强调“实质法治”。否则,若将顺序颠倒,在现阶段过分强调实质法治,那么,我国的法治建设向官僚法传统的回归将是不可避免的。可见,在我国现阶段,大力加强形式法治建设是我国法治建设的重中之重,此乃解决当代我国法治化进程中人治问题的根本之策,也是防止我国法治向官僚法传统回归的不二法门。

由此可见,我国法治政府建设要以形式法治为基础,以实质法治为导向,坚持形式法治与实质法治的协调和统一。一是行政所依之“法”具有形式合理性,即具有相对稳定性、明确性、公开性、平等性、可诉性、统一性、不溯及既往等属性，这是形式法治的前提条件。当前，我国行政法律尤其应增强其可操作性，并克服法律之间的相互冲突，保证法律体系的协调统一。二是依法办事，严格执法。依法办事，严格执法是形式法治的关键要素，也是我国现阶段行政法治建设最薄弱的环节。在现阶段，不论实质合理性是否充分，都应当对已有的法制给予足够的尊重。因为依法办事有其独立的价值，包含了“最低限度公正”的基本理念。三是张扬程序正义。程序正义是形式法治的基本要素。当前，要把制度建设的着力点放在程序法治上，如要进一步完善行政处罚、行政许可和行政强制等领域的程序制度，并抓紧制定行政程序法典，以使程序制度能够真正发挥促进公权力公开、公正行使的功能。而以实质法治为导向，则主要体现在：我们一方面要坚持法律的至上性，强调法律的效力和权威，另一方面要坚持法律的正当性，力戒行政立法中的部门利益与地方保护主义；一方面要严格行政执法，使法律得以实施，另一方面要反对机械执法，防止执法僵化而偏离法律的目的和宗旨，促进法律实质正义的实现。实质法治体现着法治发展的终极目的和价值，从根本上保障着社会公平正义的实现。我们应以强烈的社会责任感来推进实质法治的进步。如果实质法治严重不足，形式法治的作用也必然十分有限，不可能从根本上充分保障公民权益，实现社会公平正义，也就不可能建设真正意义上的法治政府。

二、规范行政程序，建立公开、透明、有序的政府

现代社会的发展离不开行政权的介入，但行政权的介入必须规范，行政权的运行受行政程序法规范。西方国家为了规范行政权的行使，普遍建立起了以“自然公正”和“正当程序”原则为核心的行政程序制度，从而使行政行为程序化、公开化。我国是一个有着“重实体轻程序”传统的国家，行政程序法治化、公开化的水平较低。1996 年《行政处罚法》的颁布虽是我国行政程序法治化的里程碑，但它的适用范围有限，且程序的公正性尚有待提高。制定统一的行政程序法是我国依法行政的一个必然趋势和客观要求。

正当程序的演进呈现行政化、宪法化和国际化发展趋势，从而与当代人权保障的发展方向和潮流是相一致的，这对我国程序法制建设将会产生重要影响。10多年来我国经济的快速增长、社会利益主体的增多和中产阶层的兴起，使得公民权利观念不断增强，程序正义的观念已经广泛为国人所接受，程序正义的呼声越来越响亮。我国宪法确立的法院独立审判制度为程序正义的实施奠定了坚实的基础，人权保障已经被正式写入我国宪法，成为一项宪法原则，这将使程序正义原则得到进一步的发展。事实上，我国许多重要的法律中已经有关于程序正义内涵的条款。如《刑事诉讼法》、《民事诉讼法》、《行政诉讼法》、《行政处罚法》、《行政复议法》、《国家赔偿法》、《行政许可法》，等等。最近三大诉讼法的修改和行政程序法的起草，已经使人们深刻感受到了程序正义坚实的脚步声。

当前，最紧要的是要做好以下几个方面的事情：首先，要在宪法中明确正当程序的基本法律地位，明确规定"非经正当法律程序，公民人身权利和财产权利不受侵害"。其次，加快行政程序立法，赋予当事人程序抵抗权，充分保障公民权利和防止行政权力滥用。第三，建构符合理性的现代行政程序法律制度，确保行政权力的公开、公正、公平、高效运行，确保行政决定的理性内核，真正实现实体正义和程序正义。这些制度主要包括行政信息公开制度、行政听证制度、行政回避制度、行政程序责任制度等。第四，加强程序正义理念教育，培育包括行政机关工作人员在内的全社会的程序守法精神。

三、坚持权利保护与公益维护的统一

西方法治政府随着社会的发展、时代的变迁，在价值目标上历经了从个人权利至上到个人权利保护与公共利益维护并重的更迭过程。这一点，在西方国家法律与行政关系的演进上足以体现出来。在资本主义自由发展时期，法律与行政的关系体现为"无法律即无行政"，法律的作用和目的在于控制政府权力，防止政府权力对个人权利的侵犯。因而在英国形成"红灯"理论。可见，保护个人权利和自由是这一时期法治政府的价值追求。进入20世纪以来，随着社会问题日益增多，社会关系日趋复杂，法律对行政权力的一味控制难以有效解决社会矛盾，维持社会秩序，在此情形下，法律与行政的关系逐渐有所改变。一方面，法律赋予并尊重行政主体广泛的自由裁量权，英国传统的“红灯”理论受到批判，并产生“绿灯”理论，大陆法系国家实行行政便宜主义，赋予行政主体广泛的活动空间；另一方面，面对着日益扩张的行政权力，西方国家法律又普遍加强了对行政权的控制和监督，创立了新的司法审查原则。法国先后发展了权力滥用理论和均衡原则，德国发展了比例原则，英美国家发展了合理性原则。此外，行政程序地位日益凸显，成为控制自由裁量权滥用的重要途径。法律与行政关系的这一演变表明，现代法治行政不拒绝广泛和合理的行政自由裁量权，以维护社会公共利益，但也不允许行政裁量权的滥用和失控，侵犯个人权利。在个人利益与公共利益的关系上，现代法治政府应坚持私权与公益并重。

我国在个人利益与公共利益的关系上，长期以来强调公共利益优先于个人利益，认为公共利益的实现是为了满足个人利益，而且只有公共利益实现了，个人利益才能得以实现。通俗地讲就是“大河无水小河干，大河有水小河满”。在这种认识基础上，政府作为公共利益的代表，被赋予广泛的行政权力，而且不作过多的限制。当然这也是高度集中的政治经济体制所使然。因而，在我国传统行政法制走向现代行政法治过程中，最主要的任务不是再授予行政主体更多的自由裁量权，而是应构建防范行政裁量权被滥用的原则和制度，以在行政自由裁量权与监督自由裁量权之间寻找平衡，真正实现公共利益与个人利益的兼顾。为此，一是应尽快建立完善的现代行政程序制度来制约行政裁量权的滥用。“程序是看得见的正义”。目前我国行政程序还很不完善，公民参与行政的机会还很少，因此，建立完善的行政程序乃是我们的当务之急。二是加强司法审查的力度。目前我国司法审查的范围和深度还很有限，许多行政自由裁量领域享有司法“豁免权”，司法审查的主要依据是合法性审查，合理性审查极为有限，所以，进一步完善我国司法审查制度以制约自由裁量权亦为紧迫。

四、加强对自由裁量权的司法审查

现代社会问题日益增多,社会关系日趋复杂;为了有效地维护公益,必须赋予行政主体广泛的自由裁量权。英美法系传统上司法权不介入自由裁量权,大陆法系传统上实行行政便宜主义,赋予行政主体广泛的活动空间。但是,不论是英美法系还是大陆法系,在面对行政自由裁量权日益扩张时都采取了相应的对策:加强司法审查——英美国家发展了合理性原则,大陆国家发展了比例原则、权力滥用理论和均衡原则。我国1989年颁布的行政诉讼法规定对滥用行政自由裁量权人民法院可以判决撤销。一部行政法的历史,就是围绕强化自由裁量权与控制自由裁量权两种因素此消彼长或互相结合的历史。扩大自由裁量权是现代依法行政的要求,加强对行政自由裁量权的司法控制更是依法行政的必然趋势。

西方依法行政道路给我们的启示是:依法行政不能实行绝对自由的自由裁量权,亦不能实行绝对规则主义的自由裁量权。司法审查与自由裁量虽应各有其合理空间,但司法审查在自由裁量权日趋扩张的情况下必须加强;否则,行政权力就失去控制,危害无穷。我国依法行政的突出问题之一就是司法审查不到位,自由裁量权失控。我们应在理论上研究司法审查与自由裁量权之间的恰当关系,在立法上规定司法审查与自由裁量权之间的合理空间,在司法上推动司法审查与自由裁量权之间的良性运转。

五、建立完备的救济体系

无救济即无权利;无有效救济即无真实权利。有效救济的标准是:救济类型多样化,救济依据明确化,救济范围扩大化,救济标准合理化,救济实现真实化。西方国家为了推行依法行政,对因行政权违法或不当行使而遭受侵犯的行政相对人提供了有效的权利救济途径,普遍建立了较完备的救济体系——既有司法救济,又有行政救济;既有事前、事中救济,又有事后救济；既有正式程序救济，又有非正式程序救济。而且这些救济形式多能有效地运转，充分发挥了权利保障作用。

我国为了推行依法行政，亦已构架了救济体系，先后制定了《行政诉讼法》、《国家赔偿法》、《行政复议法》等重要法律，创设了司法救济、国家赔偿救济、行政救济和信访救济等救济形式。但我国依法行政起步晚，起点低，各种救济形式尚不够完善，且运行的效果还不能令人满意。西方依法行政道路给我们的启示是：依法行政的发展与完善必然伴随着救济制度的发展与完善，加强对权利的救济是依法行政的根本保障。因此，我国依法行政应进一步完善司法救济，加强行政救济，改进国家赔偿制度，规范信访制度，从而形成完善和谐、相互配套的救济体系。而且救济体系不应停留在规定层面，而应落实到实现层面。有法不依是我国依法行政的一大痼疾。我国的依法行政应从理论走向制度，从制度走向实施。

第五章　善治政府：公民价值旨归下的良好治理

自20世纪90年代以来，作为一种理论与实践的"治理与善治"在国际上异军突起，受到了国际机构、理论界以及各国政界的广泛重视，至今仍然风靡全球。1989年世界银行首次使用"治理危机"(crisis in governance)一词概括当时非洲的情形以来，"治理"便被广泛用于政治发展研究报告当中。比如1992年世界银行就将其年度报告的标题命名为《治理与发展》，之后"治理"一词还出现在经济合作与发展组织、联合国开发署、联合国教科文组织分别发布的名为《促进参与式发展和善治的项目评估》、《人类可持续发展的治理、管理的发展和治理的分工》以及《治理与联合国教科文组织》等报告当中。与此同时，"治理"一词也成为西方学术界，尤其是经济学、政治学和政治社会学、国际政治学等学科热衷探讨的话题，一种新兴的学术理论话语——治理与善治理论得以强势崛起，一时间诸如"公司治理"、"政府治理"、"公民治理"以及"全球治理"等概念在学术界大行其道，相关的研究文献也汗牛充栋。之后，经过国内学者俞可平的引介，治理与善治理论也很快成为国内学界的热门话题。

联合国人权中心曾在《保护人权的善治实践》报告中，这样说道："对于治理如今没有一个统一的定义，也没有适用范围的局限性，善治的诉求具有普世价值。这个词汇的一个优势是其具有较大的弹性，但是在操作层面又难以测量。在多数时候，治理被人视为包含以下几个方面的内容：尊重人权、法治、有效的参与、多成员合作关系、政治多元主义、透明性与责任性的过程与制度、有效率的公共部门、合法性、人们的政治赋权、可持续性与忍让、责任等美德。"①德国经济合作与发展部认为，治理应该涵盖以下几个方

① 联合国人权高级专员办公室网站 http://www2.ohchr.org/english/issues/development/governance/。

面的内容：民主与法治、可持续性政策设计、有效性与透明性、保护人权与国际社区之间的合作。① 治理与善治理论在成为国际机构和理论界的“宠儿”的同时，也得到诸多国家政界的关注。在美国和英国等西方民主国家，治理一词早已成为政客们演讲和政策辩论的响亮词汇了，同样，它也已经进入发展中国家的政策角逐场。部分国家和地区甚至已将该理论付诸实践，世界银行等国际机构就在亚非拉等地区实行了名为“善治”计划的项目，首先将该理论付诸实践。比如，联合国贸易署的善治项目在亚美尼亚、阿塞拜疆、哥伦比亚、萨尔瓦多、格鲁吉亚、危地马拉、洪都拉斯、哈萨克斯坦、尼加拉瓜、巴拿马、巴拉圭、罗马尼亚、俄罗斯、斯洛伐克和乌兹别克斯坦等国家实施，致力于实现这些国家的透明政府建设。在2010年10月，国际贸易署与美洲投资公司一道在巴巴多斯、牙买加、特立尼达和多巴哥等地开展为期两周的商业道德培训项目。② 随后，以克林顿、布莱尔、施罗德等人为代表的“第三条道路”或“新中派”明确地把“少一些统治，多一些治理”作为本国改革和发展的口号，德国前总理施罗德就明确提出要实行“新治理”。根据治理与善治理念，诸多国家政府纷纷实行了一系列的改革实践，力图通过打造一个“善治政府”③，以实现本国内部事务的“善治”。

第一节 善治政府的走向与前进

在世界各国的政府管理实践面临发展困境之际，治理与善治理念犹如一缕怡人的春风为各国政府的管理实践发展带来了新气息。作为一种全新的话语体系，“治理”不仅仅深刻地改变着政府的管理与实践，也对于其他领域的实践过程产生重大的积极影响。“善治标准不仅仅成为公共部门与私

① 德国经济合作与发展部官方网站 http://www.bmz.de/en/index.html。

② 国际贸易署网站中善治项目介绍，http://trade.gov/goodgovernance/。

③ 需要说明的是，尽管国外相关实践中并没有发现哪国政府明确提出以“善治政府”这一词汇为改革目标或口号，但仍有不少国家政府的改革实践是在治理与善治理念的指引下进行的。因此，我们将“善治政府”一词统称为这些国家政府改革实践的目标。

人部门的标准，而且对于志愿部门与第三部门来说也同样适用”。[①] 如今，迈过了20多年发展历程的善治治理理念与实践为我们未来的实践提供了充分的经验蓝本，本节将对善治治理理念和实践的最新发展趋势作一概述。

一、公民社会不断赋权

根植于西方社会的“公民社会”，伴随着经济政治与文化的发展而不断得以演进与前行，有的学者认为公民社会意义甚为广阔，既可以视为一种规范的政治哲学概念，也可以看做政治性的口号；既可以被用来描述公民参与政治生活的程度，也可以是一种社会结构的表达。对于公民社会的热爱从不缺乏，从波兰工会反抗国家的集权体制，到英国公民对于个人权利的热切追逐，这一切似乎都映射着公民社会的影子。进入20世纪90年代以来，尤其是在全球公民社会兴起的浪潮下，东欧国家政府的解体吹响了公民社会发展的“集结号”，更多的公民对于公民社会的壮大崛起报以较高的期待，公民权利的渴望与国家权力的制约都促使更多的公民自愿参与到公民社会的建设中来。同时，许多国家政府也开始大胆借鉴西方经验，极力推进公民社会实践在本国的发展。有的学者认为公民社会其实并未彻底离开我们，他们将这次声势浩大的公民社会运动称之为公民社会的复兴，尘封之下的公民社会理念迅速崛起，搭载着无数公民的热情与希望扬帆起航。自此，公民社会概念在世界范围内得到广泛的认可与使用，同时，社团组织和民间的公共领域也被认为是公民社会最重要的两个主体。[②]

在政府管理理论研究中，霍布斯最早看出了国家的恶，试图通过契约精神限制政府的恶。自此之后，如何限制政府，从而保障政府永远朝着共同的善的方向发展成为政治哲学家们一直思索的话题。三权分立制度、宪治与法治等理念都是解决这一议题的方法与趋势。不可否认，这些制度化的措

① 英国慈善事务署官方网站，http://www.charity-commission.gov.uk/Charity_requirements_guidance/Charity_governance/Good_governance/governancecode.aspx。

② 何增科主编《公民社会与第三部门》，社会科学文献出版社2000年版，第58-129页。

施在一定程度上遏制了政府的恶。然而，作为公共资源的分配者，政府却极力避免手中权力的削减。纵观人类历史的发展，政府的每一次向公民社会的权力施舍都包含着血与泪。后来，公民社会与政府的关系已然成为政府管理永远无法逃避与摆脱的问题。依据国家与社会关系的研究，有的学者提出了“国家与社会关系”研究范式，一种主张认为“社会先于国家”，社会可以无须国家干预而实现独立发展；另一种主张认为，鉴于组成社会的个体的特殊性，需要国家对于公共利益进行指引。两种不同的观点一直影响着国家与社会关系的演进与发展，也正是基于不同的哲学判断与哲学基础，不同的政府管理实践也呈现出多样的发展态势。

在善治政府的理论构建与实践发展过程中，公民社会同样扮演着重要的角色。从善治与治理理念的提出到善治政府理论与实践的发展都与公民社会有着千丝万缕的联系。我国学者俞可平将治理兴起的直接原因归结为：“西方的政治学家和管理学家之所以提出治理概念，主张用治理替代统治，是他们在社会资源的配置中既看到了市场的失效，又看到了国家的失效。”①纵使学者们解释善治政府提出的原因多种多样，但是市场失灵与政府失灵是最为流行的解释方式，社会的复杂性与多样性已经使得传统的政府主导抑或市场主导的逻辑方式难以适应现实实践的发展，迫切需要一种新的政府管理方式从而实现有效的管理与持续性的社会发展，而借助于社会力量将是政府管理与创新的必然性、明智性选择。从善治政府的概念分析来看，善治的评价标准包含参与性，参与性是善治理念的重要原则之一，参与在一定程度上可以促进善治理念其他原则的实现，比如，公民参与可以促进政府廉洁、公正的回应公民的需求，也可以增强政府的合法性。总之，参与性是善治理念的重要组成部分，而且也深刻的影响善治政府的质量与发展。

善治从根本上来说就是要实现公共利益的最大化，而要实现公共利益的最大化，公民社会与国家一道参与公共事务的治理将是题中之义。从国

① 俞可平主编《治理与善治》，社会科学文献出版社 2000 年版，第 6－7 页。

家与社会关系的发展历程中,我们可以深刻地感知到公民社会与政府之间总是呈现出一种彼此缠绕的复杂关系,对于这种关系的描述,我们经常用强大与弱小、此消彼长、合作等来概括。通过对西方国家公民社会与政府管理的关系考察,西方国家的公民社会近几年来逐步呈现出一种繁荣的向上发展趋势,公民结社与公民赋权行为甚为明显,政府与公民社会的合作或者伙伴关系也成为政府管理的一个亮点。比如,英国在 2005 年为了更好地实现政府与公民社会的合作,政府特意制定了《合作协议补充规定》(Compact Plus),以此来加速政府与社会组织的合作。在美国、德国、法国等国家,政府也纷纷出台各种各样的政策,大力扶植志愿组织的发展,并通过扩大服务准入等措施进一步拓展志愿组织的生存与发展空间,使得志愿组织能够活跃在公共福利供给、公共教育、公共基础建设与公共卫生事业等领域。美国非政府组织得到新一轮的发展,数量从 1995 年的 110 万个增加到 2005 年的 140 万个,非政府组织的总资产从 1995 年的 1.5 亿美元增长到 2005 年的 3.4 万亿美元,并且在美国所有工作岗位中有 10% 在非营利界。[①] 此外,非政府组织为美国经济提供了 10% 的就业机会。除了政府的政策支持之外,西方国家还投入大量资金协助社会组织进行投资规划、招募成员与培训成员等。正是由于政府的政策与资金的支持,如今在西方国家中,许多来自民间的社会组织与社会力量不断扩大,他们充分发挥民间社会组织的天然优势,担当起政府与公民的交流纽带与政府管理的减压阀,一方面向政府传递公民的需要;另一方面又作为政府政策的宣传者,使社会矛盾得以缓解。

二、政府服务意识增强

曾经支配了整个 20 世纪漫长时期的等级制官僚制组织形式,如今正转变为公共管理的弹性的、以市场和社会为基础的形式。这不仅是一种形式上的变革或管理风格的变化,而且也是政府的社会角色以及政府与公民关

① 梅儒瑞:《美国政府和 NGO 界的关系》,载 http://view.news.qq.com/a/20110308/000046.htm。

系上的改革。因此，政府与公民的关系也是政府管理过程中，急需要理清的重要关系。代议制政府作为民主实践的阶段性产物，其运作模式与制度规范在长期内并未得到根本性的改变。虽然，诸多政治哲学家对于古希腊罗马时期的直接民主景象怀念不已，并将那种遥远而纯真的梦想作为人类民主发展的最终典范，在他们眼中，民主的发展将是一个循环的过程，终点即是起点，起点也就是终点，现阶段的间接民主必将会逐步被直接民主所替代，然而，直接民主过后可能仍会产生新一轮的间接民主潮流。然而，如今的科技发展、国际形势、民族国家的界限与自然条件等因素已经截然不同于以前，昔日美好的城邦民主场景是否能够重现仍需时日考证。而直接民主与间接民主，孰优孰劣也注定将成为政治哲学家们永不停止的探讨议题。抛开这一议题暂且不论，如果将政府管理看做一个统一的发展整体，对于政府的角色与功能定位研究如今已经成为现代公共管理与公共行政领域的流行趋势。在传统的政府管理时期，政府作为一个"庞然大物"凌驾于社会之上，将社会资源的管理权牢牢掌控在自己手中，往往无视公民群体的存在，并通过政治的、行政的、法律的与经济的手段深刻影响公民生活的各个方面，"统治"理念成为政府的主导管理思想。后来，"政府失败说"对于政府高度集中的权威体制产生冲击，政府的运作效率等问题成为众矢之的，政府管理面临空前危机。政府管理如何走下去，成为政治官员需要面对的首要问题。奥斯本与盖布勒提出重塑政府的理念，将"企业家政府"的理念引入政府管理：政府是管理者，效率、企业化与市场化将为政府带来活力，带来发展。但是，管理者的政府角色并未长期占据政府管理实践的主流话语，社会问题的凸显对于社会公平、正义等价值观提出了更高的要求，服务型政府为社会价值的实现提供了新的理论指导与基础。

善治政府的建设理念也与政府的服务意识密切相关。善治政府强调政府的责任、回应性与透明性，这些华丽原则的实现如果没有强烈的服务意识的政府人员的实施，一切都将无从谈起。从理论假设方面不难发现，善治政府的实现离不开政府服务意识的增强。在实践中，西方国家的善治政府建设也的确呈现出政府服务意识逐渐增强的趋势。

三、政府的回应性增强

1986 年，贝克的《风险社会》一书在德国出版。一时间，风险社会迅速成为当代社会的流行用语。20 多年来，风险社会理论的影响力与日俱增，任何国家的政府管理都不可忽视风险社会这一既定社会命题。时下人们已经形成了一种共识，风险社会恰当地表述了人类所处的历史时代，为深刻认识当代社会发展提供了独特的视角。在贝克看来，在已经到来的风险社会中，不可预知成为社会发展的主宰力量。伴随着确定性的工业社会越发的离我们远去，后工业社会中不可预知的风险逐步蔓延至社会的不同领域。对于后工业社会时期的民主政治来说，如果政府依靠强制力来限制风险的概率，那么根本的民主原则势必受到重创；而如果政府倡导民主的原则来抵御风险的危害，那么社会对抗风险的整体能力将难以有效保障。这种两难的选择将是风险社会中政府管理的核心课题之一。同时，“技术进步与社会进步统一发展”的认识也将被重新解读，人们对于技术-经济发展的固有模式开始产生质疑。在不断地反思过程中，人类的新的政治社会信仰会对未来的社会民主发展产生怎样的影响呢？贝克曾给出三种不同的选择：技术-经济发展的民主化、重新回归工业社会以及政治分化。也许贝克的风险社会理论对人类未来的发展持悲观的态度，也许他真的是预言家，会对未来社会的政治民主化做出准确的估计。对于风险社会理论的探讨与解释总是在随着社会经济的发展而不断推进，不同的政治实践与政治哲学流派都会给予风险社会以新的诠释。有些人认为风险社会更像是发达国家的一种“现代化焦虑症”，其理论适应性仍需深入探究。诚然，不同国家的现代化程度有着较大区别，但是如果仅以现代化的发展程度而忽视风险社会的理论价值，而否认风险社会的现实存在，那是不明智的。尤其是在国家的政府治理层面，风险社会理论给予的启示与警示不容漠视：政府管理所面临的社会场景已经发生转变，传统的固化式的政府治理模式已经难以胜任多变、复杂的公共事务需求，必须因应变革。

面临着高度分化、复杂性与不确定性的风险社会，政府管理如何有效应对，如何化解日趋严峻的社会公共事务，善治政府理念也提供了一份满意的答案。善治政府对于政府的回应性提出较高要求，回应性长期以来被视为民主代议制的核心。长久以来，政府的回应性强弱一直受到公众的关注，公民也认为良好的政府管理应该对于回应性给予较多的关注。罗纳德·克林格勒认为，所谓政治回应就是政府能够积极地反应并回答通过民选官员表达出来的公民意志。① 依据风险社会理论，政府回应性的重要性越发凸显。在西方国家迈向善治的实践过程中，政府大多根据社会发展的情景不断调整回应性的策略，其回应性呈现出不断增强的迹象。

在西方国家逐步从工业社会走向信息社会的过程中，传统的政府管理体制难以适应现代社会公共管理的要求，美国政府杰出成就理事会曾对美国民众与政府的关系进行过深入的调查，调查结果显示多数的美国公民都认为联邦政府与州政府是社会问题的制造者而不是问题的解决者，而且调查发现公民对于政府管理者存在严重的不信任感。至于公民不信任政府的原因，该调查也做出了分析，其中政府漠视公民的要求是影响政府信任度的关键因素。除了美国之外，英国也有一大部分公民质疑各级政府与地方议会在为公共利益服务，其他的国家，比如，挪威、瑞典、荷兰、日本、意大利等国，公民对政府普遍存在着信任危机。每个国家造成这种信任危机的原因可能有所差异，但是政府对公众需求的回应性将是一个至关重要的因素，政府回应性的强弱也直接影响公民对于政府的信任度，而公民对于政府的信任危机长远来看也将深刻地影响政府的合法性基础，如果政府管理不能有足够的能力解决政府回应性问题，政府的执政地位将受到严重挑战。

第二节　新西兰善治：奥克兰市社区治理行动计划

在善治治理理论研究中，学者们对地方政府的角色与社区治理青睐有

① ［美］罗纳德·克林格勒、约翰·纳尔班迪：《公共部门人力资源管理：系统与战略》，孙柏瑛等译，中国人民大学出版社2001年版，第7页。

加。社区治理在20世纪80年代末被学者们提出，在传统的治理语境下，地方与社区通常被人视为一种传统的部门，其服务中的依赖性远远强于其服务的创新性。然而，公共部门改革的逐步推进、全球化趋势的越发明显与公民的要求与日俱增等都使得地方政府与社区需要独立自主地承担复杂公共事务的治理。鉴于西方发达国家的政治文化传统，社区自治在西方国家具有较为悠久的发展历史，在社区自治的实践方面，西方国家也同样积累了较多宝贵的经验。本节选取新西兰奥克兰市的社区治理作为研究个案。

一、奥克兰市社区治理行动计划概述

1999年12月，桑德拉被任命为新西兰地方政府部长，他对1974年《地方政府条例》进行了彻底修正，并致力于对过去20多年间的社会议题提出一个解决方案。绿党的领导者之一珍妮特被任命为该条例执行委员会的主席。1974年的地方政府条例中既包括20世纪五六十年代的许多社会发展方案，也包括20世纪90年代的责任与金融条例等。2002年，新西兰政府为了进一步澄清地方政府的责任，促进地方政府更好地实现社区治理，颁布了《地方政府条例》，进一步将地方政府的权力扩大，试图通过地方政府与社区来创造一个合作型、公民为中心的治理体系。依据该条例，奥克兰市制定出《奥克兰市议会地方政府宣言》，该宣言对地方政府参与社区事务的方式进行总结，为政府参与社区决策与公民影响决策提出了相应的措施。该宣言将政府部门定位为：给予社区以充分的政策制定权，建设一个强大的社区系统。在政府规划中，对于强大社区的主要构成要素进行归纳：(1)社区领导权；(2)有意义的参与；(3)合作的行为；(4)资源的可接触性；(5)社区归属感。

地方政府条例中对于社区治理的规定也涵盖多个方面：①

首先，奥克兰市社区治理计划中对于政府的功能、责任与活动进行了较

① 资料来源：奥克兰市议会官方网站，http://www.aucklandcity.govt.nz/council/documents/handbook/default.asp。

为细致、详尽的界定。奥克兰市议会的主要目的是能够促进实现民主的地方决策过程，从而实现奥克兰市经济、环境与文化等方面短期与长期的发展。奥克兰市议会的关键角色主要体现在以下几方面：(1)代表权与代表社区的政策制定权，政府与议会广泛代表社区居民的利益，他们在社区政策的制定与执行中必须考虑公民的意愿与利益，议会乃至社区委员会只是公民选取的代表而已。(2)平衡个人欲望、公共利益与长期可持续发展之间的关系。历史上，个人意愿与公共意愿、个人利益与公共利益总是成为人类迈向更高层级发展的变量。纵观政府管理的范式革新，无不将遏制个人欲望，将个人的恶减至最低程度作为政府的一项重要职能。社区治理过程中，公民的积极参与趋势难以抵挡，“多数人的暴政”仍如至理名言时刻警示着政府的治理实践，因此，社区治理中平衡个人欲望与公众利益的关系，从而保证人类社会的可持续发展将是政府之所以存在的主要使命。(3)通过合作、契约与直接提供等形式为社区提供公共服务。社区作为公民赖以生存与发展的主要场所，公共服务对于维系社区居民的发展作用甚为根本，良好的公共服务也注定是社区治理中政府的核心任务。如何实现令公民满意的公共服务是社区治理亟待解决的首要任务。在时下的社会福利中，个性化的福利需求愈发明显，传统的大一统的福利层级与福利提供已经难以胜任多样化的现实需求。社区中的公共服务应随之进行更新换代，与其他部门的合作、通过外包与建立契约等形式都是政府提供公共服务的新手段。

其次，奥克兰市社区治理行动计划中对于社区治理的原则进行了论证分析。为了实现更加令人满意的社区治理，社区治理过程应该始终贯穿以下原则：(1)可持续发展原则：社区现在的发展不应该对未来的社区发展造成威胁，该项原则贯穿于社区、社会、经济与城市发展的各个环节；(2)风险存在原则：社区发展与治理过程中将会无可避免地伴随着实验与创造，社区管理过程中必然存在着风险与失败，因此社区治理过程中的失败与风险应该得到各方的谅解与认识；(3)发展信任关系原则：在社区治理中，政府的每一项政策的顺利产生与执行都离不开信任关系的支撑，所以在社区管理中应该寻找机会促进政府与公民之间建立信任关系；(4)给予成功以时间的原则:既然认识到社区治理与建设中将存在着风险与失败的可能,而且成功的政策制定与执行也需要信任关系的支撑,而信任关系的建立与发展尚需时日,因此,在社区管理与治理中应该给予成功以充足的时间等待;(5)包容性原则:社区治理与建设中应该保证每一位公民都有机会参与社区事务的管理,保证每一个公民能够为社区的建设与发展作出贡献。

再次,奥克兰市社区治理行动计划对于社区治理模型进行详细的勾画。在该行动计划中,社区治理模式主要涵盖三个方面的内容:社区领导权、社区授权与社区所有权,这三个不同的方面构成了社区治理基础。下面对于这三个不同方面进行分析,从而可以对于奥克兰市社区治理的运行模式与理论规划有些认识。

社区领导权作为奥克兰市社区治理模型的第一个主要方面,其将共同的远景与理解、社区参与、共同合作性的行为、社区倡导四种价值诉求作为社区领导权所致力于实现的终极价值。然而,宏大的价值实现难以摆脱战略与策略的支持,为了实现社区领导权的基本目标,奥克兰市社区治理计划中也同样给予建议:首先,社区治理要寻求方法,最大化地体现代表性。在社区治理过程中,应该通过各种手段保证不同区域、不同群体的利益被包含在决策过程之中。其次,社区治理中要保证社区委员会成员能够为社区中的普通公民所接触。社区委员会成员不应该高高在上,脱离普通公民的视线,应该随时察觉公民的需求,并对公民的不同愿望与诉求有充分的估计。再次,社区治理应该能够最大限度地使普通的社区公民能够参与到社区的决策制定过程以及其他活动过程中来。社区的决策方式应该简单易行,从而可以使普通的社会公民有机会、有能力参与其中。最后,社区治理也有责任创造一种公共争论、讨论与协商的平台,更多的公民可以通过这种平台对公共议题进行协商;同时,要善于发掘与尝试不同形式的民主参与形式,从而创造性地方便更多的社区公民有效地参与社区事务管理与社区决策过程。

社区授权也成为奥克兰市社区治理行动计划中的一个核心议题。在奥克兰市社区治理模型中社区授权主要包含资源的可接触性、权力分享、决策的分权等三方面内容。同时，为了实现社区授权的以上三方面价值诉求，奥克兰市社区治理规划中也提出一些必要的战略与策略：第一，改变传统的决策模式，要将决策制定权下放，下放到尽可能低的层次，或者是最为合适的层级，从而保证决策权的可及性；第二，支持志愿者与志愿服务的发展，将公民的志愿精神培育与志愿意识的增强作为社区治理的一个重要方面；第三，确保社区普通公民能够接触到议会与社区委员会成员的活动信息，要实现信息透明与公开，从而使普通社会公民能够了解议会与社区委员会成员在经济、社会议题方面的意见与发挥的作用等；第四，给予社区群体以必要的帮助，协助社区群体特定的需求得以实现；第五，建立一个富有回应性的顾问机构，能够对公民的需要及时给予回复与回应。

社区所有权同样在奥克兰市社区治理模型中得到关注。归属感、被呵护感与多样性被视作社区所有权的根本。为了实现这三种根本性的价值，奥克兰市社区治理规划也提出对应性的策略：第一，社区治理过程中要充分保护多样性的繁荣，允许多种意见的存在，允许多种组织创新性的合作等；第二，帮助社区公民树立一种社区自豪感与归属感，培育公民对于社区的热爱与尊重，提高公民贡献社区、奉献社区的热情；第三，将社区作为社区问题与社区议题解决的主要场所，充分发挥社区在解决其自身问题中的主导作用。其他组织与部门应该给予社区自治以足够的支持，并且不能过于干预社区对于公共事务的管理；第四，发展与社区中其他部门、其他少数群体之间的伙伴型关系，在社区公共事务的治理与公共福利的提供等方面都形成一种合作的治理局面，而不是将所有的治理权限都集中于政府或者社区委员会；第五，采取措施实现议会成员与政治家对于社区中的多样性有充分的认识与估计，从而促使议会的政策制定与执行都能将社区中的多样性充分考虑在内，而不至于产生政策中的代表性失衡问题。

奥克兰市社区治理行动计划的制定与实施是新西兰政府建设强大国家、发展强大社区、实现善治政府的一个重要组成部分，社区治理成为建设强大国家与善治政府的基础，成为政府善治的重要演练场。

二、新西兰善治政府建设的分析与展望

西方发达国家的社区治理实践经历过漫长的发展阶段,受制于不同的经济实力、政治体制与文化发展等因素,社区治理实践在西方国家也呈现出百花齐放的态势。全球发展研究中心提出公民治理型的社区应该具有以下几个方面的特征:(1)可接触性;(2)责任性;(3)包容性;(4)代表性;(5)广泛性;(6)效能。[①] 纵观西方国家的社区治理实践,社区治理主要具有三种模式:第一,社区自治型:社区实行高度自治,社区组织行使社区管理的职能,社区自治机构由市长、市议会、区长、社区委员会、社区顾问团等组成,这类较为典型的国家是美国、新西兰等。第二,政府主导型:这类社区治理的主要特点是政府全面参与社区的管理并通过较强的控制来主导社区的运作。社区管理一般都由居民顾问委员会、社区中心管理委员会和居民委员会几部分组成,新加坡是这类社区治理模式的主要倡导者。第三,合作型社区组织管理模式:在该类社区治理模式中,政府间接管理与社区半自治相结合是最主要的特征,这类社区治理模式以日本和北欧国家为代表。三种不同的社区治理模式都有各自不同的时代背景与发展脉络。归结起来,新西兰奥克兰市的社区治理主要具有以下几个方面的特点:

首先,公开、透明与合作性的社区治理模式。在奥克兰市有部专门的服务电话,服务电话是公开的,24 小时有人接听,市议员和社区委员的住址、电话、电邮等联系方式都可以通过政府网站和这个服务电话查询到。当市政议会和社区委员会召开日常或者临时会议讨论事情时,都会把会议的时间、地点、内容、涉及的群体提前一个月甚至三个月就公布出来——在网络、媒体和公众比较集中的地方,而公众的出席会议和旁听都保证了决策的公开和透明。通过社区治理的这些措施,社区的社会资本得到提升,而且促进了公民与政府的良性互动。同时,社区治理中对于其他社会组织的积极性充

① 全球发展研究中心网站,http://www.gdrc.org/u-gov/ugov-community.html。

分重视。比如，在社区公共服务的提供过程中，奥克兰的社区治理大胆将私人部门引入社区的公共服务提供过程之中，通过外包等方式将政府的部分社会管理职能让渡于社会组织与公民的志愿服务，尝试将社区公民的志愿服务行为纳入到公共福利的提供中。政府大力倡导社区养老模式，通过发动公民的志愿服务与社会组织的协助，从而实现社区居民的养老服务就地解决。

其次，社区治理过程中注重公民参与精神与公民能力的培养。为了培养积极参与的公民精神，奥克兰政府采取各种措施来实现公民的参与。比如，在社区建设与规划过程中，地方政府试图将公民与规划专家的合作规划作为社区建设的一个重要标准，创新性地运用一种技巧来实现两者的合作。刚开始，社区居民通过几天的常识学习，对需要建设的社区的地理、文化与经济条件有所了解。之后，公民就根据自己的想法对于未来社区的建设进行个人的规划与设计。考虑公民专业素养的实际情况，政府允许公民用特殊的符号与标志来代替专业性的用语与词汇，多数公民就按照自己的意愿与想法用自己双手勾勒出来。几天之后，公民与建设专家一起探讨不同的建设方案，公民与专家在不断的讨论中最后取得共识。同时，从市政府3年一度的投票选举市长、社区委员，到社区发展的十年计划、年度计划与平时的决策等，社区居民都有权参与其中，而且可以递交建议与报告。

最后，充分授权与决策的制定和执行、监督分开。由于新西兰地方政府的自治传统与自治实践由来已久，在该轮社区治理行动过程中，新西兰政府通过进一步明确地方政府与社区的责任与任务，从而对于社区的公民自治实践给予更为充足的发展空间与制度支持。对社区层面治理来说，社区的公共服务、教育、医疗与建设等功能都给予社区充分的决策权。同时，政策制定、执行与监督的分离也是奥克兰市社区治理的一个重要特点。议会是主要的政策制定部门，而执行团队则负责决策的执行，议员对执行团队的政策执行进行绩效评估，从而决定执行团队的薪酬。对于政策制定与执行的监督来说，公众选举产生的社区委员往往被邀请直接参与，而社区公众可以自愿性地随时旁听，从而防止和减少了产生腐败的可能性。

通过对奥克兰市的社区治理行动的总结与分析，我们对西方国家的地方治理实践有所了解。地方社区治理与公民自治将是未来社会治理发展的新模式与新愿景，政府一元主导治理的形式将逐步为多中心的、网络化的社会模式与发展态势所替代。新西兰奥克兰市的社区管理与自治模式为中国深入发展社区治理提供了大量可供参照的规则与方法，也为中国政府管理的具体操作提供了可以借鉴的事实依据。社区作为公民生活与社会实践的主要场所，公民的能力培养、政治文化塑造等方面都深深根植于社区的管理之中，福克斯在其21世纪的社区治理中，对于社区治理的未来发展报以极高的热情，他敏锐地察觉到未来的社会治理将是一种公民治理，社区治理作为实践与实现公民治理的主要场所必将承载着公民治理实现与进步的使命。在新西兰奥克兰市的社区治理实践发展历程之中，公民对社区发自内心的由衷的热爱深深地滋润着公民追求自由、平等与梦想的信念，那种渴望参与政治生活的人类本能在地方政府的管理实践中得到成功的引导，转化为一种难以遏制的积极力量，为人类社会的持续发展保驾护航。

第三节　德国善治：利用舆论媒体遏制政府腐败

在传统的行政、立法与司法权力互相制约与协同发展的时代发展轨迹下，新闻媒体长驱直入政治领域从而根本改变了传统三权的运作模式与发展态势，为僵化的三权分立与制衡运作带来了些许公民气息。有人称媒体为“第四权”，新闻媒体监督权根源于民间，将普通公民对于政府的监督通过媒体这一特殊工具延伸至公共领域，公众的权力赋予媒体以特定的权力，使其成为并列于行政、立法、司法的第四权。在西方国家的政府管理过程中，媒体，这个备受关注与争论的角色已经成为公民社会发展程度的一个重要衡量器，在西方发达国家，新闻媒体更被视为塑造透明、责任与公平政府的、不可或缺的力量。随着人类逐步迈入信息时代，媒体扮演着越来越重要的角色。在西方国家的善治政府建设中，媒体也义不容辞地承担起人类赋予其的历史职责与光荣使命，在公共权力面临非法侵入，在公共利益受到莫名侵害之时，媒体这个新时代的监督卫士为了捍卫正义、幸福与尊严而大胆地向黑暗、腐败与贪婪提出挑战。媒体监督，尽管它年轻，但是它的强势已经让无数的官员闻风丧胆；尽管它饱受争议，但是无数的公民更愿相信它，运用它。西方国家的媒体系统都具有不同的特点，由于媒体系统在不同的国家属于不同的所有制，因此媒体与政府的关系也呈现出多样化的发展趋势。由于西方国家的媒体自由观念较为强盛，而且媒体的话语权并非完全为政府所掌握，媒体在西方国家的政府管理方面发挥着异常重要的作用，媒体与政府也在不断的博弈之中寻找一个平衡点。

德国新闻媒体的言论自由世界闻名，新闻媒体在某些事件中居然占据主导的地位，对于政府官员的腐败与贪污行为不依不饶，而最终彰显了新闻媒体的强势威力。

一、德国利用舆论媒体遏制政府腐败

在德国，舆论媒体并不掌握在政府手中，众多的舆论媒体大都是独资或者合资的股份制企业，他们都以赢利为目的，依法享有高度自由，媒体可以报道政府、政党内部的信息，只要报道的内容正当、合法，不泄露国家机密，新闻的消息来源便受到国家的法律保护，任何其他个人或者组织无权对信息的来源进行调查；同时，如果新闻报道与事实不符合，一般情况下也并不追究法律责任。德国媒体为了获取一手的资料与信息，他们在各个政府部门中都安排自己的耳目。

德国前总理施罗德乘飞机前往西班牙，在随行过程中带上了自己的夫人。然而，这件小事却被媒体揭露并曝光。为了弥补自己的过错，施罗德为夫人补上了3700欧元的费用。在以后的出国访问过程中，施罗德都只能以国家总统的身份自己独自一人乘坐宽大的公务飞机，而其夫人只能乘坐非常一般的客机随行。德国总理默克尔也同样对媒体的监督习以为常，有一次她宴请德国的企业家们，媒体对于总理的宴请行为极为关注，总理是否动用公款请客吃饭成为媒体探究的主要议题。默克尔在看到媒体对自己的宴请行为产生质疑之后，慌忙展示出自己的票据，并迅速澄清自己的宴请行为是个人行为，经费属于自掏腰包，媒体见到总理的宴请票据之后，才将此事搁置。

媒体的监督作用不仅仅停留在对于总理、国家元首的监督上，对于其他的公共权力掌握者都具有强大的威慑力。德国前任中央银行的行长前往奥地利度假，在度假时，旅馆的老板见到中央银行行长当然是十分欣喜，热情的旅馆老板免费让这位行长住宿两个晚上。行长也是欣然应允，谁料此事却在媒体曝光之后，被当做一件国家的大型政治丑闻受到德国民众的关注，面对公众的谴责与不满，该行长被迫辞职。类似的遭遇也同样发生在德国前经济部长莫勒曼身上。其小舅子做建材方面的生意，极力想让莫勒曼帮忙宣传一下他的企业。其实在德国，官员为企业家做宣传并不属于违法行为，可是因为莫勒曼将个人的宣传信息写在了一张经济部的信笺上，这个细节招来了新闻媒体的质疑，媒体仅仅围绕着这一张信笺而进行报道，媒体怀疑经济部长占用公家的信纸，同时还利用经济部的威名为自家亲戚做宣传。面对媒体的指责，这位经济部长也只能辞职了事。

豪斯特·科勒总统的辞职，也昭示出德国媒体监督的力量。2005 年 11 月 11 日，胡锦涛主席去该国访问时，科勒以德国总统的身份明确地告诉他，没有国家不需要人民自由发挥的创造力，追求自由与尊严是普世价值。然而，时隔将近 5 年之后，国家的人民言论自由却给这位总统带来了从未想到的打击。2010 年 5 月 22 日，德国前总统豪斯特·科勒在访问阿富汗之后对媒体说，为保障我们的利益，例如为保障贸易道路的畅通，军事行动是必要的。一开始，这话并没有引起公众的注意。只是一位 20 岁的图宾根大学的学生施艾伯勒觉得这有违宪法。因为德国宪法中规定国防军的责任是保卫国家安全以及参与国际军事行动，并非出于保卫国家经济利益。于是他在自己的博客里把这个问题提出来。5 天后，德国各大媒体猛烈抨击这一为利益开战的言论，在媒体的急剧炒作与议论之下，公众也纷纷通过网络、电视等媒体表达自己的看法，对于总统的言论进行批评；10 天后，科勒在柏林总统府召开临时新闻发布会，并正式宣布辞职。

二、德国善治政府建设的分析与展望

除了德国之外，其他西方发达国家的媒体监督力量也十分强大。以美国为例，早在20世纪60年代，美国媒体的记者就在电视屏幕上真实地再现了越南战争的场景，并将反战运动与民权运动的烈火引向全国。1972年的《华盛顿邮报》对于尼克松水门事件的揭露是美国媒体监督政治的一个重要事件，美国新闻界也赋予水门事件中的新闻监督以里程碑的意义。1998年1月，美国主流媒体对克林顿性丑闻的刨根问底也使美国的政坛产生较大的震荡。正如《华盛顿邮报》所说，（新闻媒体）两年之久的持续性调查报道，最终改写了美国历史。2010年5月，美国总统奥巴马签署了《丹尼尔·玻尔新闻出版自由法案》，使其成为法律，奥巴马声称，“这个法律以庄严的方式，使我们明确地站在新闻自由这一边”。① 在西方国家的善治政府建设中，新闻媒体的强势登陆为公民社会的复兴带来了诸多欣喜与希望。

2010年，世界银行机构曾在乌干达国家发起一项增强透明性与减少政府腐败的项目，该项目在执行过程中将公民参与监督项目的执行作为一个重要的方面。② 毋庸置疑，腐败对于善治政府建设带来的负面效果难以估计，腐败不仅仅伴随着公共财政的流失与公共权力的滥用，公民对于政府的信任与社会资本的减少将是更为致命的打击。当下，各国政府都已经行动起来从正式制度与非正式制度层面去消解腐败现象对于社会良性发展的影响。在德国，新闻媒体对于政府的监督在抵制政府官员的腐败行为方面发挥重要的正面作用，政府官员已经从内心认识到社会媒体监督的力量能够影响官员个人的政治命运。当一种力量大得足以影响个人的政治前途与发展命运之时，这种力量的威慑力已经足够影响到人们的行为。当这种外在的媒体监督成为一种非正式的制度规范之时，媒体监督的影响力也将深深

① 崔向生：《奥巴马签署新闻自由法，美国要抢占道德制高点》，载 http://www.chinaelections.org/NewsInfo.asp? NewsID = 177633。

② 世界银行机构官方网站，http://wbi.worldbank.org/wbi/stories/monitoring - contracts - increase - transparency - and - reduce - corruption。

融入社会之中,成为公职人员行为一种无形羁绊。在德国善治政府的建设历程中,其新闻媒体监督主要具有以下几个方面的特点:

首先,言论自由的个人主义传统是保证公民敢于监督政府行为的基础。“在德国,新闻媒体的自由是每个人的权利,而且受到宪法保护”。[①] 言论自由一直成为西方社会值得标榜与骄傲的幸事之一。从传统的政治学经典中,我们已经对于西方国家的新闻自由制度有所耳闻,在对于德国的新闻媒体监督的分析中,媒体监督力量的强势作用也并非仅仅根植于西方发达国家工业文明所带来的民智开启,而是深深扎根于特定的政治文化传统之中。西方媒体监督力量的扩展与强大与其言论自由的文化传统难以分离。新闻媒体今日之强势也拜西方国家昔日的政治传统所赐,正是自由的种子在西方民主的土壤中发芽、成长与壮大才缔造了今日新闻媒体的强势。追溯以往,西方国家的自由主义精神侧重于公民的个人自由与平等,公民身份的平等使得社会与国家并没有呈现出长期的根本性分离,中世纪的封建统治,并未完全扼杀公民追逐自由的意愿。文艺复兴将人的精神唤起,随后工业革命与信息技术的发展,为公民追求言论自由与个人自由提供了更多的空间与机会。尤其是互联网的飞速发展,更是使跨越国界、超越身份的交流成为可能。德国新闻媒体在制止政府贪污腐败中的作用也正是其长久以来积淀的民主传统的产物,公民乐于追求平等自由的信念与惯性思维能够以文化惯性的张力鼓励公民敢于去追究政府的责任。

其次,社会责任意识是新闻媒体积聚社会影响力的保障。权力与权利在人类发展旅程中的较量始终伴随着公民社会地位的起起伏伏,权力与权利的失衡在人类社会的发展足迹中并不罕见。权力的扩张将直接威胁公共领域的生产与公共生活的秩序,如何制约权力规范性地、朝着公民所期待的合集方向发展呢?换句话说,社会的监督如何能保持其震撼力而震慑权力的扩展呢?试想,单个公民的个人权利相对于强大的公共权力来说,犹如杯水车薪。而如果所有的公民都认识到控制权力肆虐的重要性,而且都达成

---

① 德国事实网站,http://www.tatsachen - ueber - deutschland.de/en/culture - and - media/main - content - 09/media.html。

共识：通过集体践行公民权利与公共责任来阻止公共权力的异化；如果每一位公民都自愿践行公共责任、维护公共领域，那么公共权力的异化现象将难有生存空间。德国新闻媒体防止公共权力异化的实践也正是公民社会责任意识勃兴的体现，对于政府官员来说，他们对于新闻媒体监督的恐惧与害怕根源于新闻媒体监督之后所代表的无数的公民的权利与责任集合，公民力量的有效组合与集结完全有能力去成功应对公共权力的异化。

再次，强大的社会资本是构建良性新闻监督制度的基础。道德这一终极而深邃命题对于人类的考察始终深入心灵，物欲世界的复杂性对于人类道德的水准也提出越来越高的要求。在对于德国新闻媒体的分析中，我们总会对新闻媒体从业者的道德标准提出忧虑。现实世界作为新闻视角下的事与物总是在不断地被构建着，人类对于生活的认知也已经难以看得真切。对新闻媒体从业者来说，他们又是如何秉公应对政府管理的呢？进一步讲，如果公民对于新闻媒体的报道严重质疑，那么新闻媒体又怎能担负起防止政府腐败的使命呢？带着问题我们再度审视德国的媒体监督，仔细审视便不难发现强大的社会资本是保持德国新闻媒体制度健康发展的主要原因。公民对媒体信任，媒体的监督也是为公民负责，两者的合作与信任催生了持续的社会影响力；同时，政府对公民的信任也十分明显。公民可以使出浑身解数对政府的腐败行为进行监督，即使公民提供了错误的信息，政府也不会追究法律责任。这样的规定其前提就是肯定了政府对公民的信任。政府、媒体与公民三者之间形成了一种和谐的信任链条，由社会资本在其中润滑三者之间的关系、延续三者之间的信任关系，从而最终实现德国新闻媒体制度的良性运作。

“善治是实现德国合作与发展的前提条件”，[①]而媒体对于腐败的遏制则是善治发展的重要体现。善治政府作为政府治理的发展新潮流，善治理念涵盖了政府未来治理发展的所有方面，未来政府的管理注定不再是一种精英式的“黑阁式”治理，公共政策制定、执行过程走向包容、透明与公正。政

---

① 德国经济合作与发展部官方网站，http://www.bmz.de/en/what_we_do/issues/goodgovernance/guteregierung/index.html。

治这个曾经被人视为狭隘、诡计的词汇将渐渐地暴露在阳光下，人类文明在前行，公民对政府管理的质量也提出更高要求。政府管理历来被人视为一种暗箱操作，对于政府的管理从来都不缺乏猜想与怀疑。公民对于政府管理的怀疑一旦积聚，将会发展成为一种消极的不信任，很难想象缺失了公民信任的政府管理将会在善治政府的道路上阔步前行。幻想中的天然契约并不能构建一个廉洁、公正与透明的国家政府，等待政府自己解决其管理过程中的固有顽疾更是少有可能。德国媒体的积极监督作用，让我们看到的不仅仅是一个强势的外在监督工具发挥其应有的功能，使得政府官员与公共权力的掌控者甚是担忧，我们更能感觉到的是一种不甘寂寥、迎难而上与向上进取的奋力之举。善治政府这一美好、遥远而可及的人类治理新梦想正是在不断的挣扎与争取之中慢慢靠岸。西方国家以媒体为载体的公民力量与公民精神的茁壮成长与发展，使得政府公职人员的腐败行为统统被晒出来，并成为公众话语的众矢之的。从此，腐败的生存空间越发狭小，而公民话语的强盛可以保证将腐败打击到底，最终实现政府公职人员的行为如清水般清澈。而善治政府的建设也将迈开坚实的第一步，从此一路披荆斩棘。

第四节　拉美：世界银行“善治”计划下的失败尝试

很大程度上而言，善治概念是应对诸如拉美和撒哈拉以南非洲国家的发展困境而生的，同时它也与治理概念有着某些类似的起因。其背景主要是，世界银行这样的国际金融机构过分依赖自由市场原理，其在发展中国家的项目计划陷入了经济主义或新自由主义的死胡同，收效甚微，并且日益受到外界的猛烈批评。

一、世界银行“善治”计划在拉美的实践后果

拉美地区各国在实施新自由主义政策的十多年时间内，围绕“国有企业私有化、金融贸易自由化、商品价格市场化、改革福利制度、打击劳工组织”

等主要目标展开的改革实践，不但没有给拉美带来繁荣与稳定，其私有化政策反而导致国家掌控国民经济命脉的能力日渐式微，国有资产流失严重，腐败滋生蔓延，少数富人和国际垄断资本攫取了国有资源的大部分收益，社会贫富差距进一步拉大，社会陷入严重分化当中。①

此时，治理这一十分有用的概念使得国际金融机构放弃了经济主义，重新考虑与经济改革相关的关键性社会政治问题，并且考虑更换与援助国的对话者或项目接手者。此外，这一有用概念还帮助这些机构避免了与反感被指手画脚的借贷国政府发生摩擦。② 善治概念及其基本要素就是评估受援国项目实施境况的主要标准。不过，尽管与治理一样，善治意味着对新自由主义的背离，但不可忽视的是，针对发展中国家的善治概念最早被提出时，还有着新自由主义的某种残余色彩。有学者一针见血地指出，善治概念很可能是现代化理论和西方自由主义的翻版。③ 这些善治计划在最初被实行时，由于过度地崇信市场力量和过高估计拉美各国社会的发展程度，而对其政府治理能力的培养关注不足，使得世行等组织主张的自治、分权，倡导“最小政府”以及非政府组织对政府部门的“替代”都无法得以实现。正如福山指出的那样，“在过去几年中，世界政治的主流是抨击‘大政府’，力图把国家部门的事务交给自由市场或公民社会。但特别是在发展中国家，政府软弱、无能或者无政府状态，却是严重问题的祸根”。④ 政府的无能和失败，导致无法为治理网络的形成及其良好运行提供制度保障，许多项目最后同样遭遇了失败。

在对拉美的援助过程中，绕过政府将援助直接送给非政府组织的倾向越来越突出，比如有些地区外部援助由于直接交给了当地的非政府组织，导致全国性的“市民社会”群体提供医疗服务的能力比政府还强，虽然有利于

---

① 王友明：《拉美左翼政府治理新自由主义》，载《国际问题研究》2007 年第 4 期。

② ［法］辛西娅·休伊特·德·阿尔坎塔拉：《“治理”概念的运用与滥用》，黄语生译，载《国际社会科学杂志（中文版）》1999 年第 1 期，第 106 页。

③ 转引自王诗宗《治理理论及其中国适用性》，浙江大学出版社 2009 年版，第 126 页。

④ ［美］弗朗西斯·福山：《国家构建——21 世纪的国家治理与世界秩序》，黄胜强等译，中国社会科学出版社 2007 年版，序言第 1 页。

公众参与服务工作以及现有计划的改善,但是它削弱了公共机构及其权威性,加重了受援国对往往难以为继的外部资源的依赖。①

由于过去十多年时间里新自由主义造成的严重后果,拉美许多国家都面临持续不断的经济危机以及无法解决的债务问题,社会大部分阶层进一步贫困化。在国家积贫积弱的同时,拉美各国内部的公民社会也发育极其缓慢,参与公共事务治理的能力和意识都还不足。然而,善治计划却既要求公民社会中民众的有效参与,又要求激活当地经济以及保护弱势群体,而这往往与稳定经济局势的迫切需要背道而驰。② 这些都使得世行等机构的善治计划根本无法在拉美得以有效实行。

由于无法完全实现以公民(社会)参与为核心的善治计划,国际金融和捐赠机构只好将目标限定在推进受援国的公共部门改革方面。然而,这却使拉美社会陷入到"机构改革"的复杂过程当中,远远超出了"善治"所需要的一般层次的"机构变革"而无法自拔。在过去十多年时间里,拉美政府机构的重组与改革到了无法想象的地步,教育、医疗卫生、金融以及公共服务机构无不一改再改。这些改革虽然有所成效,但其弊端相对而言更大:公共部门工资明显下降,加剧了公共雇员以及依赖这些机构提供服务的普通民众的广泛不确定性和不安全之感,效率和道德准则降低,政府的公信力和权威被大大削弱,难以得到公众的尊重。③

二、拉美"善治"的教训

"善治"计划在拉美地区的失败尝试给我们留下了非常宝贵的教训,它警示我们治理与善治理论及其理念当被适用到那些非西方国家之时,应该

① [法]辛西娅·休伊特·德·阿尔坎塔拉:《"治理"概念的运用与滥用》,黄语生译,载《国际社会科学杂志(中文版)》1999 年第 1 期。

② [法]辛西娅·休伊特·德·阿尔坎塔拉:《"治理"概念的运用与滥用》,黄语生译,载《国际社会科学杂志(中文版)》1999 年第 1 期。

③ [法]辛西娅·休伊特·德·阿尔坎塔拉:《"治理"概念的运用与滥用》,黄语生译,载《国际社会科学杂志(中文版)》1999 年第 1 期。

要充分考虑其在当地的适用性，对那些国家能力和公民社会双重弱小的发展中国家而言，致力于建构一个符合“善政”标准的现代国家反倒是其治理和善治首先要完成的最主要任务。在没有完成现代国家建构之前，在非西方国家盲目实施治理与善治很大程度上而言就是一种“奢谈”。

第五节　善治政府建设的启示

在世界形势不断发生变化、公民要求不断呈现出多样化的背景下，善治政府理念犹如一盏灯，为未来政府的建设提供了行动指南。在公共管理实践过程中，奥斯本与盖布勒重塑政府的蓝皮书第一次使得人们感受到政府原来可以大胆地借鉴私人企业的改革措施，而且实践也证明私人企业中的优秀经验值得学习与效仿。人类社会在逐步前行的过程中，政府管理的范式也顺应时代的浪潮而不断演变与更新，30 多年前，保守的传统政府管理者断难想象到作为公共利益代言人的政府竟然屈身向以利益为导向的私人部门学习经验。在传统的观念与视阈中，公与私之间似乎永远有着一层不可超越与不可融合的隔阂，然而人类实践的步伐正在逐步掩饰这层长久以来存在的障碍。鲁迅先生的一句哲言：世上原本没有路，走的人多了也便成了路。其实这句话反过来亦可成立，世上的很多事物原本并没有分离，而分离只不过是人为的思维作怪而已。对一个国家的发展来说，敢于在不断的实践中，打破固有的思维定式，尝试新的理念，是非常关键的。对政府管理来说，敢于从他者的成功中吸取营养，从而为我所用，使其成为发育、成长与成熟的元素，也不失为一种明智之举。

从善治理念的提出到善治政府的实践发展，至今走过 20 个年头。伊始于西方国家的善治理念，其含义甚丰，基本涵括了政府管理的价值诉求，其作为政府未来发展方向的指南针，为未来政府的治理勾勒出一幅绚美的图景。然而，知易行难，善治政府的每一步建设充满艰辛磨难，可谓经验宝贵，价值丰富。善治理念的提出并非空中楼阁，并非西方国家政府脱离既定的经济发展水平、文化道德因素与社会政治条件而进行的蓝图构想，善治指标的设定与善治政府的实践都密切根植于西方国家的现实实际。由此鉴之,如若我们固化照搬而不思考善治政府建设的可行性条件,进行死搬硬套式的移植,那注定是愚蠢与危险的。世界银行"善治"计划在拉美的实践后果,给我们以深刻的教训。但是,如果因此而将西方国家善治政府实践的成功经验拒于门外、一概拒收也绝非可取,作为后发性发展中国家,中国的特殊条件是我们借鉴西方国家经验的前提。

一、大力建设服务型政府

善治政府含义广泛,其理念与价值涉足政府管理的各个层面。通过对西方国家善治政府实践的细致审视,不难发现,在西方国家治理与善治政府的建设过程中,一直将政府与公民的关系考量作为一种塑造政府的重要依据。在西方国家的公共管理运动中,政府曾竭尽全力致力于建设一个企业化的政府,试图通过引入私人企业的做法来极大提高政府的效率,此时,政府将公民视为顾客。在新公共服务运动影响下,政府的角色又发生改变,政府将公民看做公民,政府将公民权利的实现与社会价值的实现作为政府的重要改革目标。善治政府对于政府与公民关系的重新界定与思考,是中国政府管理过程中必须认真思索的议题。对于政府与公民关系的认真思考是西方国家善治政府建设中严肃对待的一个主要问题。第二节中谈到的新西兰奥克兰市社区治理的实践,为这一问题提供了一个可能答案。政府并不是社会管理者,他们并不能肆意地代替公民做出决策,执行决策,而应该以一种更加积极的服务角色出现,公民才是社会治理的核心与决定力量。在新西兰奥克兰市的政府管理发展中,多次修订地方政府条例,以期重新审视公民在未来社会治理中的作用与功能。在对公民作用审视之后,奥克兰市的地方治理试图进一步促进政府与公民关系的调整,公民不再是被动的权力对象,而是逐步成为未来社区治理的主体。第三节中谈到的德国政府的媒体监督,也更能从侧面反映出公民对于政府的期待是什么,公民不希望政府利用公共权力为所欲为,更不希望官员利用公共财政为个人谋私利,公民只是希望公务人员能够做其应做的、拿其该拿的，这便是公民对于政府的唯一期待。这要求看似不高实现起来却异常艰难。公务人员总是在公与私的边缘徘徊，公共利益与个人利益的羁绊始终在政府头顶缠绕。媒体监督只是一种实现应然政府秩序的尝试与努力，媒体监督的目的也仅仅是实现政府与公民关系的良性回归。

此外，善治政府也将社会的公平与正义等社会价值的实现置于重要的战略位置。新公共管理运动的发展将人类的工具理性极度唤起，从私人企业的利润导向、结果导向，到公共部门的效率至上，在西方发达国家的发展历程中，尤其是在科学管理时代，人类就像是工厂机器上的螺丝钉，每日为了追求效率最大化而随着钟摆机械地从事着工业生产，人类的需求、欲望与幸福似乎消失在无休止的效率理性之中。长此以往，社会中的贫富差距急剧拉大，社会问题丛生，社会分化严重，压抑已久的公民社会需求将反弹性地给予政府管理带来巨大压力，迫使政府管理者对于传统的效率至上价值理念进行重新反思。随后，社会公平与社会正义等价值卷土重来，并逐步成为政府管理过程中致力于实现的重要价值目标。

善治政府的以上两点转变，深刻地揭示出西方国家善治政府建设过程中对公民与政府关系、对政府管理价值这两个关键性议题的转变与反思。自从政府产生以来，政府与人民的关系成为萦绕政府管理始终的核心问题，如何对待人民？残酷的统治抑或合作式的治理，政府治理总是在不断的犹豫与迟疑中艰难地做出自己的抉择；同时，政府的价值是什么也是政府难以逃避的话题，是维护人类社会的秩序而为人类社会带来稳定与财富，抑或是实现人类社会的正义与公正？这些充满矛盾的两难选择始终在持续地考验着政府管理者的智慧。跌跌荡荡、起起伏伏的政府管理辗转反侧地几经周折，有过挫折、有过胜利，有过苦、有过乐，在今日的世界，治理与善治政府已经成为所有政府的统一选择；对于公民身份的提升、对于社会价值的再次追寻也成为各国政府管理的共识。这些共识构成西方国家对中国政府管理与实践的重要启示来源。

通过上述分析，我们不难发现，善治政府对政府公民关系的深层次反思与对于社会公平的价值追求与中国现阶段所倡导的服务型政府建设具有诸多相似点，因此，我们将大力加强服务型政府作为西方善治政府对中国政府管理的一个重要启示。大力建设服务型政府，意味着将公民作为政府提供公共服务、政府存在与发展的根本基础，将公民本位、社会本位作为政府建设的主要指导方针，将为公民服务的执政理念贯穿政府政策的制定、执行整个过程之中。

在人类社会迈向善治的过程中，必将伴随着权力的回归。大力发展服务型政府，切实转变政府自身职能是实现善治的关键。对于中国的服务型政府建设来说，需要进一步强化政府与公民关系。中国政府已经通过宪法、法律等正式规范与规则确立了政府与公民之间的关系，政府是人民的政府，政府是服务人民的政府。但是，政府与公民关系若只是停留在法律文件上而没有实现的路径，那将是一种虚无缥缈的关系。时下，中国服务型政府的建设应该重视借鉴奥克兰市社区治理的实践发展，政府主动放权，竭力构建一种网络化的治理模式，政府由全部包揽的大管家向人民利益协调员的角色转变；同时，政府主动打破传统的公私部门的限制，尝试与私人部门合作，并采用私人企业中的做法，激活与增强政府创造性。

二、建立强大的社会监督系统

如何有效钳制政府脱离公民的意愿而成为难以驾驭的“利维坦”，是各国进行政府制度设计的主要目标之一。三权分立作为经典的政治制度设计长久以来成为西方发达国家政治制度设计的一项里程碑标志，通过行政、立法与司法三权的相互制衡与制约，三者可以达到一种均势。然而，理想的制度设计并未从根本上遏制现实中越发严重的政府官员的腐败行为。信息社会的到来为解决政府官员的腐败问题带来了一丝希望，媒体成为解决这一困境的一种可能。通过对德国新闻媒体社会监督作用的分析，我们深刻认识到强大的社会监督对于建立一个透明、开放的政府管理系统至关重要。鉴于新闻媒体在社会中的强势监督力量，完全可以在政府管理过程中将媒体的监督作为政府管理工作的一个重要参考标准，将政府的责任意识不断强化，让政府官员深刻意识到政府官员与普通公民之间的代理与委托关系，并使其成为一种制度化的内在价值体现，从而成功抑制腐败行为。在新西兰奥克兰市的社区治理中，我们也能发现其社区治理中所体现的社会监督智慧，其倡导社区治理政策制定、政策执行与政策监督的分离，尤其是在政策监督阶段中，充分重视社会监督，将公民的监督与评价作为政策评估的主要衡量准则。在此，人们看到，社会力量的监督对于社区的实力意义重大，不可缺少。

透明性作为善治政府的一个重要衡量标准，其作用不可小觑。透明性主要针对的是政府信息的公开性，要求政府政策制定与执行的整个过程中所涉及的信息，通过主动借助各种不同的社会媒介进行传播以便为普通公民所了解。透明性政府在西方国家的治理实践中也曾被广泛运用，尤其是互联网对于透明性政府的影响作用愈发明显，因而被称为“网络政治”。在2008年美国总统大选中，几乎所有的候选人都建立了自己的竞选网页与竞选博客。在奥巴马取得选举胜利之后，政府对于白宫网站进行改革，将沟通、参与和透明的理念贯穿于网站的建设，将所有非应急的立法提案先公布在网上让公众评议之后，总统再决定是否签署；同时，美国白宫将总统每周周末的讲话上传至视频网站，从而实现信息直接到达公众。

通过对西方国家善治政府理念与实践层面的深入考察，我们将建立强大的社会监督系统作为善治政府对于中国政府治理的第二项重要启示。据人民网舆情监测室《2009中国互联网舆情分析报告》，2009年77件社会热点事件中约30%来自网络爆料。2010年则有多家媒体报道，网络维权已经成为普通民众的首选。北京大学法学院教授、中国行政法学研究会副会长姜明安认为，目前在反腐的举报中，网络举报占了60%以上，反腐格局发生了根本性的变化。网络反腐极大地推动了中国的民主、法制进程。① 现阶段的中国政府管理中，政府官员的腐败问题成为影响政府公信力的主要原因，

① 刘鹏飞：《2010网络舆论格局新变及传统媒体的作为》，载 http://www.chinaelections.org/NewsInfo.asp?NewsID=196579。

也成为制约政府信任度的根本原因。如何遏制腐败已经成为关系国家命运与民族发展前途的一个重要问题。近年来,腐败问题得到了党中央的高度重视,而且采取多项举措来根治。除了加强立法、强化政府监督机制、增强公务人员的职业道德等手段之外,建设一个强大的社会监督系统也将是有效约束腐败行为的重要举措。政府应该开辟多种途径、采取多种形式,充分调动社会力量对政府公职人员的行为进行监督;同时,完善举报制度,对公民举报、检举等行为给予匿名等法律保护;最后,增强公职人员的责任意识,进一步完善责任制,对于政府公职人员的腐败违法行为进行严厉查处。

三、发展壮大公民社会

善治政府将公民治理作为政府改革的重要举措,将公民的积极参与政策制定与执行作为衡量公民治理的主要因素。在奥克兰市的社区治理实践过程中,公民的积极参与被置于关系社区治理成败的关键位置,市议会的选举、市长的选举与社区委员会委员的选取等都是通过公民参与选举来最终实现。同时,地方政府向社区充分授权,将建设强大的社区作为政府未来治理的主要方向与指导方针。通过德国媒体对德国政府官员的强有力监督,我们更能感受到一个强大的公民社会对于政府的良性运作与社会公共利益的实现都起着十分关键的作用。社区治理作为公民治理的一种有效方式,已成为西方发达国家公民参与社会治理的重要途径。通过公民的亲身体验与主动参与,公民的个人成就感、个人的政治技能、工作能力、交往能力与参与意识都将得到不同程度的满足与提高。不同的公民个体对公共生活的热爱与对公共政治领域的参与,都将最终促进公民社会的发展与成长。

善治的本质特征在于国家权力向社会回归,善治的过程就是一个还政于民的过程,就是一个实现政府与社会良性互动与合作的过程。[①] 从理论上说起,善治追求的是网络化、扁平化的治理理念,政府并非唯一的社会治理

---

① [法]雅克·舍瓦利埃:《治理:一个新的国家范式》,张春颖、马京鹏译,载《国家行政学院学报》2010年第1期。

主体。根据善治理论，私人组织、公共部门与志愿组织等都应该成为社会治理的主体。在善治治理的场域之中，政府也并非主导者，从政策议题的选取、公共政策制定到公共政策的执行等，其他组织与部门具有与政府同等的话语权。在善治治理理念中，政府的协调作用将大大强化，政府的重要职能之一便是协调社会治理中不同社会角色的关系，并采取多种举措为不同社会主体参与公共事务的治理创造各种条件。① 社会也将不再是被动的被管制者，他们将立足于在同一平台与起点与政府进行公平的博弈。公民社会不再是社会治理的对象，而是社会治理的重要参与者。

大力发展公民社会是对中国政府管理的第三点重要启示。"美国援助"曾对于公民社会与民主的关系进行分析，"公民社会能够通过动员机构改革、传递公共意愿、增进政府与政党的政策辩论从而实现非民主的国家向民主国家的转变。公民社会还能够代表公民的意愿，促进政府的透明性与善治政府的实现"。② 在西方发达国家的政府治理实践中，政府的绝对主体地位正在逐步得到削弱，在社会公共服务提供过程中，志愿组织与社会组织等都有效弥补政府福利提供中的不足，成为政府公共服务提供中的强力支撑。政府与社会组织的关系正在发生微妙的变化，彼此之间已经不再是互相不信任、互相压制的关系，而正在朝着一种合作的良性关系发展。大力发展公民社会在中国也具有重要的意义。从古至今，"官贵民贱"的观念一直盛行，政府管理属于政府的天然职能，其他的社会组织与社会力量被动地作为社会管理的对象。"强政府，弱社会"的情景已然是中国的常态。西方国家的善治政府治理实践已经将政府与社会管理发展至一种合作的平等关系，况且两者的合作关系被视为一种良性的社会制度安排。反观中国的政府社会关系，必须进行深刻反思。

针对中国的实际国情，首先，政府应该主动放权，进一步明确政府与社会之间的关系，将社会可以管的事务交给社会，充分调动社会力量的积极性，充分使得来自民间社会的智慧在政府治理中创造出其应有的价值；同

① 俞可平:《全球治理引论》，载《马克思主义与现实》2002 年第 1 期。
② USAID 网站，http://www.usaid.gov/about_usaid/。

时,培养政府与社会之间的信任关系。信任是人类社会得以持久延续的润滑剂,如果缺少了信任,社会的原子化倾向会越发严重,社会资本的存量欠缺将从根本上制约社会经济的持续性发展。时下,政府对于社会的不信任,致使其不敢放权;而社会对于政府的不信任则导致各种消极事件频频发生。普特南曾揭示一种作为社会资本的信任的产生方法,那就是交往。老死不相往来的冷战与等待永远不能产生彼此的信任,而不断的交往则可能是信任诞生的重要源泉。对中国政府治理来说,应该更加积极地创造两者结合与交往的机会,在不断的交往中产生友谊,催生信任。

时间的长度并不能阻挡中国公民社会复兴之路。当公民敢于利用法律武器、道德力量与科技实力去维护自己的权利与社会的公德之时,民间社会的崛起之锁就已经打开,公民意识的苏醒正是中国公民社会走向强大的指示器。中国的经济发展如今已经取得世人瞩目的成绩,在迈向未来的更加长远的繁荣之路中,公民社会的稳健成长必将使中国的发展如虎添翼。

第六章　无缝隙政府:政府与公民的无缝隙衔接

无缝隙政府这种新型的管理理念最初的雏形是“无界限组织”，是由通用电气公司执行总裁杰克·维尔奇1990年提出的，是指可以用流动的、灵活的、弹性的、完整的、透明的、连贯的等词语来形容的组织形态。[①] 美国政治学和行政学家拉塞尔·林登认为，企业与政府机构的发展有着很大相似性，他提出“无缝隙政府”的概念。所谓无缝隙政府，指的是政府打破传统的政府部门之间功能分割的局面，以满足顾客无缝隙的需要为目标，整合政府所有的部门、人员和其他相关资源，以单一的界面为公众提供优质高效服务的政府组织架构。它以顾客为导向，以竞争为导向，以结果为导向，使政府的服务能真正有效地符合民众的需求。无缝隙政府包括两个方面的内容：一是政府组织结构的无缝隙化。它以一种整体而不是各自为政的方式提供服务，实现每周7天每天24小时服务的工作方式，实现服务的无缝隙化；二是政府可以满足顾客的无缝隙化的需求。这种无缝隙化的需求表现在：服务速度的快捷性、服务时间和地点的任意性、服务程序的“一站式”、信息咨询的快速反应性以及各种各样的个性化服务。无缝隙政府建设，可促进企业、商人、普通民众与政府以及政府与政府、政府与各职能部门之间关系的无缝对接，从而更好地为民众提供服务。

第一节　无缝隙政府的最新趋势

20世纪90年代以后，美国的政府管理经历一场“静悄悄的革命”，革命

① ［美］拉塞尔·M. 林登：《无缝隙政府——公共部门再造指南》，王大海、吴群芳等译，中国人民大学出版社2002年版，第4页。

的标志就是无缝隙政府组织的出现。无缝隙政府成为西方各国政府追求的一种新的政府组织模式。随着时间的推进，无缝隙政府自身也在进行一场新的“静悄悄的革命”，表现出新的发展趋势，主要体现在以下三个方面：一是“公正导向”的政府业务流程再造；二是确立“顾客导向”的政府服务对象便利原则；三是实现政府机构的扁平化。

一、“公正导向”的政府业务流程再造

传统公共行政学基于科层制的研究基础之上，强调以效率作为最高标准。正如古利克所说：“在行政科学中（无论是公共行政，还是私人行政），基本的‘善’就是效率。行政科学的基本目的就是以最少的人力和材料的消耗来完成手头上的工作。因此，效率是公共行政的价值尺度中的头号公理，效率也是行政科学的大厦得以建立起来的价值基石。”①毫无疑问，“科层制”范式偏重于“效率导向”，但“科层制”范式也未曾否认过“公正导向”的正确，它蕴藏着尊重法律、公民、政治和价值的思想。② 科层制范式受到了层出不穷的社会问题的挑战，并产生了一种批判传统公共行政的新理论流派——新公共行政学。新公共行政学基于社会公平的原则对传统公共行政的效率原则提出了质疑，主张减少层级节制、分权、参与和民主行政。公共行政学者海蒂·斯查齐特在《泰勒的幽灵是否还在市政厅回荡：对当前政府效率概念的思考》一文中对政府效率问题进行了系统回顾和研究，并提出公共行政效率研究应与公民参与等内容紧密联系，③暗示了政府服务由注重效率向注重公平的转向。国外政府由注重效率向注重公正的转向受到了社会运动或者说“争议政治”的促动。“一般而言，争议政治的形式被现存的政府

① Robert A. Dahl. *The Science of Public Administration*: *Three Problem*, *Jay M. Shafritz and Albert C. Hyde*(*eds*), *Classics of Public Administration*, Moore Publishing Company, Inc., Oak Park: Illinois, 1978, p. 123.

② L. E. Lynn, *The Myth of the Bureaucratic Paradigm*: *What Traditional Public Administration Really Stood for*, Public, Administration Review, Vol. 61, No. 2, 2001.

③ H. L. Schachter, *Does Frederick Talor's Ghost Still Haunt the Halls of Government? A Look at the Concept of Governmental Efficiency in Our Time*, Public Administration Review, Vol. 67, No. 5, 2007.

当局定义为处于社会常态制度之外。其实，争议政治形式出现在一个社会，原因在于它们的发起者及组织者认为，政治表达的常规性制度渠道已经堵塞。争议政治的形式也常常代表着一种对现行政权及其政府官员的挑战，通过诸如街头示威、暴力行径等非常规手段来反对政府当局，以此追求它们的目标。”①其形式包括：和平集会、游行示威、言论攻击甚至于聚众闹事等等。新公共新政学并非放弃效率导向，而是强调公正基础上的效率，以公正来促进效率。

为了实现公正，政府设计尤为重要。1993 年，哈默和钱皮出版的《企业再造》一书中对业务流程重组进行了界定，提出基于企业的业务流程改变而在成本、质量、服务和速度等方面业绩的戏剧性的变革，使得企业能最大限度地适应不断变化的顾客至上的市场竞争环境。林登基于商业流程再造的观念，希望对于传统科层制政府的管理模式与方法也进行重新设计和改造。政府流程再造是新公共管理运动的一部分。从 20 世纪 70 年代末开始，西方许多发达国家，如英国、美国、澳大利亚、新西兰等掀起了一场声势浩大的政府改革运动——新公共管理运动，这个运动具有三个方面的内容：世界范围内关于缩小政府规模的举措；私人部门对组织过程和组织结构的重建；质量运动对组织的不断改进。新公共管理以社会公平为核心，抛弃了单一权力中心和官僚制行政体制，强调公共权力的多中心和更加灵活的公共行政组织结构，因而公共权力的分割和下放、公共组织的发展、公共行政的责任等诸多问题，成为其探讨的主要问题。② 政府再造是运用企业管理的理论和方法，引入市场竞争机制，以提高公共管理水平及公共服务质量为目标，大幅度提高组织效能、效率、适应性以及创新的能力，围绕过程和结果，通过变革组织目标、组织激励、责任机制、权力结构以及组织文化等对公共体制和公共组织进行根本性的转型，用企业化体制来取代官僚体制流程再造过程。

---

① ［美］安东尼·奥罗姆：《政治社会学导论》，张华青译，上海人民出版社 2006 年版，第 233 - 234 页。

② M. Harmon. Action, *Theory for Public Administration*, Longman Press, 1981, p. 83.

无缝隙政府理论提出了用流程图等方法描述政府部门工作的基本步骤。这种方法简明扼要，能直观揭示出政府流程的冗余之处，便于理解不同部门之间及其不同职能之间是如何相互作用的。按照流程图方法，政府再造需要首先明确顾客的需求和期望，然后根据顾客的需求和期望给自己定一个经过努力可以达到的目标。最后抛开现有的规则和制度，按照新的思路开始政府再造。

二、确立"顾客导向"的政府服务对象便利原则

打造"无缝隙政府"，就是要从以政府自身运转为导向转变为以服务对象便利为导向，减少服务节点和缝隙。世界经济合作与发展组织的一篇论文中提及，可以通过提高行政体制的可理解性、对顾客的需要予以满足、保证政府与公民接触渠道的畅通，以及推动公民的积极参与等方法来改进对公众作出的反应。这些措施是"行政就是服务，公众就是顾客"运动的一部分。以顾客为中心的改革意在使政府能更好地回应顾客的要求。提供公共物品和服务的政府活动已经从最早的生产导向（供应顾客），经由第二阶段的市场导向（争夺顾客），进入顾客导向（创造顾客）阶段。所谓的顾客导向也就是消费者导向，是指在管理理念上政府把为"顾客"——国民提供服务列为公共管理的第一需要，在指导思想上以顾客取向和服务对象为中心。顾客导向型政府的目标是创造顾客，其核心要求是把顾客作为政府最宝贵的资源，奉行顾客至上、民众优先的服务理念，针对顾客的需求，生产和提供公共产品和服务，并在这一过程中为顾客创造利益和价值。

"顾客导向"的政府服务型组织，把公共部门转变成更贴近客户、方便客户、具有竞争力的有价值的服务提供者。比如，新加坡政府网站的"电子公民服务中心"是无缝隙政府服务对象便利原则的最好体现。点击进入网站"公民与居民"板块，就会看到由一系列主题串联起来的"链条"，几乎涵盖了人们日常生活的方方面面。用户可根据自己的需求选择所需的服务项目。政府非常重视与便民服务密切相关的日程安排。点击进入以后，能够看到

一份日历表，按照日期记载着政府举办的各种大型活动。每个活动都介绍了详细的时间、地点和主要内容。西班牙政府在无缝隙组织打造中也充分体现了服务对象便利原则。比如马德里市政府社会服务局印发的《老年人生活指南》的小册子中列出了为老年人提供的各种服务，其中既有为在自己家中生活的老人提供便利的上门服务形式，也有为不适合单独居住的老人提供的老年公寓或者养老院的服务。

民意征询是政府机构制定方针政策需要参考的重要工具，电子民意征询是实现服务对象便利原则的有效手段。比如，新加坡政府在电子民意征询方面的做法，特色鲜明，取得了明显成效。“民意处理组”于1985年成立以来，广泛征询民众的意见。仅2010年，平均每月都会推出二至四项民意征询活动，收集民意。“民意处理组”已经成为提供所有政府民意征询活动信息的官方渠道。同时民意征询活动也引入移动和社交应用程序等一些新的渠道，使得民众可以通过这些应用程序方便快捷地参与到民意征询活动中，提供他们的意见和建议。政府机构也将获得很好的建议，促进他们采纳电子征询活动中的最佳实践。此外，芬兰政府也设立了一个名为“Customer Service Excellence”网站，该网站定义了顾客服务的标准，而且免费开通评估业务，让服务提供者了解自己的服务质量与评价。①

在参与式国家的理论视角下，公共利益可以通过鼓励员工、顾客和公民对政策和管理决策进行最大限度的参与来体现，具体可以分为四种不同的参与类型：一是通过建设开放开明的政府来实现。有效的公民参与需要建设开放的政府，它制定的政策法规的相关信息应该让公民知晓，必须要让公民和员工了解政府的各部门，这样才能确保当公民和员工认为政府服务不佳或制度运作不当时，他们能够申诉并表达意见，确保公民的权力有效。二是通过增强公民和公共组织员工独立决策和影响组织政策方向的能力来实现。治理的概念有时被视为授权给低级官员的一种方式，并形成一种由下而上的政策制定过程。这种来自基层的开放性影响，有助于政府更客观地

---

① http://www.customerserviceexcellence.uk.com/getDynamicContentAreaSectionResourceca2e.html? id=208.

做出决策。因为这些参与者最了解相关情况，并能反映出组织参与者的意愿。三是通过有影响力的公民参与过程来实现。公共决策应该让有政策影响力的公众通过对话过程做出。因此，在加强公民向政府表达需求的权力过程中就会体现出公共利益。公民可以直接与政策观点不同的公民讨论，也可以直接与政府机关协商。四是通过公民本身能否投入政府选择以及提供服务的过程来实现。该参与机制提倡公民拥有更多的消费者选择权和更多的对地方方案的直接控制权。参与可能体现在有关政策的公民投票中，也可能体现在地方性的政治结构中。① 公民参与模式强调下级组织和顾客的参与，指出政府组织能否运转良好的基本前提和指标是其低级员工和服务对象能否直接参与管理决策，不认同由经济考虑来支配行政决策和结构的观点，而是强调良好的管理。

三、实现政府机构的扁平化

政府机构是以科层制的形式出现并存在的。现代科层制起源于近代军事制度，并伴随现代企业制度的发展逐渐成长起来，它存在于一个国家与企业之间相互学习和借鉴的互动过程中，与国家理论和企业组织理论的发展息息相关。随着科层制变得越来越复杂，政府规模变得越来越庞大，随之带来人事、财政等诸多问题，人浮于事、官僚主义、效率低下、支出庞大、腐败泛滥。最终，政府陷入治理困境，面临前所未有的危机。西方发达国家开始发起以政府再造运动为核心的新公共管理运动。新公共管理运动主张政府组织的小型化和分权化，追求组织的灵活性以及脱离高度标准化的组织体制，并主张通过组织授权、雇员授权和社区授权等来改进政府部门的工作。在政府结构层面，新公共管理运动倾向于打破严格的控制体系，减少中间管理层级，缩短高层与基层的沟通距离，让低层能够参与决策，建立“以块为主”的扁平化组织结构体系。所谓政府机构的扁平化就是打破现有的政府机构

---

① ［美］盖伊·彼得斯：《政府未来的治理模式》，吴爱明等译，中国人民大学出版社 2001 年版，第 80 – 83 页。

之间的界限，缩减原来的中间管理层次，直接面向服务对象。扁平化政府机构的特点是横向管理幅度大，中间管理环节大大减少，管理层次简化，实行垂直领导，“一站式”服务，工作流程能够根据服务对象的需要及时调整优化，服务效率较高。国外很多国家政府机构改革的一个主要方向就是减少政府内部的层级。例如，在美国，“国家绩效评估”（戈尔委员会）尝试自上而下地减少联邦机构层级。公共组织的结构应该扁平化，应该尽力缩减上下级政府之间的层级。实现政府机构的扁平化，可以提高低级公职人员工作积极性，激励他们更多发挥自身的特长和聪明才智，从而为民众提供更为优质的服务，改善公共服务效能；同时，对于政府来说，消除中间管理层，也可以减少政府行政开支。

扁平化需要技术条件的支撑，信息技术的高速发展为政府机构的扁平化提供了技术支持。网络状态下的电子政府是“无缝隙”的，因为每一个网络节点都可以直接联系高层与基层，通过构建上下畅通的信息沟通机制，上级部门和领导可以轻松地了解到基层的情况并进行监督，一方面会大大激发各级政府机构及其职员的工作积极性和责任感，另一方面，民众可以借助现代化的手段进行更为积极的政治的参与。例如美国在推进政府扁平化的过程中，就撤销了上级对下级工作人员的控制层。信息技术的发展，促使上级领导在没有原来那么多直接监督的情况下，也能监督和控制下级工作人员，最终使该中间层能够被裁剪掉。信息和通信技术领域的革命正在改变着政府与公民和企业的互动方式。为了使所有的政府服务能够以有效、透明和可靠的方式呈现给民众，满足民众的需求，美国政府实施了国家电子政务工程，并于 2002 年 5 月组建了国家智能政府机构（NISG），作为一个扁平化的组织，其工作方式极具灵活性，提供了一种完全克服了组织结构僵化和功能死板弊病的全新的工作环境。①

① 美国 NISG 官网官方网站，http://www.nisg.org/home.php?page=why_nisg_careers.php。

第二节 西班牙加泰罗尼亚地区“.Cat”平台打造高效无缝隙服务

发达国家在实践无缝隙政府理念过程中涌现出了较多获得公认的成功案例。本节主要选取西班牙加泰罗尼亚地区的“.Cat”平台的无缝隙服务作为案例，分析它对无缝隙政府建设的功能和成效。

一、西班牙加泰罗尼亚地区的“.Cat”平台

位于西班牙巴塞罗那的加泰罗尼亚地区是一个自治区，拥有800个管理机构，为当地600万人提供涉及教育、文化、贸易、工业、交通、住房和社会福利等方面的公共服务。西班牙加泰罗尼亚自治区政府筹建了一个名为“.Cat”的公共组织，这一组织专门为公民提供公共服务，并为彼此间的互动构建新渠道。① “.Cat”组织通过多种渠道，联合全区各地的公共部门，将他们所负责的各项公共服务打包，提供给当地的公民和企业。以提供“一站式”行政服务为旨归，西班牙加泰罗尼亚自治区政府成立了一个叫“.Cat”的第三方机构作为提供政府服务的公共组织，通过构建一个融门户网站、呼叫中心、移动通信及互动电视平台为一体的多元传送通道，为各级政府提供多达200项服务、信息和交易，根本改善了加泰多尼亚人与他们政府之间的关系。

具体来看，其服务内容主要分为四大领域：一是提供语言和国家服务。比如提供加泰罗尼亚语服务，为公民申请特定工作提供语言证书，如将西班牙语、英语同声传译成加泰罗尼亚语，反之亦然；提供国家层面的一些居民出行和日常的生活便民服务，如天气预报、修路、旅行、机票、夏令营、图书预订、文化机构（如博物馆和国家剧院）等等。二是提供就业、教育、医疗健康、

---

① 参考了《*Platform for Seamless Services Helps Transform Citizen Relationships*》一文中对西班牙加泰罗尼亚地区“.Cat”平台的介绍。

住房保障、社会服务和救助等涉及民生的服务，这是“.Cat”平台的主要服务内容。在就业方面，提供政府相关工作职位的发布和申请工作；教育方面，提供申请入大学、再培训、终身学习的机会，等等；医疗健康方面，提供基本的公共医疗服务信息，公民可以就近接受公共保健服务，提前预约医生，享受上门医疗服务，联系健康中心体检，还包括为育儿指导，等等；在住房保障方面，公民可以申请财政援助，保护建筑，提供装修信息，提供廉租房的相关信息；在社会服务和救助方面，为经济困难家庭提供救助服务，指派社会工作者，评估阶层受益状况，帮助解决其相应困难，等等。三是提供缴费服务，提供日常生活水、电、煤、气等缴费服务以及停车罚单等缴纳罚款的相关服务。四是提供与企业相关的服务。提供新公司的注册等商业服务，提供公益机构如专业院校的注册、年审等服务，也可以为企业申请交通卡，监管工作安全，农业技术，环保手续等，提供相应的代办服务。

二、西班牙无缝隙政府建设的分析与展望

随着信息社会的来临，像所有的政府一样，加泰罗尼亚政府面临转变工作方式的压力，这种转变要求公共服务供给更加透明，要求进一步简化其与公民和企业之间的关系。加泰罗尼亚自治区政府长期提供在线信息和服务，多年来它的网页已将部门与机构之间的界限予以模块化。自从创设出加泰罗尼亚开放管理模式，政府已从根本上改变了传统的结构和实践，使民众便于获得公共服务，而不是便于行政管理。他们更加注重民众的需求和想法，让民众自己决定公共服务的菜单，及时捕捉民众的需求。从管理到服务理念的转变，引导他们尝试压缩现有的多部门办事机构，创建一个跨各级政府和各职能部门的技术平台。以住房为例，如果要买房，有特定部门专门负责住房建筑许可审批、规划，等等；如果谈及青年问题，住房是避不开的；谈论卫生保健，住房也是绕不过去的；要谈论环境，还是要看住房。由于各个部门都涉及住房服务，所以政府就可以将现有这种散乱不堪的住房服务、信息和交易一起打包，直接交给一个部门全权处理，来方便民众的“一站式”

服务。

“. Cat”平台开启了民众与政府的有效互动，实现了政府与公民的无缝隙衔接。“. Cat”平台具有网络服务与当面咨询的功能。该组织的股东是加泰罗尼亚自治区政府和当地800个行政部门，其角色就像附着于政府行政结构之上的薄层，它本身并不具有行政权力，做事的还是自治区政府及各职能部门，不过它能够为市民和企业促成跨政府打包服务。“这意味着政府成了它的客户”，加泰罗尼亚自治区政府总干事，“. Cat”组织的首任总经理约翰说，“虽说行政部门的中心任务是提供合适服务并执行到位，不过这不能确保其能够与民众始终保持良好关系。而‘. Cat’组织却将此当做核心任务。‘. Cat’组织会提醒政府，民众与政府的关系是好是坏，并考虑应提供什么新的服务和交易”。“. Cat”通过创造新的互动渠道，并将所有渠道和程序相连，以达到简化公民与政府间联系的目的。各类渠道汇成一个门户网站，将涉民生活事件分类打包成200项服务、信息和交易。

“. Cat”组织作为一个衔接政府和公民之间有效互动的平台，该项目得到了来自政府和企业的资金和技术支持。加泰罗尼亚自治区政府提供了大量的资金支持，前期提供了600万欧元用于“. Cat”研发在线服务平台，以及与微软、埃森哲等公司展开技术合作。加泰罗尼亚自治区政府又投资600万欧元通过电信中心为公民提供公共网络接入。另一个项目是改造卫生保健系统与高速光纤基础设施，加泰罗尼亚自治区政府和加泰罗尼亚市共支出1200万欧元再造当地政府流程和服务。自治区政府在选择企业合作伙伴方面要求非常高甚至有点苛刻，政府最终选择了微软作为主要合作伙伴。微软互联网业务早期解决方案是一个依托微软现有的网络标准的基础上集成的解决方案，能够满足一个成功的门户网站对于可扩展性和可靠性的要求，包括丰富的服务和支持，易于集成兼容系统。一个网关解决方案能将“. Cat”组织与政府各部门不同的终端系统连接起来，使政府与各部门易于产生更多合作。加泰罗尼亚政府与埃森哲咨询公司合作，共同实施这个项目。加泰罗尼亚政府将埃森哲的发展愿景和规划视为外包商。“. Cat”利用avanade技术（avanade连接结构），与微软互联网业务早期解决方案相互兼容。在线网络能够为企业提供终端服务。除了在线公共服务，加泰罗尼亚开放管理模式包括发展一个能将各级政府、公共部门、市场、政府雇员连接起来的外部数据处理平台。将客户关系管理和自动化的工作流程合二为一，使“. Cat”组织能够评估服务质量，并能够提供一个更全面的有关公民和企业服务的视角。

“. Cat”平台为加泰罗尼亚地区带来便捷的“一站式”服务，无论是身处城市还是在一个小山村，只要有互联网连接，加泰罗尼亚地区的公民就再没有必要去自治区政府办公楼和政府机构进行接触和交易，而只需通过一个联络点点击来完成信息交易，提供这种服务可以与公民建立相互信任关系，引导社会走向未来。约30%的加泰罗尼亚人享有一个互联网连接——这在西班牙是一个最高的普及率——所有城镇地区共享一个高速宽带通信网络。“. Cat”组织将政府的服务覆盖范围大大增大，将政府服务转移出了办公楼，推到了更广泛的社区，使得政府服务不再受到空间的限制。“. Cat”的门户网站确保用户咨询他们所需的服务不超过三次鼠标点击。部门网站不直接提供服务；政府和公民间的互动只需通过“. Cat”的平台。虽然它着手与政府部门共建在线服务平台，“. Cat”组织还有组织、管理所有电子服务交付的自由。提供的服务，能够将加泰罗尼亚地区的各个公共部门，比如商会、储蓄和贷款办公室、市政厅等等串连在一起，为居民提供便捷服务，与门户网站配套的是一个24小时×7天（全天候，无休息日）呼叫中心和新的沟通渠道，如移动通信和互动电视。“. Cat”组织正在建设一个多重格式的平台，确保能为居民提供各种电子服务和优质服务。可见，“. Cat”平台体现了无缝隙政府建设中的政府服务对象便利原则，为公民带来便捷、高效的无缝隙服务。

第三节　新加坡政府的“一站式”服务与无缝隙政府

中国的地方政府如上海、深圳、南京、苏州等地，都在积极推进政府的“一站式”服务，受到了民众的良好评价，而他们的这种“一站式”服务的做法受到新加坡政府的“一站式”服务模式的经验借鉴和启发。新加坡政府的“一站式”服务起步早,成效多,运行机制成熟,积累了丰富的经验。

一、新加坡政府的“一站式”服务

新加坡的政府服务模式是以政府为主导的公共服务模式,新加坡政府掌握着大量公共服务资源,依法对经济政策、公众社会生活等进行宏观调控和管理,同时,在具体的服务工作中又体现出亲商、亲民的服务精神。

从20世纪80年代开始启动电子政府建设,新加坡的电子政务系统主要面向公民、企业和公共部门,推动公共部门精益求精地改进公共服务。新加坡通过电子政务平台的建设,建立了公民、企业和政府之间的有效互动交流机制,使得公民、企业可以在政策制定等方面与政府部门进行交流和沟通,使得政策更加服务公民和企业的利益,更加符合现实情况,促使政府能提供更高效、高便利、更高水平的公共服务。1989年,新加坡政府推出贸易、法律等专业网络,提出“一站式服务”的口号,以此为新加坡民众提供更好的服务。

1999年4月,新加坡政府建立了“一站式”的公共服务虚拟社区,即电子公民服务中心。电子公民服务中心由教育、住房、家庭、交通、商业、就业、卫生、国防以及法律和秩序9个部分组成。15岁以上的新加坡本国公民都有一个个人密码,用这一密码可以进入全部政府服务系统,在其人生旅程中遇到的所有重大问题,如出生、上学、结婚、就业等都可以在这个中心找到政府相关信息并办理相关手续。公民可以上网来选择不同的公共服务。民众也可以通过政府网络进行缴税、退税、买卖公共组屋等活动。政府通过“业务再造”,网上政务服务项目越来越多,已经基本形成了“电子政府”。一切服务都以客户为中心设计,所有的政府部门服务都在一个电子平台。

2007年,电子公民服务中心重新组合成7个部分:教育、学习和就业,文化、休闲与体育,住房,交通和旅行,家庭和社区发展,健康和环境,防卫与安全,有30个政府机构参与到电子公民服务中心,向公众提供100多项网上服务。业务涵盖缴税、购房、申请商业执照、申请社区课程等超过1600项的政府公共服务，切实做到了“多个部门，一个政府”的综合性“一站式”服务。从2000年到2006年的一期、二期电子政府行动计划，到近五年“整合政府2010”有序推进，新加坡实现了公共服务电子化。

二、新加坡无缝隙政府建设的分析与展望

“一站式”的政府服务是指民众或企业通过面对面、电话或传真、互联网或者其他方式将所要办的事情在一次单一接触中完成的一种工作方式，该工作方式具有便民性、人性化和高效能等特点。

首先，新加坡政府“一站式”服务体现了无缝隙政府建设的模式和理念。2001年，新加坡建设局、公园局、环境部、陆路交通局、建屋发展局、市区重建局、农业食品与兽医局、市镇理事会和警察部队9家政府机构，联手对公众关于公共场地维修问题的各类投诉提供“一站式”一步到位的服务。他们负责把民众的投诉或意见转达给有关机构，避免民众在多个部门来回跑。新加坡政府坚持“亲市场”、“亲商”、“亲民”服务理念，其政府服务具有如下特点：一是政府服务的顾客导向：认为政府工作人员应该是负责任的企业经理人，要以顾客为导向，以服务为本，寓管制于服务之中，这是一种积极的“亲民”的政府公共管理理念。二是政府服务的结果导向：重视政府活动的产出和结果，即重视公共服务的效率和质量。三是政府服务的市场化与社会化导向：主张公共服务提供多元化与合作化，注重与企业、社会建立互利、共生的伙伴关系，让更多的私营部门和社会组织参加。比如新加坡在努力简化外资项目审批程序，经济发展局在海外设立了数十个分支机构，为外国投资者提供“一站式”服务，这是一种积极的“亲市场”的政府公共管理理念。四是政府服务的电子化导向：健全的电子政府系统。概括起来，就是形成了“一站式”政府服务机构，为民众提供无缝隙的公共服务。

其次，新加坡电子公民服务中心搭建无缝隙政府“一站式”服务平台。电子政府可以在任何时间、任何地点，通过各种方式，为民众、企业和政府机

构提供便捷的电子化服务。电子政务可以大力促进政府反应力,提升政府沟通效率,提高决策质量和水平,人力精简和有效运用人力资源,节约政府开支和经费,扩大公民参与,创新政府服务。新加坡政府为了改善公共服务的提供方式和提供质量,应用信息技术来整合政府各部门的职能,建立起了以服务受众为核心,跨越多部门的"一站式"综合网站,力争完成服务的集成传递并向公众提供一个无缝隙的公共服务平台。电子公民服务中心使得新加坡的各个政府机构之间打破壁垒,把分散在各部门的行政审批集中起来,打破了办公地点分散的弊端,以整合且无缝的方式向公民提供他们所需要的服务,从而完成了信息与服务的集成传递。该中心被认为是全世界迄今为止发展最为成熟的"一站式"政府服务中心。

最后,新加坡无缝隙政府建设成效突出。从2006年到2010年,新加坡"整合政府2010"实施,政府重新制定了跨部门的工作流程,提高其内部工作效率,强调以用户为中心理念,采用新的服务方式以满足用户的各方面需求。如今,电子政府在新加坡已非常普及并且受到民众和企业的广泛接受,根据2010年对2800名受访者的调查显示,新加坡电子政府为民众和企业广泛接受,将近90%的民众和企业对政府电子服务的总体服务质量表示满意。在过去5年里,政府内部对系统、流程和数据更大规模的共享使政府在提高效率的同时,还节省了超过1.4亿新币的成本。到2010年,政府跨部门工作流程逐渐建立起来。2011年6月24日,新加坡又发布了未来5年的电子政府总体规划——"电子政府2015"。"电子政府2015"强势启动,旨在将系统、流程和服务的整合由政府内部扩展到政府外部。其愿景是建立一个与国民互动,共同创新的合作型政府。为了实现"合作型政府"的愿景,新的总体规划将侧重于三大战略性领域:共同创新创造更多价值(Co-creating),互联促进积极参与(Connecting),促进一个整合服务转型的新政府(Catalyzing)。

第四节　无缝隙政府建设的启示

无缝隙政府建设的关键在于政府业务流程的再造和政府组织结构的重

组。“以人为本”的政府服务理念促使我国的政府改革必须坚持公正导向的政府业务流程再造，切实把政府职能转变为公共服务和公共物品的提供。我国的无缝隙政府建设，在实践的基础上循序渐进地向前推进。改革开放以来的六次政府机构改革，既是当时政府生态对政府工作的要求，也在一定程度上顺应着世界各国政府改革的潮流。历经这六次改革，我国政府在转变政府职能，理顺政府组织机构架构，明确府际关系，运用现代信息技术实现政府业务流程再造等方面取得了拓展性的成绩。但重新审视我国政府无缝隙改革走向的进程，政府组织机构无论是横向还是纵向都还没有达到无缝隙的勾连与合作，政府在应对公民需求的回应性，以及倾听公民呼声的有效性和积极性方面还有较多不足。党的十七大以及十七届五中全会都明确提出要探索实行政府机构的大部门制，并在中央政府和地方政府改革实践基础上积极推进大部门制的改革，一定程度上实现了政府职能部门的重组，与无缝隙政府理念交相映晖。在政府、社会和公民三维机制共同治理已成为当代社会重要的治理特征的情势之下，增强政府工作透明度，打造“阳光政府”，积极展拓政府与公民合作共治的伙伴关系的广度和深度，已成为世界各国重塑政府运动的发展趋势和价值主导理念。西方国家无缝隙政府建设的实践，借助互联网技术实现政府业务流程再造和大部门制的政府机构架构，彰显着无缝隙政府的“光辉”。无缝隙政府建设的理念和大部制机构改革实践的“暗合”，积极推动了政府内部职能机构的联动和合作，也在一定程度上推动着政府部门与公民的无缝隙衔接。

一、积极推进大部制改革与无缝隙政府的“暗合”

几乎所有的政策都不限于一个部门，而是涉及多个政府机构，“政出多门”造成部门间相互推诿扯皮以及政府工作低效的现象，与其说是政府组织机构间协调和沟通能力不佳，不如说是政府部门组织架构、设置和职能划分不科学、不合理。探索和实施大部门制就是为了克服和解决机构重叠、职能交叉、权责脱节、相互推诿等问题而设立的。基于现代市场经济基础之上的大部门制，最早源于西方，现已成为市场经济体制完善的西方发达国家政府组织的常态。大部门制的政府机构设置，依据职能原则，将职能相近、业务范围相同的事项尽量整合到一个职能部门中去，减少政府机构重叠、层级设置过多、职能分散的现象，在横向事务上拓展同一职能部门的覆盖范围，进而达到提高政府工作效率和降低行政成本的目的。

发达国家的中央政府多实行大部门制，通过把职能相近或交叉的部门合并和重组，设立综合性机构，来重新界定和处理政府服务内容。以日本为例，财务省相当于中国的财政部、审计署、国资委、海关总署及部分中国人民银行、证监会、银监会的职能；劳动福祉省相当于中国的人力资源与社会保障部、卫生部、民政部、人口和计划生育委员会、食品药品监督局等部委；国土交通省相当于中国的国土部、铁道部、交通部、民航局、海事局、旅游局、气象局，等等。

中国也在积极推进大部门制改革。党的十七大报告提出“加大机构整合力度，探索实行职能有机统一的大部门体制，健全部门间协调配合机制”。党的十七届五中全会上再次提出“坚定推进大部门制改革”，既是对2008年第六次政府机构改革的坚定支持，也表明了对“十二五”时期进一步推进优化政府机构改革和职能重组、转变的坚定决心。2008年我国在工信部、交通部实施大部制改革，标志着以大部制改革为中心环节的第六次政府机构改革正式启动，此次改革通过对政府部门与部门之间关系的重新梳理，进行了新的资源整合。政府机构的合并与重组是为了更好地为公众服务，大部制改革体现了无缝隙政府服务对象便利原则。地方政府机构改革也在有序进行。近年来一些地方政府根据本地实际情况，探索实现机构职责的整合，实施“大厅局模式”，诸如大农业、大交通等改革尝试，取得了宝贵的经验，有效避免了过去“政出多门”造成的部门间推诿扯皮现象，提高了政府回应公民需求的有效性和时效性。建立在现代市场经济基础上的政府，其主要职能在于宏观调控、市场监管、社会管理和公共服务。大部制改革的实质就是要强化政府在遵循市场经济发展规律基础上的对宏观经济的调控能力，减少政府对微观经济领域的干预，充分发挥市场对微观经济领域的调控作用，切实使政府职能转变到以社会管理和公共服务为导向上来，大力推进以改善民生为重点的社会建设。传统官僚体制下的政府机构之间存在着部门壁垒，他们之间是相互独立运转的，部门与部门之间缺乏沟通和协调，阻碍了他们为民众服务的效率和质量。无缝隙政府建设要打破这些部门壁垒，在机构之间形成合作伙伴关系，有效回应民众的需求，及时解决民众的问题。

我国的政府再造在处理横向的政府机构之间的关系时，可以通过优化服务流程，实现政府职能再造，来建构政府机构之间无缝隙的同盟关系。通过消除不能增加公共利益的政府活动，简化现有的复杂流程，整合各职能部门的破碎性流程，通过日常工作自动化的实现来优化服务流程。推进政府机构改革，将业务内容相近的机构进行调整归并，将专业职能部门转变为综合职能组合，实现职责分明、协同行动的无缝隙和协作一致的公共服务体系。

我国政府需要建立科学、高效的部门内外协调机制，来规避部门之间的推诿扯皮。首先，要建立科学的部门内协调机制。对于部门内协调机制，部内办公厅是常用协调机构，它负责为部长开展工作做准备，推动部内各项活动的开展，监督和协调各部门的工作，负责与国务院及其他部门办公厅的联系。各部内部还设有管理部门负责部内协调。强化国务院首长的部门间协调作用，围绕决策、执行和监督职能并辅之以核心执行职能建立首长间的分工与合作关系，完善部门间协调制度；坚持部门行政首长负责制，由部长通过部内单位或特定岗位对部内事务进行协调，注重以亚职能为主线建立部门领导间的分工合作关系。各级地方政府也都存在类似的协调结构，它们的运行也遵循上述原则。其次，要建立高效的部门内协调机制。要解决水平部门之间的合作协调问题，主要的形式包括：多部门联合发文，危机事件发生时成立临时协调小组，部门决策中的“联席会议”机制，也包括成立专门的综合协调部门或划定某一具体部门的职责为综合协调职能。

然而，整体而言，实践中的协调、合作机制还存在着覆盖面不全、制度化不足、责任机制不明、程序不规范和效用有限等问题，并由此导致了部门割裂、政府冲突和管理空白地带的存在，影响了政府部门的整体绩效。针对各级政府、各相关部门之间的推诿扯皮现象，首先，可以依靠各级党委政府纵向协调，建立由各级党委政府主要领导挂帅，政府各职能部门主要负责人参与的特别委员会来高位协调，指挥合作。其次，要划清界限，进一步明晰各部门的职能。根据工作性质、工作任务的不同，将不同的职能细分入不同的部门，确保职能明晰，在问题发生时能够立即找到相应的部门加以处理。再次，要发挥各级政府服务热线的督导作用，督促各职能部门履行职责，避免相互推诿扯皮。最后，尝试对同级别政府部门之间的制度化联系机制进行立法，规范各级政府之间的关系，推进法治型政府建设。

大部门制改革的进程，虽有西方国家先行实践的借鉴，基于我国实际的大部门制设计仍需要做好前期准备工作，加强大部门制改革的理论论证，增强大部门制改革的前瞻性和指导性；同时完善政府部门架构的法制化，实现机构的法定化，理顺中央政府与地方政府、上下级政府以及政府内部职能部门的关系，确保政府事务的无缝隙合作和业务流程的有序融合；强化政府在推动政府改革中的自觉性和主导性，加强大部门制改革顶层设计，增强改革的系统性和整体性。

二、建构政府上下级机构间的无缝隙对接

美国、澳大利亚和日本，以及上文提到的西班牙、新加坡等国都非常重视政府上下级机构间的无缝隙对接。以澳大利亚的中央和地方关系为例，澳大利亚是联邦制国家，中央和地方职责权限是由联邦宪法规定的。根据宪法的规定，联邦权力来自各州，凡州未赋予联邦的权力，仍归各州行使。历史上，州的权力很大，但是，随着经济、社会的发展，如环保、枪支管理等原由州行使的一些权力，仅由各州管理已很难适应客观形势的要求，于是各州将这些事项的管理权适时让渡给了联邦，州的权力有向联邦不断转移的趋势。再看日本的中央和地方关系。日本是中央权力很大的国家。虽然日本宪法和地方自治法规定实行地方自治，但出于日本战后尽快恢复和发展经济的需要，地方权力极少，大部分权力包括财政、税收、教育、文化等管理权

均集中在中央。中央地方之间财权和事权不对应的权力结构日益成为经济发展的障碍，日本国内要求扩大地方自治权的呼声日益高涨。在这种情况下，日本国会于 1995 年通过了地方分权推进法，成立了地方分权推进委员会，适当扩大地方自治权。

中国中央政府与地方政府的关系，在长期的发展过程中，已经形成了比较稳定的模式。概括起来，主要包含以下四个基本要素：行政逐级发包、属地管理、财政分成与地方官员的晋升竞争，周黎安将其总结为“纵向发包”与“横向竞争”的统一。“行政逐级发包是指政府的公共和行政事务是从中央逐级向下级地方政府发包，一直发包到最基层的地方政府，如明清的县，当代中国的乡镇。它的基本特点是，介于中央和基层政府之间的‘中间政府’（如省、州、路、府）扮演着承上启下的‘经纪人’的职责，属于‘治官之官’，主要行使监督和控制基层政府的职责。基层地方政府实际上最终承包了几乎所有的政府事务，是最后的执行者和实施者，被称为‘亲民之官’或‘父母官’。行政发包制区别于行政雇佣制，它在逐级发包的过程中伴随着大量事权和自由裁量权的下放，因而呈现更加分权的特征。”①我国行政中央集权的传统，一方面表现在中央政府通过财政、人事任免等方式对地方政府的控制，另一方面地方政府的相对割据和分立，造成中央政府对地方政府监管和控制的虚弱，致使很多时候地方政府宛如“独立王国”。由于中央政府和地方政府的权力划分缺乏明确的制度规范，再加上事权和财权的不匹配，造成地方政府和中央政府对很多事项多头领导的混乱局面，却又在很多领域出现无人领导或相互推诿的“真空地带”，致使公共利益难以实现，人民利益难以保证。所以要调整中央和地方的关系，必须明确中央和地方的权力范围。既不能统得过死，中央过于集权；也不能放得太乱，地方权力过大，必须处理好集权和分权的关系。

首先，上下级政府之间的关系，需要用法律来规范和框定，实现中央与地方关系的法制化。一段时期以来，中央政府对地方政府的领导和调控，往

---

① 周黎安：《转型中的地方政府：官员激励与治理》，上海人民出版社 2008 年版，第 191 页。

往采取行政命令、政策规章等强制性手段,甚至以行政领导人的个人意志为标准,缺乏明确的法律制度框架和规范化运作,因此急需制定一部《中央和地方政府关系法》或完善《组织法》来规范和理顺中央与地方关系,使中央与地方在职能权限、府际关系运作规范化等方面有明确的法律依据。只有法律规范的制度保障,上下级政府之间才能更有效地合理分工,开展工作。

其次,明确各级政府之间的职能定位。我国政府自上而下层级间的行政管理体制,一直实行的是上级政府向下级政府下达指标、分解任务、量化考核的目标责任制以及由此形成的"压力型体制"。中国的"压力型体制"决定了政策法规和考核体系都是上面想好,下面做,或者说上面考核,下面运用,存在上下脱节的问题。这就造成了上下级政府机关之间的矛盾,以及基层政府与普通民众之间的矛盾。上述矛盾的解决,需要合理调节中央政府与地方政府之间的关系,突破组织内的壁垒,扩大管理的幅度,减少管理的层级,实现政府结构的扁平化,真正建立起一种能够提供便捷服务、灵活回应民众需求、具有动态适应性的扁平化组织结构。政策法规制定的过程中应该协调好中央、省、市、区县、镇街之间的职能定位。上级政府政策制定的主要起草和参与者要建立下级政府和基层街道社区参与调研生活机制,在重大政策出台前,要到执行落实政策的第一线居住生活一个月,真正制定出适合基层的政策法规。建立基层干部群众的利益诉求和民意表达机制,把一些基层的好的草根经验提炼融合到政策法规中来。

再次,重构中央、省、市、区县、镇街五级财政的税收分配机制。中国五个层级政府,每一级政府都有权从下级政府征集收入,下一级政府必须承担财政上缴的义务。预算外收入存在于中国的各级政府,但行政等级越往下行,预算外收入占地方政府总收入的比例就越大,地方政府对预算外收入的依赖就越强。为保障镇街等基层地方政府行使公共服务的职能,一是要重构中央、省、市、区县、镇街等主体间的税收分配机制。实现政府工作重心下移,做到权随责走,费随事转,财权与事权相对应,具体就是要做到"五个下沉",即工作人员下沉、工作任务下沉、服务承诺下沉、考评监督下沉、工作经费下沉。二是要合理地利用中央政府的转移支付来参与基本公共服务。积极争取上级政府的转移支付，促进转移支付制度的科学化、法制化。下级政府要如实地向上级政府报告自身履行本级事务的缺口，同时，上级政府要制定完善的监督制度，对转移支付资金使用去向实施有效监督。三是要积极拓展民生型财政投入来源，善于引入和利用民间资金和慈善捐赠来弥补基层政府为民众的服务能力缺失和财力的不足。

最后，通过拓展与整合基层社区资源来回应公民需求。重心下移，财政要向镇街倾斜，同时，赋予镇街适当的执法权，使其有能力解决一些老百姓亟须解决的问题。建立“一委一居一办一站”的管理模式，推行社区“扁平化”管理和网格化管理，形成社区党组织、居委会、公共服务站和社会组织四位一体的社区运作体系。利用社区平台，注意整合驻区单位和群团组织的资源。驻区单位在地方的需求，使得驻区单位需要和所在社区建立合作关系。群团组织作为联系各类居民的群众团体，也需要与居民发生密切联系以履行自身的职能。

三、实现政府部门与公民的无缝隙衔接

目前，高层和草根之间、政府部门与普通民众之间是有缝隙的，有的时候有的地方缝隙甚至很大。同时，政府机构“金字塔式”的政府组织体系的架构，权力高度集中于上层和行政首长，再加上地方行政机构基于自身利益对真相的故意掩盖，致使高层领导即使愿意倾听基层群众的呼声，也会使信息在层层传递过程中失真，使得高层领导和行政首长与普通公众、政府机构内部上下级之间及横向之间，往往出现割裂或断层和分离。为此，必须要通过建设“能动社会”、培育和发展社区社会组织、发展电子政务、构建公民参与的人事选拔、考核和监督机制来克服上述割裂或断层，弥补上述不足，实现政府部门与公民的无缝隙衔接。

首先，通过公民参与建设“能动社会”。波拉尼在“大转型”中指出，针对市场的力量，社会奋起保护自己，形成“社会保护运动”。这种被市场冲击力激发出保护自身能力的社会就叫做“能动社会”。实现政府部门与公民的无

缝隙衔接,其中一个重要方面就是激发社会的力量,建设"能动社会"。而激发公民参与,通过公民参与来实现政府部门与公民的无缝隙衔接,是建设"能动社会"的重要形式。公民(不加任何中介)参与公共政策过程的积极性的提高,一方面有利于促使国家政治模式走向民主政治,培育和发展政治文明;另一方面公民积极参与到公共政策的制定、操作等全过程,对培育公民意识和公共精神,进而在相互信任和互助的基础上实现社会自治,促进社会资本的积累,实现社会良好的善治也具有积极的基础作用。中国目前一方面处于经济高速增长、民众生活显著改善的快速成长期,同时也处于经济体制深刻变革、社会结构深刻变动、利益格局深刻调整、思想观念深刻变化的加速转型期,经济社会发展存在失衡,住房、贫富差距等问题成为民众关注的突出问题;产业结构快速转型,劳资关系进入深入调整期;阶层结构逐渐固化,下岗工人、失地农民、农民工和城市"蚁族"成为弱势群体。上述问题的存在导致新的社会风险集中爆发:风险型社会矛盾大量涌现;群体性事件特别是泄愤事件大规模爆发;各级政府把维稳作为第一要务,陷入一种维稳怪圈。中国社会陷入一种非常脆弱的"刚性社会",社会阶层之间出现断裂,政府和民众之间情绪对立,民众的相对剥夺感和不满情绪显著增强,而政府面对这一切,表现得无能为力,社会呈现一种极其脆弱、极不稳定的状况。要摆脱上述困境,政府必须要转变观念,鼓励公民通过有序参与来反映其合理诉求,保障其合法权益,使极其脆弱的"刚性社会"转变为富有弹性和自我调节能力的"能动社会"。

其次,通过培育与发展社区社会组织来满足公民需求。西方的学术研究表明,民主国家是以强大的公民社会的发育为基础的,它非常依赖于社会组织的发展,而由公民支持的中介组织和社团,成为公民向政府官员表达它们的见解和利益诉求的通道。"在 20 世纪 90 年代初期,公民社会对支撑民主政府的重要性,在政治学家罗伯特·普特南的著作中再次被提及。普特南指出,各种组织与社团对支撑现代民主国家的运作具有关键性作用。此外,它们也有助于促成公民形成牢固的文明观与强烈的信任感;或者说,正如他从詹姆斯·科尔曼著作中所引用的,各种组织与社团为保证民主制度的运作提供了不可或缺的重要的社会资本。”[①]我国长期呈现强政府、弱社会的格局。改变这种状况，实现政府职能转变，就必须培育和发展社会组织，建立政府与社会相互依赖、相互协作的关系。而社区社会组织作为最贴近民众的组织载体，更需要大力培育与发展。只有社区社会组织壮大了，民众的需求才能更好地得到满足和体现。培育与发展社区社会组织，要积极争取外界的支持，构建财力支撑机制；加大治理理念的转型，扩大社区居民的参与；加强社区社会组织自身能力建设，提高社区社会组织的自组织能力；构筑监督体系，建立有效的监督机制等。针对不同类型的社区社会组织，要采取差异化的支持策略：对服务类的社区社会组织要优先发展，对慈善类的社区社会组织要重点扶持，对活动类的社区社会组织要规范引导。对政府依附型社区社会组织，既要注意发挥其善于整合各级政府及驻区单位等各种资源的优势，也要重点解决其内生动力不足的问题；对外力支撑型社区社会组织，既要充分利用其外部资金筹集量大的优势，也要重点解决其制度规范缺失的问题；对居民建构型社区社会组织，既要充分利用其草根性、贴近居民需求的优势，也要重点解决其财政经费缺乏的问题。要进一步转变、规范和完善政府对社会组织的行政管理职能，形成政府部门与社会力量优势互补、协同推进社会管理的生动局面。

再次，通过发展电子政务来实现政府部门与公民的无缝隙衔接。信息技术和计算机技术的成熟发展，使信息的收集、整理、传播和利用更加便利，使政府运作在众人监督之下，曾经的“咫尺天涯”，变成了如今的“天涯咫尺”，增强了政府对公民的回应性和有效应对性。政府运用信息技术和互联网，实现政府业务流程再造，网络化办公和网络“一站式”服务中心的应用，大大缩短了政府服务公民的时间，使政府服务效率大大提高。同时，网络化办公的实施，揭开了政府神秘性的面纱，使曾经“金字塔式”的垂直运作的政府方式实现了扁平化的架构，增强了服务公民的无缝隙衔接。电子政务可以大力提升政府沟通效率、提高决策质量和水平、节约政府开支和经费，扩

---

① ［美］安东尼·奥罗姆：《政治社会学导论》，张华青等译，上海人民出版社2006年版，第231页。

大公民参与、创新政府服务。西班牙加泰罗尼亚地区的“. Cat”平台和新加坡的电子公民服务中心，为电子政务助力无缝隙政府建设提供了很好的经验借鉴。要进一步加大我国地方政府网站的政务公开力度，进一步畅通政民互动平台，落实好政府服务热线的督察成效，通过推进电子政务来提高行政效率，降低行政成本，提高政府工作的透明度，为公众提供更高效便捷的服务。

最后，构建和完善公民参与的人事选拔、考核和监督机制。一要构建公民参与的领导干部选拔机制。在德才兼备、公开公正的前提下，要注意选拔代表不同阶层利益的人群特别是社会底层和弱势群体进入领导干部序列。二是要完善公民参与的人事考核机制，对政府部门工作人员的考核引入公民满意度调查，将调查结果作为对公务员奖惩或升迁的重要依据。把评判政府和公务员服务水平的权力真正赋予接受政府和公务员服务的被服务者——公民。三是要增强普通民众对政府服务的监督。新加坡政府先后设立的中央投诉局、民意处理组和服务改进组，在受理公民对公务员投诉，吸纳公民参与政府政策过程，倾听公民对改进政府服务质量的意见等方面发挥了重要作用，有效链接了政府与公民的积极互动，形成了普通民众对政府及其工作人员的有力监督和制约。

第七章　绩效政府：政府职能行使中的效能导向

绩效管理有很多的定义，比较令人认可的一个说法是，“一种以结果为导向，以绩效评估为核心，以公众满意为最终核心的一个管理模式”①。在政府管理领域，绩效管理尚未被清晰定义，但是，作为一个完整的系统和过程，绩效管理包含绩效战略、绩效评估、绩效控制、绩效沟通、绩效改进等内容这是确定的。② 一般认为，政府绩效管理是指运用科学的方法、标准和程序，制定政府的长期目标、达到目标的策略、评估绩效的标准，对政府公共部门管理过程中产生中期成果和最终成果所反映的绩效进行评定和划分等级，从而对行政机构运作进行评价的一系列活动的总称。绩效管理有一个认识和实践的过程，最早用于社会经济管理方面，后来在人力资源管理领域又有广泛应用。20 世纪 70 年代末以来，为了应对经济全球化、政治民主化和企业管理创新的挑战，一些发达国家也包括一些发展中国家，先后进行政府体制机制的变革，积极地探求提升政府绩效的管理办法。例如，1993 年美国政府颁布了《政府绩效与结果法》，1997 年英国颁布了《地方政府法》，2002 年日本出台了《政府政策评价法》。进入 21 世纪以来，发达国家政府管理面临的经济社会形势发生了新的变化，其政府绩效管理改革呈现出新的特点。

第一节　绩效政府的新发展

近年来，发达国家政府较为普遍地建立起整体性的绩效管理框架，不断

① 杨士秋：《推行和完善政府绩效管理》，载《行政管理改革》2011 年第 8 期。

② 中国行政管理学会课题组：《政府部门绩效评估报告》，载 http://www.cpasonline.org.cn/gb/readarticle/readarticle.asp?articleid=314。

完善绩效管理体系，加强组织实施的保障，同时大力推进绩效管理的信息化，降低政府管理成本，大大拓展了绩效管理的发展空间。

一、整体性规划政府绩效管理

进入21世纪，发达国家政府在绩效管理方面有一个明显的趋势，即较为普遍地建立了整体性的绩效管理框架。2004年，加拿大构建起《管理问责制框架》；2008年8月，澳大利亚昆士兰州政府通过了关于以新的绩效管理框架代替管理绩效框架的决定，并于2009年5月公布了《昆士兰州政府绩效管理框架指南》；2009年10月，维多利亚州基本服务委员会公布了《地方政府绩效控制框架》；2008年8月，新西兰国家服务委员会和财政部联合发布了《绩效评估：关于如何建立有效框架的建议和实例指南》，等等。整体性绩效管理框架是对以往改革成果的整合，是对现阶段的研究和实践热点的融入，大大拓展了绩效管理的发展空间。整体性绩效管理框架的提出可以看成绩效管理进入全面推行的发展新阶段，可以看成一种较为成熟的标志。①

整体性规划政府绩效管理的另一种形式，是政府绩效管理立法。1993年美国政府颁布的《政府绩效与结果法》，规定了政府绩效管理的目的、管理的内容、管理的责任、管理的实施进程等。经过近20年的发展，这部法律已经不能适应新的形势。2010年12月21日，美国国会通过了《2010年政府绩效与结果法修正案》。2011年1月4日，奥巴马总统签署了该法案，该法案正式生效，从而完成对1993年通过的《政府绩效与结果法》的首次显著修订，也标志着绩效政府管理更加制度化。法案要求联邦政府部门设定可以衡量的绩效目标，加强部门间协调以避免重复性计划的出台，并将绩效进展在网站上公开和更新。法案还要求各部门指派一名首席运营官和一名绩效改进官负责监督所在部门和整个政府改进行政、管理、采购等职能的情况。每个联邦政府部门设定更加清晰的目标，明确界定它们为美国人民实现了

① 卓越等：《构建整体性绩效管理框架：西方政府绩效管理的新视点》，载《中国行政管理》2011年第4期。

什么。美国联邦政府的巨额财政赤字显然是该法案出台的动因之一，即政府要对纳税人负责，说清楚这些巨额财政支出究竟花在了哪些方面，花的效果如何。这样，它与奥巴马政府所要求的反对浪费就不谋而合了，被认为是奥巴马政府执政理念的具体化。该法案要求通过公共网站公开和更新政府绩效信息，强化政府问责和公民监督，进一步完善了绩效政府管理体系。

二、优化政府绩效管理的组织实施

绩效评价是政府绩效管理的保障性措施。英国是开展政府绩效评价实践最早的国家，也是绩效评价成就显著的国家之一。在政府绩效评价发展的每一个阶段，英国总会适时推出新的评价形式。1998 年，英国政府公布了公共服务协议。此后，针对公共服务协议存在的问题，英国审计委员会着手开发一个新的绩效评价框架。2005 年 3 月，副首相办公室发布了“争取更好的结果：开发一个新的绩效框架”。其中建议提高政府自身绩效管理的能力，在整体合理化与检查活动减少的基础上开展基于地区的评价。2006 年 8 月审计委员会发布了“2008 年后的地方服务评价”讨论文件，进一步阐述了开展全面地区评价的思想。2006 年 10 月地方公共服务改革白皮书《强大繁荣的社区》和 2007 年《地方政府和公共卫生参与法》描述了地方公共服务新的绩效框架。2007 年 4 月，首相正式授权审计委员会、社会关怀检查委员会、卫生保健委员会、警察人道监督团、监狱人道监督团、缓刑人道监督团、教育标准办公室等 7 个检查团联合开发新的绩效评价框架。在检查团于 2007 年和 2008 年分别进行了两轮广泛的咨询和一个对新方法学习与培训的行动计划之后，2009 年 2 月公布了全面地区评价体系，并于 2009 年 4 月 1 日正式开始运行。① 全面地区评价体系是综合评价的一种新形式，它吸收了之前各种评价形式，特别是全面绩效评价体系的优点，并根据行政发展和公民需求进行了多方面的创新。

---

① Audit commission, Comprehensive Area Assessment Fire and Rescue Service Framework, Millbank, London, February 2009.

三、政府绩效管理的信息化

随着电子政务的开展,政府绩效改革中逐渐加入了信息化的元素。联合国从2002年开始每年发布以其成员国为评测对象的全球电子政务测评报告,其电子政务绩效评估的指标体系,主要包括三个方面:政府网站状况、基础设施状况和人力资源状况,通过加权平均计算得出各国的"电子政务指数"。从2003年开始,其测评结果最终体现为两个指数:电子政务完备性指数和电子政务参与指数。欧盟2000年制定了"e-Europe 2002"计划,2002年又制定了"e-Europe 2005"计划,旨在建设信息社会。欧盟配合e-Europe计划制定了相关的发展测评指标,它包含的多种指标涵盖了社会信息化的各个方面,最主要的就是"信息社会统计指标基准"。该基准主要针对在计划中所设定的目标来对应设计,最终用于评估政策的结果、有效性以及评估信息社会的发展水平。但欧盟并没有针对这些指标设定标准的量化及评估方法,因此有各种各样的量化和测评方法。

在电子政务绩效评估方面,加拿大主要着眼于用户的满意度和政府服务品质的提升,并认为不仅要评测网站服务的可用性,还应同时评估效益的提升和对公民传递的价值。加拿大财政部于2002年与埃森哲合作,共同制定出一个"基于结果"的评估体系,该体系由便利性、可访问性、可信程度、服务成熟度、用户接受度、服务转型、用户满意度、安全性、个人隐私保护、效益回报、创新等11个指标构成。加拿大政府所建立的"电子政务绩效评估体系"亦受到了其他国家的高度关注,在联合国2003推出的全球电子政务评估报告《公共部门报告——十字路口的电子政务》中被列为电子政务绩效评估的典范。印度制定了"电子政务评估框架",该框架针对不同类型的电子政务项目分别提供了包括总评、细评在内的评价指标体系和计算模型,并为模型的应用提供了详细的说明。"电子政务评估框架"的核心思想是将电子政务系统按照一定属性划分为四类,通过非常详细的指标体系进行打分和计算,得出评价总分,并根据评分确定预算的拨付。该模型对发展中国家电子政务项目建设中经常出现的投资效率低下、项目评价过于主观等问题给出了量化的评价指标和办法。

四、政府绩效管理的低成本化

早期开展的绩效政府是为应对当时政府高支出、低效率的局面，其指导思想主要是以“成本效率”为核心，重视节约成本、提高政府效率的“过程导向”。在英国，撒切尔夫人当初引入绩效评估工具，主要是针对当时英国政府存在的效率太低、浪费严重的问题，希望通过借用企业中的绩效评估工具来审查政府绩效状况，以期提高行政效率和降低开支。英国政府公共部门的改革虽然在降低行政成本和提高行政效率方面取得了显著的成就，但另一个问题也开始变得日益突出，即如果行政改革继续以成本和效率为重点，必然受到牺牲公共服务的数量和质量来追求开支节省的指责。为此，绩效政府改革的指导思想从单纯追求经济、效率的“过程导向”向保证公共服务的“结果导向”转移，力求降低成本与侧重效益并重。同样，作为英国行政改革的重要内容，公共部门绩效评估的侧重点也由经济、效率转向质量和顾客满意度。此后，美国、加拿大等国家也开始进行大范围的政府顾客满意度调查，将提升顾客满意度作为政府绩效的目标。

进入21世纪，随着发达国家政府财政赤字的不断膨胀，降低成本逐渐压过公共服务效率成为各国绩效政府管理的首要宗旨。各国压缩行政成本的力度已经严重影响到公共服务的质量，甚至激起人们的强烈不满。以希腊为例，为解决本国巨额的财政赤字，挽救濒临破产边缘的退休金制度，希腊政府提出多项措施紧缩开支，包括在2015年前将男女平均退休年龄由61岁延至63岁，并禁止自愿提前退休计划。政府的举动引起了公职人员的不满，于是导致全国大罢工的发生。为抗议政府财政紧缩政策和改革退休金制度的计划，希腊各大机场的航空管制人员举行了为期24小时的大罢工，导致希腊全国的机场秩序陷入混乱，几乎所有航班都被延迟或取消。而希腊政府公职人员也参与了罢工行动，影响税务局、公办医院、学校以及各地政府部门的正常运营,导致这些部门只能维持紧急服务。由此不难看出,面对捉襟见肘的财政状况,在成本与效率之间,发达国家政府选择了前者。随着主权债务危机的进一步加剧,这种趋势可能会更加明显。

第二节　新西兰的《绩效评估:关于如何建立有效框架的建议和实例指南》

近些年,发达国家政府在绩效管理方面有一个明显的趋势,就是普遍地建立起整体性的绩效管理框架。其中较为典型的是新西兰国家服务委员会和财政部于2008年8月联合发布的《绩效评估:关于如何建立有效框架的建议和实例指南》(以下简称《指南》)。

一、《指南》的主要内容及特点

新西兰的《绩效评估:关于如何建立有效框架的建议和实例指南》解释了绩效评估周期的关键步骤、为什么每一步是重要的以及完成每一步骤该采取哪些行动。绩效评估是重复性的过程,包含建立绩效故事、绩效图景、管理预期、建立利益相关者图景、定义结果、定义中间结果、定义产出、收集数据并进行测量以及连接绩效的各个层次等环节。实施绩效评估是为了实现以下三个目标:(1)为战略和政策发展提供信息;(2)为能力提高和服务改善提供信息;(3)报告成果。

新西兰的《绩效评估:关于如何建立有效框架的建议和实例指南》除了摘要、简介和附录之外,绩效评估指南的核心部分包含六方面内容:为什么要进行绩效评估;建立初始绩效图景;让利益相关者参与评估;定义结果、中间结果或影响和产出;进行测量并建立指标;连接绩效管理的三个层次并进行结果反馈。该框架指南有三个显著特点:其一,关注绩效战略。在绩效管理框架结构图中,处于最顶层的就是政府战略,其他层次的工作都是为了实现政府战略。框架指南强调政策目标和机构目标都要围绕政府战略进行制订，明确将战略导入绩效管理以促进绩效改进。其二，关注绩效信息。指南指出，设计绩效管理框架是为了提高绩效信息的分析和应用，为政府机构和社会识别、处理风险和机会提供帮助；它应有助于鼓励更好的实践，建立共同的语言，整合机构之间的绩效信息；同时，它能够使各个机构利用绩效信息向政府提出建议，改善服务供给和结果等。其三，关注绩效合同。框架指出，政府为了完成战略目标与具体政策领域的目标，就需要各机构之间的协作，并且这个协作要以合约或合同的方式固定下来。政府的绩效合同不仅规定了各个机构的目标，也规定了各个机构的绩效指标。机构目标和绩效指标通常包含在绩效协议中。

二、《指南》的步骤及效果

在新西兰的《绩效评估：关于如何建立有效框架的建议和实例指南》中，构建强有力的指标体系一般包含六个步骤（各个步骤是独立的，可同时进行）：(1)建立每一层次的指标集，确定良好指标的具体标准，并强调影响性指标的重要性。(2)识别有意义的比较组。为了可比较，一般按性质对指标进行归类。也就是说指标要具有可比性，有利于进行比较。通常一开始在设立指标时开发一些基本性的指标，但很快就将重点放在改进对照组上。(3)搜集信息产生相应组别的指标。(4)试运行指标，检查其可行性并识别潜在的挑战。(5)提高指标和被控资源及产出间的可归因性。(6)基于所学来完善框架和指标体系。同时，报告也指出，该指南并非教条，各个机构在使用时应结合自身需求和运作环境，但要保留证明资源、产出、中期结果和最终结果之间联系的整体性方法。机构需要以建设性和可审计的方式评估其绩效，把进展反馈给投资该领域的人力和资金。也就是说，要建立资源、产出和良好绩效之间的联系，保证提供的是清晰的、以证据为基础的绩效。

为了使代表效果类的指标更为细致、更具有操作性，新西兰在《绩效评估：关于如何建立有效框架的建议和实例指南》中将绩效评估分成产出、中间结果和结果三个层次，专门强调了中间结果的概念。中间结果可以通过使用影响尺度或指标进行测量。这些中间结果的尺度对绩效评估过程是至关重要的，因为它们为基于绩效的管理提供了支撑。它们在以下方面发挥作用：(1)代表着所提供商品和服务预期的近期结果；(2)通常可以在交付后不久进行测量，促进及时做出决定；(3)经常展现具体方法使管理人员可以弥补绩效的不足；(4)降低生产成本；(5)关乎各级机构和部门决策者的切身利益。①

第三节 美国的层级式绩效评估体系与首席绩效官制度

2003年以来，美国联邦政府先后制定并实施了项目等级评估体系和三色等级评估体系，形成了项目绩效评估—部门绩效评估—跨部门绩效评估的层级式绩效评估体系，并建立了首席运营官制度，使美国绩效政府管理制度更加完善。

一、项目绩效评估

项目绩效评估是通过项目等级评估工具进行的，它是由总统管理委员会和管理与预算局2002年制定的一套绩效评估体系。项目等级评估工具首先对单个项目进行评估，通过加权计算出单个项目的得分和等级，然后把单个项目的得分和等级制定成项目等级评分卡，从而形成项目绩效的比较评估。项目等级评估工具实际上是一套问卷系统，共分为目的和设计(20%)、战略规划(10%)、项目管理(20%)、结果和责任(50%)等四个部分。项目等级评估工具共有30个问题，分为四组，每组问题的得分范围是0—100分；把每组问题的得分与其权重相乘，得出该项目的综合得分；最后把四组问题的综合得分转换成“有效”(85—100分)、“基本有效”(70—84分)、“勉强有效”(50—69分)和“无效”(0—49分)四个等级。由于联邦政府众多项目的

① http://www.ssc.govt.nz/upload/downloadable_files/performance - measurement.pdf。

目的和性质各不相同，使用整齐划一的标准问题对所有项目进行评估是不科学的。为了使项目等级评估工具所设计的问题与项目之间具有更高的相关性，管理与预算局把联邦项目划分为七种类型，即直接项目、竞争性资助项目、分类补贴项目、规制项目、固定资产与服务采购项目、信贷项目以及研发项目。七类项目使用的大多数标准问题都是相同的，但应根据每类项目的特殊性增加一些体现项目特色的标准问题。

项目等级评估工具的效用主要体现在两个方面：一是对单个项目绩效进行评估，即按单个项目类型选择项目等级评估工具的问题模型，把项目各部分得分乘以相应权重，并据此计算项目的综合得分和等级。二是对不同项目进行比较评估。项目等级评估工具的起草人丹尼尔斯指出："我们的最终目标是使用项目等级评估工具对所有联邦项目进行等级评估，从而为总统预算、联邦政府内部管理和立法拨款提供客观依据。"①因此，使用项目等级评估工具对单个项目进行评估固然重要，但更重要的是对所有联邦项目进行比较评估。正是通过格式化的评估技术对所有联邦项目进行比较评估，并把评估结果以等级评分卡的形式进行汇总，从而在项目之间形成比较评估，展示联邦项目绩效的整体进步和缺陷，最终为国会拨款和管理改革提供有效依据。

事实上，管理与预算局已经使用项目等级评估工具对选定的联邦项目进行比较评估。2004 年，该局使用项目等级评估工具对 20% 的联邦项目进行了评估；2005 年和 2006 年，这一比例已分别上升为 40% 和 60% 。更为重要的是，项目等级评估结果已经对项目预算产生了实质性影响，"2005 年总统预算清楚地表明项目等级评估和项目预算之间的联系比往年更加紧密：被评为'有效'项目的资助平均增幅达 7%；'基本有效'项目的资助平均增幅达 8%；而'勉强有效'项目的资助平均下降 1.6%；'无效'项目的资助平均下降 38% 。"②

① www. whitehouse. gov/sites/default/files/omb/assets/omb/memoranda/m02 - 10. pdf.

② www. whitehouse. gov/sites/default/files/omb/assets/omb/memoranda/m02 - 10. pdf.

二、部门绩效评估

部门绩效评估是由联邦各部委对年度绩效目标的实现情况进行自我评估，它是部门发现问题、诊断问题和解决问题的重要手段，也是国会进行预算资源分配的重要依据。部门绩效评估绝不是简单地使用绩效指标对部门绩效进行评估，而是根据《政府绩效与结果法》的统一要求，制定部门战略规划、年度绩效计划与绩效目标，并发布年度绩效与责任报告。下面以联邦社会保障部为例，来分析部门绩效评估的主要做法。

联邦各部门在征询总统和国会意见的基础上，根据部门使命制定五年战略规划和战略目标，这关系到各部委能否切实履行职责并为公众提供高质量的公共产品或服务。战略规划要求部门负责人必须具有战略眼光和战略思维，基于部门使命和职责分工，客观评估部门所面临的现实问题和资源占有状况。更重要的是，战略规划为年度绩效计划和绩效目标确定了方向，避免了短视行为。在对部门使命和环境状况进行客观分析的基础上，社会保障部制定了五年战略规划(2003—2007)，确立了四大战略目标，并对其进行分解。

战略规划只是确定了长期战略目标，但如果不把这些战略目标分解为年度绩效目标，仍无法具体实施和评估。一般来说，年度绩效计划和绩效目标的制定必须认真考虑两个要素：一是战略规划，即把战略规划分解为可量化的具体目标，这是非常关键的环节。如果绩效目标过于模糊，就很难对其进行量化和评估。二是审查往年的绩效目标和绩效结果。审查往年的特别是上一年度的绩效目标和绩效结果，从而发现问题尤其是那些未能实现的绩效目标及其原因，为修改或制定新的年度绩效目标提供有价值的参考。2004 年，联邦社会保障部把战略目标分解为 43 个具体的年度绩效目标，每一个年度绩效目标都制定了量化的评估指标，如第三纵列 2004 年绩效目标几乎都是定量化的；同时这 43 个绩效目标及其量化指标的制定是建立在第二纵列 2003 年绩效结果进行分析的基础上。至此，联邦社会保障部的战略目标已经层层分解为具体的绩效目标，为下一步的绩效评估奠定了基础。

在确定了战略规划、绩效目标和绩效指标以后，绩效评估就变得顺理成章了。进行绩效评估需要做三件事：一是制定绩效标准。每个部门由于其工作性质不同，相应的评估标准也必然不同。目前联邦部门绩效评估通常采用三种绩效标准，即结果、产出和效率标准。二是设计绩效指标。绩效标准是宏观层次的评估尺度，在确定了绩效标准后，更重要的工作是把绩效标准分解为更具体的绩效指标，只有这样才能与年度绩效目标有效地结合起来。三是绩效评估，即把绩效目标的实现程度与预期目标进行比较。联邦社会保障部主要使用了两种绩效标准，即产出标准和结果标准。其中，产出标准被细化为 9 个绩效指标，而结果标准被细化为 34 个绩效指标。

部门绩效评估是联邦政府绩效评估体系的中间层次，其效用主要体现在三个方面：一是推动部门使命和战略目标的实现。《政府绩效与结果法》要求部门必须制定战略规划，并将其作为年度绩效计划和绩效目标的制定依据，这必然有助于部门战略目标的实现。二是促进部门绩效与预算的融合。小布什政府把绩效预算作为改革的重中之重，其核心是建立政府支出绩效评估体系，把部门绩效作为预算编制的重要依据。在每个财政年度末期，联邦各部门都必须把部门绩效与责任报告和下一年度的预算草案一起呈交管理与预算局，由其进行初步审查之后对部门预算请求进行审查和删减，然后呈交总统和国会，从而对部门预算产生重要影响。三是促使部门绩效与政治任命挂钩。大多数部长都必须与总统签订绩效合同，当部长不能实现绩效合同规定的绩效目标时，就面临辞职或解雇的危险。

三、跨部门绩效评估

针对联邦各部门普遍面临的管理问题，小布什政府 2002 年制定并颁布了《总统管理议程》，确立了 5 项改革计划即战略性人力资源、竞争性资源、提高财政管理绩效、推广电子政务以及预算与绩效一体化，所有部门都必须执行这些改革计划。跨部门绩效评估是由管理与预算局统一对各部门执行总统改革计划的现状和进展所进行的比较评估。

三色等级评估工具。如果没有统一的评估标准来跟踪评估各部门执行总统改革计划的情况,就很难保证总统改革计划得到有效执行。在征求专家和各部门意见的基础上,总统管理委员会制定了三色等级评估工具,用来跟踪评估各部门执行总统改革计划的现状和进展。三色等级评估工具针对总统管理议程中的每一项改革计划,制定评估其成功、进步或失败的标准,其中绿色代表成功、黄色代表取得了一定进步、红色代表失败,进而把成功、进步或失败的标准分解为具体的评估指标。

总统改革计划的执行评估。使用三色等级评估工具,管理与预算局每个季度都对各部门执行总统改革计划的成效进行评估,并把评估结果制作成三色等级评分卡予以公布。三色等级评分卡分为两个部分:一是执行现状评估,主要是评估各部门执行总统改革计划的当前成效。如果该部门在某项改革计划上得绿或黄,就意味着到目前为止它在该项改革上满足了成功或进步标准的所有要求;但如果该部门在某项改革计划上得红,就意味着它存在着失败标准中的任何一种情形。二是本季度推进成效。管理与预算局定期与各部门在执行5项改革计划的具体细节上进行协商并达成一致目标。因此,本季度推进成效就是指对各部门某一季度内推进总统改革计划的成效进行评估。这里的"绿"、"黄"和"红"的含义有所变化,其中"绿"表示进展良好;"黄"表示不理想,部门必须及时调整;"红"表示毫无进展,如果不进行干预,就很难实现预期目标。

三色等级评估工具的效用。三色等级评估工具的效用主要体现在两个方面:一是激励部门员工执行总统改革计划。三色等级评分卡将每个部门执行总统改革计划的成功、进步或失败清楚地展现在同行、上级监督部门、选民或媒体面前,任何部门成员尤其是领导者都不愿意公开丢脸,因此三色等级评分卡能够为部门执行总统改革计划提供强大的外部激励。二是评估等级对部门预算产生重要影响。总统管理议程要求各部门将预算请求和等级评估结果一起呈交管理与预算局进行初步审查,然后再呈交总统和国会,这必将对部门预算产生重要影响,从而产生强大的激励作用。综上所述,美国联邦政府绩效评估取得了较大成功，其主要经验体现在五个方面：一是颁布和修正了《政府绩效与结果法》，为联邦政府绩效评估奠定了永久性的法律框架和制度基础。二是设立了绩效评估的协调和执行机构。小布什总统授权管理与预算局全权负责联邦项目、部门和跨部门绩效评估的协调和监督工作，保证了绩效评估的统一性和整体性。三是建立了层级式绩效评估体系即项目评估—部门评估—跨部门评估，改变了过去那种由某个或某几个部门所进行的孤立评估，形成了绩效评估的良好氛围。以往历届联邦政府都有某种形式的绩效评估，但至多是在某个或某几个部门进行，而没有形成涉及所有项目和部门的层级式评估体系。四是进行比较评估。无论是项目评估、部门评估还是跨部门评估，都以某种形式把绩效评估结果在联邦政府范围内予以公布，形成相互比较和竞争。五是绩效评估与预算紧密结合，为部门绩效进步提供了持续性的内在激励和动力源泉。

四、首席绩效官制度

在上任之初，奥巴马总统就表示美国面临金融危机，新政府要改革行政方式，提高效率，减少浪费。奥巴马总统挑战传统治理模式，在政府官员的职位设置上大胆创新。他设立首席绩效官这一职位，专门负责监督新政府的行政效率并制止行政浪费。奥巴马总统于2009年6月委任前企业高管杰弗里・齐安兹担任政府第一任首席绩效官。现任美国白宫管理和预算办公室副主任和联邦政府第一任首席绩效官的齐安兹，并不是首席绩效官的第一人选，也没有在政府部门工作的经验。但他是华尔街商界众所周知的顾问及研究公司的前首席执行官和主席以及企业执行委员会的前主席，有着二十多年丰富的企业管理经验。这两家公司都是业界标杆管理和最佳实践的佼佼者，曾经协助超过5000家的企业高级行政人员提升工作效率。作为政府首席绩效官，他的任务是确保联邦政府内24个主要部门平稳、高效运作，预算使用收到最大成效。除了首席绩效官，奥巴马总统设立了首席信息官和首席技术官等职位。他们与齐安兹的密切合作也促进了政府部门间的合作和绩效改善。他们的最终目标就是提升政府的工作效率和效果。

向参议院预算委员会报告时,齐安兹指出,议会和早期的政府已经为政府范围内的绩效管理做了许多基础工作。从《政府绩效与结果法》到布什政府的总统管理日程和专案评估分级工具,结果都是在重叠的系统中又产生了数以千计的绩效管理方法和计划。不管这些管理制度过去取得了什么样的成效,它自身的内容和有效性必须经得起定期的检验。而目前的绩效管理制度并没有被国会、各部门有效利用,也没有向社会大众提供有意义的信息,大部分的评估方法都是过程导向而非结果导向,无法确保跨部门任务是否履行目标。总而言之,工作人员把关注的重点都放在了按照绩效报告的要求按列表提供信息,而不是利用这些信息去引导变革。这样的绩效管理制度很容易导致政府工作目标的错位,齐安兹认为这种局面必须改变。各级政府工作人员都必须通过使用绩效目标和评估指针来制定优先事项,监测过程和诊断问题。他们必须从成功和失败的实践中汲取经验,学会使用目标和评估指针来激励更多组织内部和外部公共服务参与者去实现更好的结果和资源的有效利用。齐安兹的陈述描绘出奥巴马政府绩效管理的改革路线:

首先,制定部门优先绩效目标。管理与预算办公室在第一季的部门预算编制指南中要求各部门提出未来一到两年内希望实现的、有抱负的、以结果为导向的优先事项(3 到 8 项)。部门领导亲自参与到绩效管理目标的制定过程中,并负责绩效的评估工作,同时管理与预算局也会对工作进展实施监控。各部门还将气候变迁和无家可归等问题标识为多部门的目标,号召各部门的紧密合作。齐安兹也为自己锁定了几个跨部门的需要优先解决的问题,其中包括提高科技应用程度,改善采购合同流程,加快招聘速度等。其他所在的部门正在启动一项计划,改革采购和合同管理,希望利用政府的购买力优势,从每年支付给外部供货商的 5000 亿美元的采购款中节省 400 亿美元。计划要求部门所属各机关拿出方案,把 2010 财政年度的基本采购支出降低 3.5% ,2011 年再进一步减低 3.5% 。①

① 孟蕾、卓越:《21 世纪美国、英国政府绩效管理的新进展》,载《第四届“二十一世纪的公共管理:机遇与挑战”国际学术研讨会论文集》,2010 年 10 月 22 日。

其次，管理仪表板。管理仪表板利用可视化工具，以通俗易懂的方式向观众展示实时的绩效信息，已经被证明是管理和监督公共部门和私人部门的绩效信息的有效工具。首席信息官昆德拉在2008年6月30日开始试运行信息仪表板网站，公开展示政府各项主要的技术项目。信息仪表板由图表组成，像一个汽车仪表盘，可以形象地展示联邦政府每项信息技术的支出状况和时间表。公众也可以看到首席信息官是如何评估项目绩效的。信息仪表板网站在推出后立即收到了效果，有45项超支或者滞后的项目被暂停了。政府会尝试着将类似的管理仪表板网站陆续扩展到政府其他职能领域，例如政府采购、财务管理和人事管理。联邦政府的管理仪表板接口友好，社会大众可以随时了解自身关心的项目绩效信息，甚至可以自行输出所需的绩效分析报告。

再次，面向顾客的绩效信息。美国联邦政府一方面开始使用管理仪表板来改善绩效，另一方面也用它来服务大众。例如2009年6月份，美国公民及移民服务局建立起一套系统，使移民申请过程透明化，方便了有需要的公众，也在一定程度上改善了组织形象。政府鼓励建立这样面向顾客的系统，通过绩效信息的及时公开，强化各部门的行政问责，同时将广大公众有效地纳入评估体系中。

复次，严格的绩效评估机制。一般性的绩效评估对某些特定的项目已经失去作用。这些项目需要评估机构开展定期的、深入的绩效评估。从2011年开始，管理和预算办公室要求各联邦政府部门从社会、教育和经济项目开始，展开严格的绩效评估，同时要求强化各部门的绩效评估能力。时任管理与预算局主任还建立了部门间的评估工作组，并要求各部门将绩效评估结果在网络上公布。

最后，绩效管理领导者。管理和预算办公室还将引进大量的企业家、前政府官员、州政府和地方政府官员、专家学者或其他感兴趣的公务员，组成联邦政府绩效管理改革的先锋队，来改善政府绩效管理效果，提升自身评估和管理能力。

有评论认为，奥巴马上任后的政府绩效改革是“新”、“旧”混合，既保留了小布什政府的绩效改进专员制度，又对专案评估分级工具进行了翻新，雇用了大量联邦雇员，重构联邦政府合同，同时将关注的焦点由对项目进行评分转移到实现部门的优先目标上来。现在的政府绩效管理，正在从能力建设转向实施跨部门的优先问题的实际行动上来。尽管奥巴马政府并未提出发聋振聩的绩效管理改革口号，或是推行具体的绩效管理方法，但我们通过分析奥巴马政府绩效管理的实践，还是可以把握他的绩效改进与分析框架的脉络和特征。

第四节　英国文官学习系统与削减薪资

英国是世界上最早建立文官制度的国家，也是政府绩效管理制度最完善的国家之一。近几年，英国政府在绩效政府建设方面采取了很多新的政策，集中体现在文官学习系统与薪资改革等方面。

一、文官学习系统

公务员培训作为政府绩效管理的重要内容，近些年越来越受到各国政府的重视。英国政府成立了专门的机构——管理与政策研究中心负责公务员的培训和发展。2005 年 6 月，英国政府实施文官改革计划，管理与政策研究中心转型为现今的国家政府学院，其定位为“非部会政府部门”。为了给政府提供更好的服务，国家政府学院沿着以下策略进行改革：(1)从量的考量到建立信誉与影响评估局面的考量。(2)从产出导向到需求导向。(3)从个人发展到组织发展。(4)从一般性开放课程到配合政府特殊需求的客制化课程。(5)从与其他管理学校、大学及公共学院的竞争关系到与之共事关系。(6)从跟着潮流走到成为研究与思想的领导。(7)从不投资到建立配合组织发展与产出的永续经营模式。英国文官学习系统的建立及其发展，进一步完善了政府绩效管理制度。

在 2010—2011 年度，英国公务员培训机制为“核心学习方案”，英国政府大部分公务员都参加过“核心学习方案”。目前该方案已经结束。自 2011 年 4 月起，英国国家政府学院进行了新一波的改革，所有文官训练学习课程整合为新的培训机制——“文官学习系统”，负责所有的文官培训工作和机构的终身学习，预计在 2012 年 4 月以后，英国公务员培训及进修全部整合成为同一体系。

文官学习系统发展出一套统一的文官学习课程内容，称之为“共同课程”。课程类别包括文官简介、领导技能、管理职能、核心能力，受委托与专门性课程。根据规划，2011—2012 年度是“共同课程”的试行年，公务人员在此过渡期中可以选择付费购买所要上的课程，或者是修习同等级机构所提供之教育训练课程。自 2011 年 4 月起试办 1 年，即在 2012 年 4 月以后，英国公务人员培训及进修，包括快速升迁培训课程、核心学习方案课程，将全部整合成为同一体系。而其中所有“共同课程”的设定目标，也就是当前英国政府部门改革的重心，在于促进行政效率提升，以及建立部与部之间及其与公民社会间的新关系。文官学习系统和文官学院因此形成一种伙伴关系，提供所有文官面对挑战时的基础知识。

从整体来看，文官学习系统包含培训课程、线上解决方案和个案研究三大部分。在具体的课程规划上，除了文官所必备的技能和准则外，亦重视文官和其他部门、同侪以及社会的关系网络，不局限在行政管理的知识与职能，亦重视私部门运作及个人生涯发展等相关课程。课程内容包括以下几大纲要：“领导与治理”、“政策制定与策略”、“政府工作：部长、国会与文官”、“管理发展”、“个人效能/生涯发展”、“沟通、利害关系人管理与客户关系”、“企业与财务管理”、“专业课程”等，另外也规划“快速升迁”、“虚拟学院”及“政府方案与挑战”等相关课程。

“快速升迁”体系的培训课程，即将纳入“共同课程”之中。课程大纲包括：(1)文官生涯。说明文官服务内涵与如何实践服务。(2)文官领导。指导如何建立领导能力。(3)管理发展。包含各类的管理知识。(4)核心技能。学习如何持续改善，发展商业敏锐度与表达能力。鉴于组织领袖对其组织的转化和任务成败之关键角色，英国政府学院开设了高阶“领导课程”，帮助组织领袖拟定计划、设定策略方向，及加速脚步、完成工作。该课程最终目标不仅是要改善个别组织的效能，也希望能产生扩散效应，惠及整体公共部门。本课程方案又细分为3个等级：第一级是针对6、7级或新进之高级文官，包括中央和地方之中高级文官。第二级为一般高级文官课程，内容为高阶管理、现代领导等课程。第三级则是针对部长以上之高阶课程。①

文官学院的修业证书同样具有学位证书的效果。近年来英国政府和许多居于世界领导地位的管理学院、大学或专业团体建立伙伴关系，合作设立一系列的课程，以激发学员的发展潜力。这些课程目的在于帮助公务人员应对每天所面临的复杂困境，教学的方式不是提供解决问题的简单解答，而是通过实际模拟、开放讨论方式，帮助学员在未来面对最复杂的难题时，能做出对个人和组织发展最有利的决策。同时为了增加文官能力、自信和诱因，也提供专业证书来强化其可信任度、专业性和生涯前途。目前已有越来越多的团体和机构对于文官学院的修业证书予以承认，其中许多知名大学如华威大学、诺丁汉特伦特大学等，还参与到合作发展课程，并授予硕士学位。专业和实务导向是英国文官培训课程的特色和目的之一，透过上述专业证照的研习和取得，无论是从初阶的资格入门，或专业级的高阶证照，都可以让文官的形象和职能受到肯定，并得以具体提升公共服务的品质。

英国文官培训采取“使用者付费”原则，学员可通过上网、电话、传真或邮寄方式进行预约，弹性又方便。网络预约只要上国家政府学院网页，键入课程编号，然后选取预计上课之日期，就可经由线上填写表格方式完成报名。电话预约必须告知课程编号及上课日期、申请人姓名、单位和职级、住址和联络电话。或是填妥报名表直接传真或邮寄到国家政府学院。政府学院收到预约报名后，会以信件方式和报名者确认预约内容。预约一律采用“先到先占”原则，如果报名班次额满，则会安排优先选择日期上课，但仍会列在原报名班次的候补名单上。一旦确认上课班次、日期，政府学院会在开课前4周寄送资料袋，内容包括课程讲义、资料，以及可供咨询的承办人员姓

① 参见英国国家政府学院官方网站，http://www.nationalschool.gov.uk/programmes/index.asp。

名及联络方式，十分详尽。

至于学费价格问题，如果是在国家政府学院上课，学费中已包含食宿，学员若提早一天进住，需另外加收费用。如果在国家政府学院苏格兰院区上课，则是包含全部餐饮，但不包括住宿费用。通常账单明细会在课程正式开始后的1个月内寄达，必须在账单规定的时间内缴款。若以欧元支付，汇率是以课程开始之日为计算基准。如果因事要取消或更改上课班次，必须先告知承办行政人员，并由他们来通报和安排变更事宜。如果取消预约，且没有同单位人员递补缺额，则需要扣取数额不等的金额。①

二、削减公务员薪资

进入21世纪以来，席卷全球的经济危机沉重打击了发达国家的经济。面对日益窘困的财政，曾经以高福利为傲的发达国家不得不思考如何削减公共服务支出。作为公共服务支出的重要一项，公务员薪资也面临着一定程度的削减。其中以英国的表现最为积极。

2009年12月7日，英国首相布朗宣称，国内高级公务员的薪酬未来几年内将削减20%。布朗称，财政部将停止向公共部门任何个人发放超出150000英镑的薪水或对每位新公务员发放超出50000英镑的奖金。政府同时将公布薪酬超出150000英镑的高级公务员名单，及奖金超出50000英镑的公务员名单。布朗还宣布，将对高级公务员薪酬进行评估，且薪酬将与公务员绩效紧密相关。削减公务员薪酬举措将可令政府每年节省支出1亿英镑，而对高级公务员实施的一系列薪酬改革举措将可在未来三年内节省政府支出5亿英镑。布朗公共部门改革内容还包括，削减公共部门的咨询与推广预算（这将可节省支出6.5亿英镑）以及政府部门联合办公，这也可节省支出并通过政府额外资产出售获得资金。政府将在未来几年内努力裁减大约15000名公务员，来削减政府支出，还将合并或取消大约123个政府下辖

---

① National School of Government（2010）：*Annual Report and Resource Accounts 2009 – 2010*，*London*：*The Stationery Office.*

机构，从而进一步每年节省支出5亿英镑。布朗指出，政府把未来四年内进行公共部门效能改革的支出削减目标自此前预算中预期的90亿英镑提高至120亿英镑。政府将推动扩大科学技术在公共服务中的使用率，其中包括未来五年内进行网络在线交易服务，如缴纳税款及学生贷款等。

英国保守党领导人卡梅伦于2010年5月11日正式出任新一届英国政府首相，他也因此成为英国200年来最年轻的首相。俗话说，“新官上任三把火”。继在首次内阁会议上给全体内阁大臣减薪5%、明令禁止内阁大臣开会打手机后，卡梅伦又表示要大力打压公务员的“疯狂”分红，以减少不断膨胀的赤字。英国政府要求公务员薪资必须公开透明。在依法申报中必须载明工资、奖金、津贴、补贴、福利和免费旅游等好处以及从事咨询、写作、讲学等活动的所得等。正因为制度在先，人们才知道英国政府对公务员十分慷慨。2008年至2009年，英国政府向公务员共派发了近1.3亿英镑与绩效挂钩的奖金，较上年度大幅增加两成半，成为有史以来公务员奖金最多的一年。薪资的公开透明使得社会对公务员的高福利产生强烈不满，为削减薪资制造了舆论氛围。随之而来的是大幅度削减公务员奖金。与其说是减少不断膨胀的赤字，不如说是顺应民意，“削峰填谷”，缩小国民收入差距，减缓国内矛盾。正因为英国公务员财富公开化和透明化，收入完全呈现在公众面前，纳税人对官员的监督无处不在，导致公众对公务员高收入的民怨沸腾。2010年年底，英国财政大臣报告新增多项增收减支的财政措施，引起最大争议的就是将对银行业奖金征收一次性超级税。如果银行要向其员工发放25000英镑以上的奖金，政府将一次性征50%的奖金税，而这笔税款将被用于促进年轻人就业，可谓用心良苦。公务员居高不下的年终奖引发质疑与争议不断，英国纳税人联盟主管直言不讳：“公务员或任何公共部门的职工今年都不应该得到任何奖金”。而普通民众更是觉得，其他阶层大面积减薪就是为了养活政府部门这些“寄生虫”，那些奖金更应该花在医疗保险和教育上。作为刚刚入主唐宁街的新首相卡梅伦，就是想效仿奥巴马刚上台时拿华尔街开刀那样平复公众情绪，收买更多人心，重建政府公信。

进入2011年，面对波及欧洲的主权债务危机，英国政府进一步削减公务员的待遇。要求公务员增加缴费率1%，同时将公务员的退休年限由原先的60岁延长至65岁。这一举措终于激起公务员的不满。2011年6月30日，为抗议政府养老金改革，英国数十万公务员、教师举行大罢工，致使26%的学校关闭，22%的学校部分开放，11000所学校受到罢工影响。因参与罢工者中包括海岸警卫队、警察、监狱管理人员等，一些法庭的庭审受到影响，驾照考试被取消，入关手续无法办理，公共服务陷入混乱。

第五节　绩效政府建设的启示

我国政府绩效管理工作起步较晚，自20世纪80年代开始，我国开始实行岗位责任制、管理责任制。在80年代后期，我国试行了目标管理责任制。1998年时，全国就有23个省区市实行了省区市级机关目标管理，90%以上地市级机关推行了目标责任制，有100多个城市实行了城市目标管理。进入新世纪新阶段，各地各部门不断创新管理理念，改进管理方式方法，开展了多种形式的政府绩效管理。在中央层面，2005年3月，温家宝总理在《政府工作报告》中首次提出要“加紧研究建立科学的政府绩效评价体系和经济社会发展综合评价体系”。2008年2月，在中共中央政治局集体学习会上，胡锦涛总书记要求“加强公共服务部门建设，推进以公共服务为主要内容的政府绩效评估和行政问责制度”。党的十七届二中全会通过的《关于深化行政体制改革的意见》明确提出要“推行政府绩效管理和行政问责制度。建立科学合理的政府绩效评估指标体系和评估机制”。2010年，中央编办批准在中央纪委增设绩效管理监察室，负责组织开展政府绩效管理情况调查研究和监督检查工作，指导协调各地区各部门绩效管理监察工作。为加强对全国政府绩效管理工作的综合指导和组织协调，2011年3月10日，国务院批复同意建立政府绩效管理工作部际联席会议制度，联席会议由监察部、中央组织部、中央编办、国家发改委、财政部、人力资源和社会保障部（公务员局）、审计署、统计局、法制办等9个部门组成，监察部为牵头部门，监察部部长为召集人。联席会议办公室设在监察部，日常工作由绩效管理监察室承担。

以此为标志，推进政府绩效管理工作的领导体制和工作机制正式建立起来。6 月 10 日，经国务院同意，监察部印发了《关于开展政府绩效管理试点工作的意见》。6 月 28 日，政府绩效管理工作部际联席会议在京召开政府绩效管理试点工作动员会，选择北京市、吉林省、福建省、广西壮族自治区、四川省、新疆维吾尔自治区、杭州市、深圳市等 8 个地区进行地方政府及其部门绩效管理试点，国土资源部、农业部、质检总局进行国务院机构绩效管理试点，国家发改委、环境保护部进行节能减排专项工作绩效管理试点，财政部进行财政预算资金绩效管理试点，为全面推行政府绩效管理制度探索积累经验。① 目前，我国政府绩效管理工作整体上还处在探索阶段，表现为：缺乏全国统一的政策指导和法律保障；评估的体系不够健全；社会公众参与程度和制度化程度不高。②

一、从战略上规划和推进政府绩效管理

近年来国外政府绩效管理的新趋势告诉我们，整体规划政府绩效管理尤为重要。目前，我国政府绩效管理工作缺少整体规划，迫切要求从战略上进行整体规划。同时，要加快政府绩效管理的立法，将绩效评估的制度架构、运行机制和方法技术以法律形式固定下来。绩效立法可以强制性地要求各级政府或部门统一推进绩效评估，有利于绩效评估的整体推进；绩效立法有利于绩效评估的规范性和连续性，避免因领导人更替或主观意志的变化而变化；绩效立法还能够为部门或项目的比较评估提供制度平台。我国一些地方政府开始尝试进行绩效管理立法，如《哈尔滨市政府绩效管理条例》和《深圳市政府绩效评估与管理暂行办法》等地方性法规。不过从总体上看，我国政府绩效管理还停留在条例的层面上，尚未上升至法律层面，缺少一部由全国人大制定的、在全国范围内具有普遍适用性的法律。由于我

① 姜洁：《从自行探索到开展试点 政府绩效管理制度建设提速》，载《人民日报》2011 年 9 月 6 日。

② 参见杨士秋《推行和完善政府绩效管理》，载《行政管理改革》2011 年第 8 期。

国推行政府绩效评估的时间短、经验少，当前由全国人大直接进行绩效立法的条件尚不成熟。在这种情况下，可由国务院制定绩效评估的相关法规或规章，待条件成熟后，再由全国人大进行绩效立法。

建立权威性的组织机构，统一协调推进政府绩效管理是实现整体设计的重要途径之一。在发达国家通常都设有专门的机构负责政府绩效的管理工作。如英国的公共服务协定主要是由财政部颁布和负责实施的；在美国，这一机构换成了首席绩效官制度。我国政府实践中零星存在的绩效管理，大多是由各级地方政府或部门独自进行的。这样很容易导致绩效信息的失真，而且缺乏权威性。当然，也有一些地方建立了类似效能办或考评办等机构。目前，我国已有21个省（区、市）和新疆生产建设兵团设立了绩效管理或绩效评估领导机构和办事机构。① 但是，这类机构通常隶属当地政府或政府办公室，由于缺乏地方党委和政府的支持，很难把绩效管理与预算和人事等相关制度结合起来，发挥作用的空间并不大，难以发挥应有的监督评估作用。要推动政府绩效管理工作的顺利开展，光靠各地自行探索远远不够。尽管中央纪委增设了绩效管理监察室，国务院批复同意建立了政府绩效管理工作部际联席会议制度，但是这与全面推进政府绩效管理的要求还不完全适应，迫切需要在国家层面设立政府绩效管理的统一协调领导机构，推动我国政府绩效管理工作的发展。

二、建立科学合理的政府绩效指标体系

科学合理的绩效指标体系是开展政府绩效管理和考评的基础、核心，也是难点。目前，中国各省、区、市相继出台一些政府绩效指标体系，项目太多也太细；普遍存在职能界定不清晰、考核指标要素不合理、考核指标过度追求经济增长的倾向，以及单纯追求指标细化的状况。建立科学合理的政府绩效指标体系，既要有经济指标，也要有社会发展、民生改善、资源环境的指

---

① 郭惠芳：《探索显成效 试点开新篇——全国政府绩效管理工作综述》，载《中国监察》2011年第15期。

标，既要考虑当前，又要着眼长远，必须体现政府职能转变的要求。合理定位政府绩效管理的范围，要围绕公共服务、社会管理等来设计指标内容，要更加注重民生改善、公共服务、社会管理等方面的考评，必须坚持从实际出发，体现不同地区、不同部门、不同层级的差异和特点，处理好定性指标与定量指标的关系，经济性指标与社会性指标的关系，保持指标体系的协调统一，做到既科学合理，又易于操作。

从国外的实践看，政府绩效指标大致可以分为两类。一类是以加强内部管理、内部控制为宗旨的内评估；另一类是以外部监督、外部评价为宗旨的外评估，两者各有优势，是互为补充的关系。从美国、加拿大政府电子政务管理的实践看，应当以内评估为主，辅之以外评估，这样既能够保证评估的完整、全面和权威性，又能够动员社会力量，增强评估的开放性。目前我国制定政府绩效指标采取了以外评估为主的方式，只有个别省市采取了以内评估为主的方式。而单纯的外评估不仅会造成评估结果缺乏公正，对于政府来说难以产生约束力，无法正常发挥评估的功效。今后，我国政府绩效指标应该将内评估和外评估充分结合起来，逐步转向以内评估为主、外评估为辅的发展模式。

当今世界，电子政务已经成为世界各国政府行政管理改革的主要方向。我国的电子政务尽管起步较晚，但发展速度很快。目前，我国电子政务网站已覆盖至村（社区）一级。而我国电子政务绩效评估尚处于理论阶段，迫切需要建立起符合我国实际的电子政务评估体系。从国际经验看，电子政务绩效评估工作的推进依赖于相对完善的外部制度环境，尤以美国 2002 年通过的《电子政务法》为标志。在我国，电子政府绩效评估缺乏立法和相应制度的保障。其根源在于电子政务绩效评估起步不久，缺乏相应的理论和实践的支持。中国应逐步建立电子政务建设的法规体系，切实加强电子政务评估相关制度建设，加大对政府财政预算内支出的监管，完善相应的激励和约束机制，逐步制定和完善相关法律法规，使电子政务绩效评估工作逐步纳入制度化、规范化的轨道。尽管困难很多，建立电子政府绩效评估的法律制度体系是十分必要的。可以参照政府绩效管理立法，建议开展电子政府绩效评估立法。需要指出的是，尽管电子政府绩效评估立法属于政府绩效管理的法律体系，由于电子政务具有区别于日常公共服务的特殊性，适宜单独立法，不应将其归入政府绩效管理法律之中。

三、为组织实施好政府绩效管理提供保障

推进政府绩效管理是一项综合性、全局性、系统性的工作，需要各地、各部门协调配合、齐抓共管，全社会群策群力、共同参与。目前，我国政府绩效评估中的公民参与取得了明显的进展，但总体上尚处于“有限参与阶段”。由于公民参与范围或广度的有限性、参与方式的单一性，公民参与在政府绩效评估全过程中的影响力总体上看很有限。积极推进政府绩效评估中的公民参与，能有效打破政府绩效好坏个人说了算的弊端。进入21世纪以来，一些地方积极尝试多种做法来推动公民参与的实践和发展。例如，青岛市就明确将“民意指标”纳入到部门绩效考核体系中来，珠海市启动的“万人评议政府”活动，以及南京市在万人评政府部门的活动中对位居末位的几个局领导分别采取降职交流、免去行政职务、诫勉谈话等措施的做法，更是将公民参与的形式推上了一个新的台阶。政府绩效评估中的公民参与，已逐渐由认识层面转向实践层面，并呈现出从形式向实质进一步发展的趋势。首先应保证公民在是否进行绩效评估，对哪些部门、哪些领域或哪些项目实施绩效评估，以及绩效评估指标体系中公民的权重大小等关键问题上具备发言权；其次保证参与对象的正确选择，既要重视参与对象的代表性，也要重视参与对象的直接相关性；既选择公民个体，也选择公民群体，包括接受政府服务的企业、非营利性组织等。这是因为参与对象的正确选择是提高参与效果的技术保证。当然，政府绩效评估中的公民参与，无论从程度还是从效果来说，都不仅是一个工具理性层面的技术方法问题，更是一个价值理性层面主导下的思想认识问题，是一个涉及政治意识和行政管理体制改革的系统问题，仍需要多下工夫。

有效运用绩效评估结果，健全责任追究和表彰奖励机制。在深化行政

体制改革工作中，应本着奖优、治庸、罚劣的原则，建立健全绩效管理与表彰奖励和行政问责相结合的机制，确保绩效评估结果的有效运用。评估的重点是政府的行为"干得好不好"，这个"好"不仅仅体现在履行职责、完成任务上，更体现在行政成本上是否节约、体现在行政效率上是否高效。通过评估结果的有效运用，充分发挥绩效管理的导向和激励约束作用，推动建立行为规范、运转协调、公正透明、廉洁高效的行政管理体制。对认真履行职责、工作绩效突出的，通过完善激励机制，给予一定形式的表彰奖励；对违规决策、执行不力、失职渎职、行政不作为等行为，通过落实行政问责追究相关人员责任。

四、重点抓好公务员的绩效管理

公务员绩效管理是政府绩效管理的重要组成部分。对公务员进行合理有效的培训不仅是公务员绩效管理制度的主要内容，是提高公务员队伍素质的重要途径，也是降低公共服务成本，提高效率的有效途径之一。发达国家政府非常重视对公务员的培训工作，大多根据绩效评估评定的档次，有目的地选送公务员参加文官学院进行培训，这是一种有效的激励措施。2006年1月1日起施行的《中华人民共和国公务员法》第六十条明确规定："机关根据公务员工作职责的要求和提高公务员素质的需要，对公务员进行分级分类培训。"但是，该法中关于公务员培训只有3条，且只是纲领性的规定。虽然原国家人事部于1996年颁布了《国家公务员培训暂行规定》，但也只是从培训分类、培训科目、施教机构和培训管理等几个方面进行概括性的说明，缺少详细的、具体的配套法规和细则，这样各级机关执行的随意性加大，培训对各地来讲是各行其是，缺乏严格规范的要求，难以实现公务员培训工作的法制化和制度化。在实践中，尽管近年来我国加大了对公务员的培训力度，但是效果还有待提升。从英国的文官学习系统介绍可以看出，英国将公务员培训内容细化，由公务员根据自身工作需要进行挑选。而我国公务员培训在内容上存在很大的问题。现行的培训基本上是"教育取向"的，带有明显的普教影响，没有针对公务员不同的工作种类所实行的培训，没有突出公务员这个特殊群体的特点。由于我国的公务员培训主要是利用党校、干校进行的，因此多侧重于思想政治理论教育，缺乏公共管理知识培训和专业技术类培训。因此，公务员培训应本着"学用一致"的原则，效仿英国文官学习系统，根据其需求分析，培训课程要依据职位工作性质和不同对象设置，不同职位、不同职务的公务员，由于所从事的工作不同，培训内容也要各有侧重。如初级培训应加强对管理和业务工作的基本技能的培训，而任职培训应在政治理论、现代化管理水平、领导科学等方面加强培训。有针对性地设置培训内容，做到实用实效。

发达国家公务员绩效评估的目的，首先是为提升公务员提供公共服务的能力，其次作为一种激励手段，与公务员的薪资挂钩。目前我国公务员的绩效评估结果是与其升、降、奖、惩紧密挂钩的，这在一定程度上发挥了竞争激励的功用。我们不能仅将绩效评估作用定位于激励公务员的积极性、提高行政管理效率并控制公务员的行为，应该向英国学习，不是片面地将绩效评估结果与薪酬挂钩，而是将公务员的培训与使用相结合，这是落实公务员培训常态化目标的有效途径。

合理制定公务员收入分配制度。收入分配制度是公务员管理制度的一个重要内容，它既影响到政府系统内人才激励机制的生成与政府工作效率，也对社会分配机制起着一种直接的示范和导向作用。发达国家由于福利国家建设，公务员薪酬待遇普遍较高。在我国，公务员属于精英职业，其薪酬待遇相对也属上乘，因此造成了公务员招录"千军万马过独木桥"的局面。我国公务员收入分配制度也存在很多问题，如我国的公务员可以不缴纳保险金，退休后却可照常领取养老金等规定一定程度上激起了社会上的不满情绪。在我国，收入分配制度改革方案迟迟未能出台，但不能因为存在更多更为复杂的技术性难题以及牵涉到各种利益的博弈就束手无策，无所作为。可借鉴英国的做法，实现公务员收入的公开透明，让公众知情，接受社会监督。在此基础上，着力于从制度源头调整垄断行业等强势群体的收入，规范公务员收入，缩小社会收入分配差距，促进社会公平。

第八章　政府管理创新视角下的相关议题探究

诚如导言中所说，政府管理创新仍属于进行时，而不是完成时。在政府创新的进程中，必然蕴涵着许许多多的前瞻性课题。这里，选择三个政府管理创新紧密相关的前瞻性问题，作些理论探讨。第一个是从伦理精神的视角找寻政府的本真，第二个是政府改革的历史足迹与成长逻辑，第三个是如何通过任务型组织开展风险治理。

第一节　找寻政府的本真：基于伦理精神的视角

一、权力本位驯服下的政府迷失

国家自其诞生之日起，就一直是人们谈论和研究的焦点。各家各执一词，莫衷一是，光就国家是因何、如何产生的问题就从来没有形成过共识。早在西方文明萌芽的古希腊时代，亚里士多德就国家的起源问题已经有所思考。他认为，由于人类繁殖所需的一对男女以及生来就为主人与奴隶的相互保全欲求，自然而然地构成家庭，由此逐步形成一个自然村。人类天性向往美好生活，为了满足这种本性欲望，继而在自然村的基础上自发地建立一个共同体。这一顺其自然发展形成的共同体，就是国家。霍布斯在其成名作《利维坦》中关于国家起源的表述可谓明了，他说自人类诞生之日起，就一直生活在相互猜忌、彼此不信任之中，尤其是当人类社会初具规模、社会事务稍见复杂的时候，人们因为利益纷争，陷于狼对狼一样的相互争斗的泥淖而不能自拔。这时候，人类为了不至于灭种于这种残酷的丛林之中，就会寻求一种自保的方法。于是，人们纷纷将自己手中的权力全部交了出来，彼此之间订立契约，组成一个凌驾于所有个体、族群之上的权力组织——国家，以祈求自保。① 这就是西方流行已久，并且广为认可的契约立国理论，这一理论被后来洛克的《政府论》到卢梭的《论人类不平等的起源和基础》和《社会契约论》等加以发挥和阐述，社会契约论的思想就成为国家起源说中占据主流话语的一脉。无论是亚氏的自然建国说，还是后来的契约建国论，他们的理论虽然有着许多的差异和不同，但是，其两者都不约而同地提到了至关重要的一点，那就是人类的“自保”需要。所以，国家产生的重要目的是基于人类“自我保护”的需要，这是为政治学研究者所不能忽视而又常常忽视的一点。

国家究竟是如何诞生的，我们暂且搁置不论，人类需要国家的目的却是已经明了。担负着“保护”职能的国家诞生之后，怎样才能将此职能由人们的理想期望转化为日常生活的职能现实，政府这一人们二次立约的产物顺势而生。发展到现代代议制民主时期，在民众首次立约产生国家之后，如果民众自愿委托的权力被异化，社会的正义秩序遭到破坏，自己的基本权利受到侵蚀，人们就可以通过再次立约推举代理人，代理人再通过议会规则来产生国家的直接治理者。由此可见，人们对于国家“保护”功能的期望最终是通过政府这一具体的职能机构来实现的。维持正义秩序，保障基本权利，保护本国社会的安全，使之不受其他独立社会的暴行与侵略，这是政府这一政治机构诞生的根本正当性所在。② 正是基于这种原教旨主义的正当性，公众才会相信并服从政府。这种相信虽然有缺点，有失败，政治机构仍然是比任何其他可以建立的机构更好的机构，因此可以要求服从。

近代民族国家兴起以来，尤其是政党政治的兴起，国家就成了政党追逐权力的竞技场，而这个竞技场的直接指向就是政府。随着资本主义生产方式在全球的扩展，政党从欧美向拉丁美洲、大洋洲、亚洲和非洲的大多数国

① ［英］霍布斯：《利维坦》，黎思复、黎廷弼译，商务印书馆 1985 年版，第 93－95 页。

② ［英］亚当·斯密：《国民财富的性质和原因的研究》，郭大力、王亚南译，商务印书馆 1974 年版，第 254 页。

家逐步扩展，变成一种全球性的政治现象。由此，政党政治逐渐成为现代政治的一个重要特征。在这场竞技当中，政府生来为民的色彩被逐渐淡化，对权力的追逐日渐狂热。特别是20世纪前半叶，极权主义国家的兴起，政府那种原教旨主义的保护功能被彻底地驯化。资本主义的无限扩张一方面动摇了有一定疆域与宪政法治之一定结构的现代“民主国家”体制，使国家逐步丧失在它治理的疆域里保障公民权与超越人种之上的功能作用；另一方面，执行资本主义扩张的所谓“帝国主义”在亚非的殖民经验中，孕育出“种族主义”，借此合理化他们对殖民地的征服。同时，“种族主义”让他们确立以人之生物属性为本的政治共同体理念，进而侵蚀了“民族国家”的政治公民权。他们不是以行政命令取代法治的官僚，就是隐匿身份的秘密特工，他们作为的取向即是破坏既定的法律或者道德原则。① 极权主义下的政府，异化成了压制人性、侵蚀民权的刽子手，并最终导致了人类历史上的两大人祸。在这两次大战之中，政府完全被国家主义和极权主义所驯服，并由“保护”走向“屠戮”。政府的这种品格并没有随着极权主义的淡化而改变，而是被战后基于恢复和发展的使命所进一步强化。这时候的政府与国家趋于一体化，一个庞大的行政国家开始崛起。结果是，20世纪的极权主义造就了一个“利维坦”式的全能主义政府，对于自由、健全的社会发展而言，无所不能的政府比无政府主义更使得人们陷入了深深的恐惧之中。

极权主义的后遗症加之国家主义的制度惯性，近代的政府已经与其诞生时所应有的使命背离甚远。尤其是政党政治的发展，更为这种背离提供了一个可观的加速度。此时的政府已经成为各个政党追权逐利的竞技舞台，已经由原初的“保护本位”走向“权力本位”。受权力本位理念的驱使，政府就成为政治人追求权力最大化的工具，执掌政府成了一种拥有权力的有力象征，通过权力的行使达到对整个社会的控制与支配成了其炫耀权力的终极之举。权力的集约化使得执掌权力的人肆无忌惮地滥用权力。英国法学家洛克曾言“因为一个人既然没有创造自己生命的能力，就不能运用契约

① ［美］汉娜·阿伦特：《极权主义的起源》，林骧华译，生活·读书·新知三联书店2008年版，第4页。

或者通过同意，把自己交由任何人去奴役，或者置身于别人绝对和任意的权力之下，任其夺去生命”①，而，“一切有权力的人都容易滥用权力，这是万古不易的一条经验。有权力的人使用权力一直到遇到有界限的地方才休止”②。贡斯当在其《古代人的自由与现代人的自由》里也有过类似的表述。所以，权力本位驯服下的政府不仅将命令——服从的等级控制秩序进一步强化，而且其社会信任度也越来越低；对权力狂热和控制、支配的治理思维，加之公众对政府不信任感的加重，政府“恶”的一面彰显无遗；公众出于防“恶”的需要，逐渐由以往的依赖走向对抗，从而导致了二者内在价值上的分离。

二、伦理本位倡导下的政府解放

人类社会经历了等级制下的权治社会与契约制下的法治社会。权治社会的治理是依靠对权力的把握和通过权力的支配与控制而实现的；法治社会的治理虽然找到了契约这种貌似平等的治理形式，但是，也正如前文所述，由于国家主义园囿下的极权主义驱使，权治思想抬头并且将法治藏于自己的口袋之中，视法治为服务于权治的工具性利器。法治条件下的政府被改造成了价值中立的科学化政府，文官治理的技术化政府，政府的工具性色彩越发浓重，而当法治被权治所重新奴役的时候，法治条件下被视为善的政府也就成了权治的又一操使。在这种非常态的政治条件下，政府要做的一些工作，其恶劣性是没有人会怀疑的，但是为了某种所谓的更高尚的目的，这些工作是必须要做的，而且还必须做得同任何其他工作一样熟练，一样有效率。③ 在权治驯服了法治，法律成为权力的奴婢之后，政府的所作所为已经与执掌政府的人的道德好坏无关，此时的政府完全沦为掌握权力与谋求

① ［英］约翰·洛克：《政府论两篇》，赵伯英译，陕西人民出版社 2004 年版，第 123 页。

② ［法］孟德斯鸠：《论法的精神》，孙立坚、孙丕强、樊瑞庆译，陕西人民出版社 2001 年版，第 32 页。

③ ［英］弗里德里希·奥古斯特·哈耶克：《通往奴役之路》，王明毅、冯兴元译，中国社会科学出版社 1997 年版，第 145 页。

利益的工具，其原教旨的为民宗旨已荡然无存。

20世纪后半叶，新市民社会运动悄然地改变着权力本位下的政府与社会关系。个体的独立性和自主性逐渐苏醒，社会日益呈现出多元化的局面。一场被称为"全球性结社革命"的运动造就了有着诸多称谓的存在于政府与市场之外的组织形态，这些被行政学研究领域称作"非政府组织"的组织形态成为了"新市民社会"的基本构成部分。新市民社会的崛起意味着：一方面，政府的功能会表现出越来越少的对劳动市场、资本市场和商品市场等经济领域的控制，取而代之的将是一种新的核心机制，这种核心机制建立在非国家和非经济组织的自愿行动和合作互动的基础上，一切参与到社会治理过程中来的治理主体，在经济以及广泛的社会生活中，都互为服务主体和客体。另一方面，原先那种在国家主义的框架下由政府控制政治语境和主导政治设计的情况也将发生变化。① "鉴于继续工业社会和福利国家的旧模式的不可能以及恢复市场魔法的不合时宜，对于全球化语境中后工业社会存在的问题，中央集权国家和市场魔法都不能提供有效、自由和民主的解决办法"。② 后工业社会催生了新型的社会自治力量，市民社会与公民国家的分化使我们的社会治理进入了后国家主义时代。在后国家主义时代的社会治理中，"一个强加于人、凌驾于社会之上、能够实现发展的国家的形象正在消失，取而代之的是采取一种更加客观的观念来审视公共行动、统合各种社会力量的条件。因此，国家和其他行动者的合作伙伴关系具有压倒一切的重要性。"③

在国家主义驯化下的政府，靠权力的集约化、社会的等级化、行为的强制性来实现对社会的有效控制。此时虽然有制约权力的法制，但是当处于非常态的政治条件下，尤其是社会大转型的过程中，法制往往屈尊就下，成为权力的奴婢。自20世纪以来，社会经济结构发生剧烈变化，社会组织垄断加剧，社会生产和消费规模化，此时的弱势群体保护问题凸显出来，民众对

---

① 张康之：《论伦理精神》，凤凰传媒集团、江苏人民出版社2010年版，第57－58页。

② ［美］琼·科恩：《信任、自愿社团与有效民主》，载马克·E. 沃伦《民主与信任》，华夏出版社2005年版，第226、197页。

③ ［法］卡蓝默：《破碎的民主》，高凌瀚译，三联书店2005年版，第56页。

于维护契约的实质正义提出了迫切要求。构成法治根基的理性契约是基于功利目的、理性权衡、自由合意、主体平等以及信守承诺等交易伦理基础上的。而随着国家主义和集权主义的加剧，大量的当事人约定之外的义务由国家强制引入契约关系，把原本属于契约范畴的许多交易和境况，划归到政府权力的调整范围。因此，耶鲁大学法学教授格兰特·吉莫尔（Grant Gilmore）发出了让世人侧目的感慨："有人对我们说，契约和上帝一样已经死亡，的确如此，这无任何可以怀疑的。"①契约的死亡一方面体现了靠契约保证交易的市场神话的破灭，另一方面也体现了由契约精神建构起来的法治社会也受到了挑战。权治的过于刚硬和法治柔性有余促使我们对传统的社会治理进行反思，寻找一种弥补两者缺陷的治理形式成为必须。

在农业社会，权力意志统摄下的伦理功能显然是弱小的；同样，在工业社会，法的精神笼罩下的伦理的功能更是无法彰显。西方社会，自亚里士多德以伦理精神为内核将世界观分解开来，建立起分门别类的专门学科，伦理和政治渐行渐远，伦理的功能主要表现为一种生活伦理。而中国社会，并没有伦理与政治的区分，中国传统社会，从来就是一个伦理型社会。我们知道，人的日常生活是一个人一生的主要生活，而维系这一生活的法则并非是建立在等级服从和理性计算基础上的，是伦理的维系使得人的日常生活得以常态延续。当人类社会向后工业社会迈进的时候，生活伦理与治理伦理有逐渐统一的趋势。在后工业社会中，责任与伦理将是我们经常探讨的话题。"伦理问题的出现……是因为公（国家）和私（市场）的双重失败造成的。对社会权利或是人权的尊重也是如此。"②伦理并不是治理的点缀，而是后工业社会治理的根基。首先，执政者要服从公民的法律，廉洁的行使职权，否则他们以共同利益的名义实行的道德强制将失去合理性。其次，治理要求达成以民主为基础的共同原则的协议。这些原则必须是合乎伦理的。因此，在人类当前的情况下，任何治理最终都要来自世界的治理，如果这个

---

① ［美］格兰特·吉莫尔：《契约的死亡》，载梁慧星《民商法论丛：总第3卷》，法律出版社1995年版，第223页。

② ［法］F. 伯纳洛亚：《伦理与经济之间》，CERI/MAE讨论会，2002年。

世界的治理只能有契约的基础,如果这个契约基础是建立在伦理的原则上,采纳我们时代共同的伦理原则就有决定意义。伦理伴随和支配着全球范围的社会共同体和政治共同体的产生。① 因此,基于伦理精神的要求,后工业社会的政府必将从权力本位的控制型治理角色中解放出来,塑造其全新的“人道”本位的服务型治理角色。

三、人道本位呼唤下的政府重塑

国家主义驯化下的政府往往表现出对于权力的过分狂热,由于对权力狂热的追求,导致了权力公共性的丧失,使其从保护公民权利的天使异化成了侵蚀公民权利的恶魔。执掌权力的政府,不仅表现出追求权力最大化的政治人的本来面目,也将其追求利益最大化的经济人的面相表露无遗。这时的政府不再是公众期待的保护者,相反,基于权力有效运作考虑下的等级控制使得公众备受压抑,平等、自由、独立、民主等一些基本的公民权变成了泡影。人们对政府这种“公共”生活的道德沦丧振腕而叹的时候,人们的“私生活”也变得不容乐观。自由主义主导下的市场主体将其追逐自身利益最大化的经济人本色表现得淋漓尽致,由于个体谋利的强烈冲动,加之政府职能的非正常缺位,人类的“私生活”领域表现出了其与生俱来的混乱。人们为了自己的利益最大化而不顾他人利益和公共利益,不正当竞争成为司空见惯的景象。这时的人,眼里只有“我”,与“我”共存的“他”被抛之脑后,对“他在”的漠然和公权力的异化导致了整个社会治理的混乱无序,从而出现了“有道德的人和无道德的社会”共存的奇怪格局。人类“公”与“私”的双重失败,迫使人们对自身进行反思和追问,带着急切改变这种局面的渴望,人类重新感受到了“伦理之光”的照耀。

20 世纪 80 年代以来,在新公共管理运动的影响之下,世界各国都进行了一场政府改革运动。在这场轰轰烈烈的行政改革过程中,合同制和外包

---

① [法]卡蓝默:《破碎的民主》,高凌瀚译,三联书店 2005 年版,第 73 页。

等观念日渐兴起。正是在这些观念的影响之下,世界各国政府纷纷将部分职能剥离出来,要么将原来的职能部门独立出来,要么就干脆将一些职能交由市场担负。因此也就造就了一批当时被称为“第三部门”的组织。这些组织的出现其实已经包含着社会治理体系整体变革的意蕴。这些当时被称为“第三部门”的组织只是起到了过渡性的作用,它为后来构成新型社会治理体系的“非政府组织”的诞生打下了基础。新的社会治理主体的诞生,激发了人们对于传统社会治理体系的批判性反思。工业社会治理体系的建构,都是去人格化的科学建构,所谓的去人格化主要就是不以人的道德性为基点,从不道德的人的假设来建构社会治理体系。发展到官僚组织理论的时候,对工具理性和祛除价值的张扬,更是把人的道德因素排斥在社会治理体系建构的考虑因素之外。一群不讲道德的人建构了一个不讲道德的治理体系,一个不讲道德的治理体系塑造了一个不讲道德的社会。在缺乏道德约束、又受谋利刺激下的人,都将自己视为中心,基于自己的权利和利益与人交往,从而将他人视作实现自己功利目的的工具,并且在官僚制的强化之下,人们之间那种以自我为中心的工具性协作关系更加典型化。

不道德的原子化个人将一个社会整体无形地撕裂,随着社会的复杂性和高度不确定性特征表露,原子化的个人也表现出了对于经济紧张、社会冲突、贫富悬殊、环境污染等社会情景的焦虑和紧张。因此,“我们作为旧工业文明的最后一代,又是未来新文明中的一员。我们许多个人的烦恼、痛苦和转向,都能从第二次浪潮与第三次浪潮之间的巨大冲突、在我们个人和政治制度中所引起的矛盾里找寻根源。”①正是基于对传统的个人和社会治理体系的批判性反思,非政府组织这一新型的治理主体诞生了。非政府组织的兴起为我们重新认识后工业化、后国家主义时代的个人以及社会关系提供了契机,进而在这一认识的基础上去思考社会治理变革以及新型社会治理模式的建构。如此一来,我们就能充分地理解德鲁克所描述的那种情况:“社会领域中基于志愿者并且能够发挥人的精神力量的组织,才能同时提供

① ［美］阿尔温·托夫勒:《第三次浪潮》,朱志焱等译,新华出版社1997年版,第7页。

社会所需要的社会服务和政治体制所需要的领导力量的开发。”①基于人的道德认知之上的非政府组织，重新找回了个人以及社会治理体系的道德性和价值关怀，实现了社会治理体系的“返魅”和革新。

非政府组织的建构不同于基于权力基础之上的政府建构，也就不会有着政治人之追逐权力最大化的诉求；同时，它也不同于基于利益基础上的市场建构，不存在经济人之追求利润最大化的愿望。非政府组织的建立，完全是基于人类自身的道德诉求，是对人类道德良善最大化的追求，其目的是最大限度地维护“人道”，最大限度地实现人权。它们的人员组成虽然可能是政治、经济或文化精英，但是其目的绝非为社会精英谋利，而是为处于社会边缘的弱势群体谋利。由于非政府组织建构基点的道德性，以及其目标的公共利益性，就决定了新型的社会治理体系已非由权力意志甚至法的精神所衍生出来的规则体系所能满足。由非政府组织的兴起而带来的社会治理体系的变革，要求确立起一种适应多元治理主体合作互动要求的伦理精神，并根据伦理精神去创设规范这种全新的社会治理活动的规则体系。在伦理精神为基础的规则体系中，重视个人道德的同时又必须避免像民主把权力的合法性诉诸个人，使得个人主义无限膨胀，最终导致社群解体的情况中所犯的错误。非政府组织的出现，预示着一种网络式的治理和通过广泛的合作而进行的协同治理。

四、伦理之光普照下的合作治理革命

人类之所以契约建国是为了防止谋利私斗，以求自我保存。政府作为执掌公共权力的代理人，是国家“保护”职能的直接执行者。保障公民权利，促进人的全面发展是政府原教旨意义上的终极目标。而近代以来，受国家主义和极权主义的驯化，政府逐渐背离了其之所以存在的使命。尤其是政党政治的诞生与发展，更是使得权力压倒了权利，对权力的狂热和执迷使得

① ［美］彼得·F. 德鲁克：《社会的管理》，徐大建译，上海财经大学出版社 2003 年版，第 115 页。

权力的公共性逐渐丧失，其保护公民权利和谋求公共利益的本职也日渐沦丧。随着市场经济的发展，那种“始终屈从于市场的非强制性决定，本身是自主的，在某种程度上是交换过程的自发产物的社会”①成长起来。20世纪80年代以来的“全球性结社革命”标志新市民社会的兴起，处在新市民社会中的人们一直努力摆脱国家主义下所造就的控制型政府的制度惯性。新市民社会的出现，瓦解了国家主义下权力本位的政府形态，改变了政府对社会的控制性和支配性治理行为，打破了政府一家独大的治理格局。在对无道德的权治性和法治性社会治理体系的反思中，重新认识到伦理精神对于社会治理体系的重要性。在重视价值理性的伦理精神的导向下，政府从权力本位的社会治理角色中解放出来，其保民的终极目的得以重新确立。

从政府的产生机理来看，政府一旦建立就是服务于人民的。人们立约建国之初就带有一定的伦理色彩，它是人们为了抑制自然状态的“恶”（霍布斯）或保护自然状态的“善”而自愿缔结的契约；政府的权力源自人民的自愿授权，政府的目的在于保障公民权利，政府的行为应当是服务的而非控制的，因为从来就没有仆人控制主子的道理。新市民社会的兴起和非政府组织的产生，在某种意义上强化了政府服务于人民的伦理特性。非政府组织的伦理本位，其宗旨的道德导向以及其行为的服务特性都彰显着非政府组织与政府在价值观上的一致性，加之两者在功能上的互补性，决定了两者合作治理的可能性和必要性。非政府组织作为社会合作治理体系中的一元，并不是政府职能的延伸，亦非市场调节的触角，它具有主体性和独立性，是打造服务型政府和构建新型社会治理体系中的关键力量。政府与非政府组织在产生的基点上虽然不同，其行为方式上也有所差异，但是，两者服务于民的价值观念是一致的。这种一致性将重新唤醒政府之“服务性”的伦理内涵，使之契合非政府组织的伦理本位的价值诉求，构建一套新型的社会合作治理体系。

① ［德］哈贝马斯：《公共领域的结构转型》，曹卫东等译，学林出版社1999年版，第89页。

第二节　政府改革之历史足迹与成长逻辑

政府改革历来是公共行政学研究领域的重点，并且公共行政学本身也是基于改善政府绩效之初衷而产生的。20世纪60年代末70年代初，发达国家相继出现了一系列的政治、经济和社会危机，政府治理遭遇了前所未有的挑战。政府在处理社会各方面的危机过程中的无力，使得政府信任出现了严重滑坡，传统的政府治理体制在危机背景下日益显示出其低能低效、顽固僵化和应对社会变化滞后迟钝的一面，社会各方面要求政府改革的呼声此起彼伏。在实践中，英国的撒切尔政府、美国的里根政府等相继对这一问题做出了回应，拉开了政府改革的序幕。与此同时，理论界的专家学者们从自己的学科视角出发，纷纷对政府改革的路径选择给出了自己的理解甚至是方案。政府改革向何处去，成了实践界和理论界所必须关注和解决的重大问题。出于对传统公共行政官僚制的反思和批判，加之西方社会历来就有的自由主义传统，人们把目光不约而同投向了市场和企业，企图利用市场的运作逻辑和企业的管理方法来重新塑造政府。在此背景之下，政府的市场化改革在发达国家轰轰烈烈地展开，市场化和企业导向成了政界乃至学界改革政府的铁律。然而，从历史坐标中的信任理论来考察，建立在契约型信任基础上的市场逻辑究竟能不能治愈政府的顽疾，是否还有其他的改革路径，更能提升政府的治理能力和信任水平，更能适应后工业社会的发展趋势，这是我们每一个理论工作者必须思考的问题和肩负的责任。

一、公共行政学视野下的政府改革足迹

理论探索与改革实践历来是相辅相成、相互影响的两个过程。关于这一点，哈贝马斯在其《理论与实践》一书中有过很好的论述。他认为理论日益科学化和技术化的趋向，从根本上背离了其应有的实践取向，即远离了公民对良善生活和普遍规范的追求。理论应当以实践为对象，并以实践为旨

趣。理论既要对自身的合理性进行反思，又要对实践的问题作出回答，并向实践转化。在理论向实践的转换方面，“把理论转变为实践不同于科学结论的单纯技术上的运用；把理论转变为实践的任务无疑是把理论转变成准备行动的公民的意识和思想；理论的解释在具体的情况中必须被证明是能满足客观需求的实践上必要的解释，甚至理论的解释必须从一开始就包含在行动的这一认识中”①。公共行政学主要是研究以政府为主体的社会治理理论的一门应用性学科，其理论研究与社会实践之间的关系更为密切。政府的治理实践不仅是公共行政学理论的直接来源，也是在公共行政学理论指导下的实践。公共行政学自19世纪末20世纪初诞生以来，时刻与政府的改革实践保持着紧密的联系。通过对公共行政学视野下政府改革研究的梳理和考察，不难发现一个多世纪以来政府改革的历史足迹和成长逻辑。

19世纪末20世纪初，自由竞争的资本主义社会走向垄断，社会经济关系发生变化的同时，由于生产和资本集中所引起的垄断统治也逐渐成形。在这一时期，一方面社会生产力的迅速发展促进了经济结构的巨大变化，使得政府管理社会经济事务的任务变得日益繁重；另一方面社会关系和社会结构的复杂变化也带来了一系列的公共性问题，各种社会冲突和矛盾愈演愈烈，并逐渐演化成一种普遍的社会现象。19世纪开始传播到北美地区的工业革命思潮经过一个多世纪的发展，美国的大工业迅速崛起，城市迅猛发展。工业资本巨头们将自由、民主的旗帜紧紧地握在自己的手中，大肆鼓吹限制政府权力、提倡自由放任，强调个人作用和首创精神，反对扩大选举权，反对政府有组织、有计划地干预自由竞争，并且利用手中的财富收买和贿赂政府官员，影响决策，政府的立法权信誉也急剧下降。城市的迅速发展，使得社会公共生活的规模陡然扩大，复杂性程度突然加深，传统的政府管理受到了极大的挑战。在这样的背景下，政府一改往日“守夜人”的形象，开始积极主动地干预社会经济生活。与此同时，一门从理论上来指导政府改革的学科呼之欲出。在“与制定一部宪法相比较，贯彻一部宪法变得愈来愈困难

① ［德］尤尔根·哈贝马斯：《理论与实践》，郭官义、李黎译，社会科学文献出版社2004年版，第80页。

了”的压力之下，在“力求使政府不走弯路，使政府的事务减少一些不成体统的样子，加强和纯洁政府的组织机构，并使其各种职责都获得尽责的美名”①的驱动之下，威尔逊以一篇《行政学之研究》开启了公共行政学理论研究的大门。自此，政府管理有了属于自己的研究学科，并且随之产生了大量的有关政府方面的理论学说，政府改革在与理论研究的交互过程中向前行进着。

在公共行政学初创的历史时期，理论家们并没有表现出大胆的冒进，而是小心翼翼地损益着自由竞争下政府的职能范围。他们坚持政治——行政二分，认为行政只是对政治意志的执行，并且由此建立了一个“价值中立”的文官系统，设定了一套严格的“官僚制”理论，在将政府成员牢牢控制的同时，也将政府行为极大程度地限定在了一定的范围之内。“一方面，为了保证国家意志的执行，政治必须对行政进行控制；另一方面，为了保证政府的民治性和行政的高效率，又不能允许这种控制超出其所要超出的合理目的”。② 这是这一时期理论家们对政府改革的心理预期。泰勒、法约尔、怀特等科学管理学派致力于公共行政的普遍原则以及对效率追求的管理原则，纷纷把工业革命时在工厂管理的过程中总结和积累的管理经验运用到政府的行政管理当中。他们认为，公共行政与企业管理一样，都存在着一些普遍的管理方法和原则。波兹曼曾经说过：“科学管理在公共行政的实践和政府研究中具有很大的影响……由于对科学管理和科学原则的信奉迅速扩展并使其流行的正统做法，公共行政和公共行政人员的影响达到了顶峰……科学管理在 1910—1940 年间一直对公共行政起着支配作用。”③从这时候起，市场运作的逻辑和企业管理的思想就已经进入了政府改革的参考视野，并且深深地影响了政府的改革实践和公共行政学的理论研究。在行政科学中，基本的“善”就是效率。行政科学的基本目的就是以最少的人力和材料的消耗来完成手头的工作。因此，效率是行政管理价值尺度中的头号公理。

---

① ［美］威尔逊：《行政学之研究》，载《国外政治学》1987 年第 6 期。

② ［美］古德诺：《政治与行政》，王元译，华夏出版社 1987 年版，第 22 页。

③ ［澳］欧文 · E. 休斯：《公共管理导论》第 2 版，中国人民大学出版社 2001 年版，第 40 页。

这是20世纪二三十年代形成的传统公共行政学所秉持的政府观念，这一传统的以效率为最高标准的价值或者信念从一开始就深深地影响了政府改革实践和理论探索。

在后来公共行政学的发展过程中，市场逻辑和企业管理思想一直是影响政府改革的主要线索之一。从古利克一体化行政管理思想中的P(planning)、O(organizing)、S(staffing)、D(directing)、CO(coordinating)、R(reporting)、B(budgeting)七职能论，到厄威克系统化公共行政思想中的十项原则，再到布坎南的公共选择理论"经济人假设"在政府改革中的应用，企业管理的思想在政府改革的过程中一直发挥着重要的影响。到了20世纪六七十年代，兼顾效率与公平的新公共行政论一度使人们眼前一亮，使得社会公平、政府责任等公共性问题进入了公共行政学研究和政府改革实践的视野之内。但是，这股异于传统的公共行政思想很快就被新公共管理运动所淹没，新公共管理以企业价值、市场价值和民主参与价值为导向，他们注重管理而不是政策，注重绩效评估和效率；将公共官僚体制组织划分为一些在用户付费的基础上相互协调的机构；利用准市场化和签约包出工程的方式促进竞争；削减成本；具有一种特别重视产出目标、限制合同、金钱刺激和自主管理的管理主义风格。① 这时候，"企业家主义和以顾客为中心的盈亏底线取代了对公共利益做出的一般回应"②。卡马克曾言，20世纪的官僚型国家正在被三种新的政府模式所取代：革新的公共部门组织、网络型政府和市场型政府。③ 而市场型政府无疑是20世纪后半期政府改革的主要取向。总之，在20世纪的政府改革实践过程中，市场化和企业化是贯穿政府改革始终的一条主要线索；这个世纪的公共行政学的理论研究，也深深打上了以效率为终极信仰的市场化烙印。

---

① [澳]欧文·E.休斯：《公共管理导论》第2版，中国人民大学出版社2001年版，第3页。

② [美]理查德·J.斯蒂尔曼：《美国公共行政重建运动：从"狂热"的国家主义到90年代"适度"的国家主义》，载《北京行政学院学报》1999年第4期。

③ [美]伊莱恩·卡马克：《后官僚政治对职业政策人员的技能要求：21世纪的政府》，载《比较》2003年第9期。

二、市场化政府改革下的信任与治理危机

20世纪六七十年代以来，援用企业管理理论、技术及方法，引进市场竞争机制，以追求公共部门工作绩效为目标的新公共管理运动，以“企业化政府”、“管理主义”、“新公共管理”、“以市场为本的公共行政”、“后官僚制典范”等五花八门的称谓，在发达国家轰轰烈烈地展开。这些有着多样化称谓的理论，从现代经济学和私营管理理论和方法中吸取养分，以公共选择和交易成本理论为依据，提出了政府以市场或者顾客为导向、提高服务效率、质量和有效性；以“理性人”的假定为基础，提出政府公共行政应该实行绩效管理；以成本—收益分析为依据，提出对政府绩效目标进行界定、测量与评估。公共管理的理论模式成为当代政府改革的最基本趋势。① 从20世纪70年代末一直延续到80年代末90年代初，政府改革一直采用民营化的方式，在公共管理中引入竞争机制，借助私人组织或者非政府组织来提供公共产品，并且利用合同出租、公私合作、使用者付费以及凭单制度等方式开展公共服务的市场化。彼得斯在《政府未来的治理模式》一书中对这一时期的公共管理改革运动进行了系统的概括和评价，在总结了20多年来发达国家的政府改革主张及实践的基础上，梳理出了政府治理变革的四种不同模式：市场式政府、参与式政府、弹性化政府和解制式政府。在这四种模式的政府当中，无一不渗透着市场运作的逻辑和企业管理的思想。

这场轰轰烈烈的市场化改革运动在一定程度上改变了政府僵化、低效的传统面貌，使得政府的行政效率有所提高。但是，它并没有从根本上解决政府治理的低能问题，并且由于市场化改革中的利益分配不均衡、机会不均等问题，使得政府的合法性受到了严重损伤，这场改革中的各国政府普遍遇到了严重的信任危机。有调查显示，20世纪60年代末，美国有超过七成的民众表示相信联邦政府，但在1995年，民众对联邦政府的信任程度跌到了

---

① Hood, Christopher, *The art of the state: Culture, rhetoric, and Public Management*, Oxford: Claremont Press, 1998, p. 1.

15%，而州政府的信任程度也下降到23%。不只美国，在加拿大、英国、意大利和西班牙等国家也面临着相同的问题。① 在欧洲，人们对政府的信任情况并不比美国的乐观。在过去的四分之一世纪时间里，在英国、意大利、法国和瑞典等国，人民对政府和主要政治制度的信任感已经在下降。英国传统对精英的推崇已经被正在兴起的怀疑主义所取代。例如在1987年，不到一半的英国人相信，公务员、本国政府和地方议会都在为公共利益服务。1985年有48%的英国公众表示对下议院充满信心，但截止到1995年这个数字又缩小了一半。在这个广泛推崇政治精英的国度里，公众抗议政府的政策决定已经成为一种普遍的政治现象。② 这些调查数据都表明，20世纪的后几十年，政府在信任问题上出现了严重的危机。

政府信任是政府治理的基础性因素，政府信任的滑坡直接导致了政府的治理危机。沃伦在《民主与信任》中曾经对信任在社会治理过程中的重要作用给予了很好的阐述。他认为："当其他手段——尤其是国家通过惩罚性规则进行管理以及市场的无意识的协调——完成必要的和适宜的社会工作受其能力限制时，信任就能充当令人满意的社会协调手段。一个能够促进牢固信任关系的社会，也很可能是这样一个社会，它能够给予更少的管理和更多的自由，能够应付更多的意外事件，激发其公民的活力和创造性，限制以规则为基础的协调手段的低效率，并提供更强的生存安全感和满足感。"③ 我国行政伦理学家张康之教授根据农业社会、工业社会和后工业社会的基本历史形态，以及熟人社会和陌生人社会的交往和人际历史形态，把信任区分为习俗型信任、契约型信任和合作型信任。在农业社会和熟人社会中，人们之间的信任基本上属于一种习俗型的信任，在工业社会和陌生人社会中，发展出了一种契约型信任，而在走向后工业社会这种新的陌生人社会的过

① Joseph S. Nye, Philip D. Zelikow and David C. King, *Why People Don't Trust Government*, Cambridge, Mass: Harvard University Press, 1997, pp. 1 - 18.

② Susan J. Pharr, Robert D. Putnam and Russell J. Dalton, *A Quarter-Century of Declining Confidence*, Journal of Democracy, Vol. 11, No. 2 (April2000), pp. 5 - 25.

③ [美]马克·沃伦：《民主与信任》，吴辉译，华夏出版社2004年版，第2页。

程中，正在生成一种合作型信任。[①] 这三种类型的信任各自有其存在的社会基础，习俗型信任是靠“熟人”、“关系”等因素维系的，主要存在于农业社会；契约型信任是一种异化了的信任关系，它是工业社会和陌生人社会得以存续的重要支持力量；合作型信任是一种正在生成的社会关系，它是后工业社会制度设计和制度安排必须充分考虑的重要因素。

20世纪70年代发起的以市场运作逻辑和企业管理思想为基础的新公共管理运动，主要依靠的是工业社会和陌生人社会中建立起来的契约型信任。这场改革所参照的市场逻辑和企业体系都是建立在追求自身利益最大化的契约纽带的基础上的。而契约本身的特性决定了建立在契约之上的信任的脆弱性和不稳定性。因为，契约本身就是不信任的结果，也是不信任的标志。如果人们之间是相互信任的，那么根本就不需要契约，只有人们相互不信任的时候，才会求助于契约。在工业社会里陌生人的交往，在一开始的时候，是没有信任可言的，并且轻信也是很危险的。所以，利用契约这种形式，是比较明智的选择。契约型信任是基于理性的，是从属于利益谋划和发生在陌生人社会中的，所以，是可以被作为一种工具而加以利用的。就此而言，契约型信任必然会发展出人的行为选择策略。然而，信任一旦成为一种策略，也就失去了信任所应有的性质，转化成制造不信任的因素，即使作为策略的信任能够赢得一时的信任，也是属于不诚实的表现，一旦这种信任的策略性动机被识破，就会立即陷入破坏性的信任危机状态。[②] 所以，基于市场运作逻辑和企业管理思想之上的政府改革所建构起来的是一种契约型信任，这种信任在自身利益最大化的驱动之下，将自我之外的他我当做谋利的工具，这种信任充其量是一种工具性信任，而非真正的信任。

市场化政府改革将市场逻辑和经济人思维带进了政府，使得这股风气在整个社会范围内弥漫开来，由此形成了一种基于契约化之上的管理型政府模式。在这种模式之下，无论是政府还是公民个人都被抽象化为经济人，

①② 张康之：《在历史的坐标中看信任——论信任的三种历史类型》，载《社会科学研究》2005年第1期。

利益得失成了这一模式之下政府和社会所主要关心的对象，它们时时处在一种计算与被计算的功利谋划之中。谋划成了实现经济人利益最大化的思维方式，契约也就充当了保证利益双方利益实现的现实神器。处在契约关系中的双方很容易被扭曲为只关注自身利益而漠视公共利益的“陌生人”，“他们通常既不打算促进公共利益，也不知道他自己是什么程度上促进那种利益……在这种场合，像在其他场合一样，他受着一只看不见手的指导，去尽力达到一个并非他本意想达到的目的，也并不因为事非出于本意就对社会有害”①。政府本来就是为了实现和保障公共利益而被建构起来的公共权力机构，它的目标和宗旨是最大化的实现公共利益，而市场化改革却使政府陷入了经济人角色的泥淖而不能自拔，“每一个官员都在很大程度上受他自己的个人利益驱动，即使当他纯粹执行正式职责的时候也不例外”②。政府的市场化改革建构起来的是一种基于契约型信任的管理型政府模式，契约型信任大大降低了习俗型信任中所包含的感性成分，是建立在理性权衡之上的信任类型。这种信任靠的是理性计算，而理性本身又存在着固有的脆弱性和不稳定性。正如笛卡尔所言：“理性告诉我，和我认为显然是错误的东西一样，对于那些不是完全确定无疑的东西也不要轻易相信，因此只要我在那些东西里找到哪怕是一点点可疑的东西，就足以使我把它们全都抛弃掉。”③基于理性而建立起来的契约型信任本身的脆弱性，决定了政府市场化改革的危机结果。

三、合作型信任导向下的政府社会化改革

政府的市场化改革虽然建构的是一种工业社会下适用于市场逻辑的契约型信任，这种信任由于其完全摒弃了感性的情感成分，人们是在反复衡

① ［英］亚当·斯密：《国民财富的性质和原因的研究》（下卷），商务印书馆1981年版，第27页。

② ［美］安东尼·唐斯：《官僚制内幕》，郭小聪等译，中国人民大学出版社2006年版，第280页。

③ ［法］笛卡尔：《第一哲学沉思集》，商务印书馆1986年版，第7页。

量、理性计算的基础上确立契约关系的，其目的只是将这种契约型信任作为追逐自身利益最大化的工具，基于这种契约型信任之上的所谓合作行为也只是一种功利性的相互利用。所以，这种契约型信任基础上的合作充其量只能算是一种协作，建立在这种信任关系基础上的政府改革只能将政府由一种危机转换到了另一种危机之中。但是，在这场改革运动之中，社会关系和结构出现了出现了前所未有的分化。一场被学界称为"全球性结社革命"的运动也在这场改革中悄无声息地进行着。一方面，在工业化过程中趋向萎缩甚至衰落的市民社会重新从行政国家的控制之下解放出来，呈现出新的发展态势，以有别于之前的市民社会而被学界称为"新市民社会"；另一方面，一种有着多种称谓被行政学称之为"非政府组织"的新型组织形态成长起来，并且构成了"新市民社会"的基本组成部分。非政府组织是"社会领域中基于志愿者并且能够发挥人的精神力量的组织，同时提供了社会所需要的社会服务和政治体制所需要的领导力量的开发"①。它的出现以及新市民社会的兴起，势必带来社会治理模式的变革。卡兰默在其著作中这样写道："新的社会参与形式，由非政府组织和私人负责过去一直属于国家的职能，重建社区，重新定义公民属性，从实用的观点对待国家及其与社会的关系的非机构化，司法多样，重新发现地方区域，各层次治理的新关系形式，公民社会主动建设国家公共舞台——所有这些实际的革新逐渐形成体系，有助于确定新的治理轮廓。"②

非政府组织的出现以及新市民社会的成长，逐渐打破了传统的社会治理格局，政府再也没有了在治理领域内一权独大的先天性垄断优势，并且彻底打破了某一垄断性治理主体去执行对整个社会的分地域或分领域的统合性分治局面，政府只是多元治理主体中的前辈。这种社会治理主体多元化的格局，意味着一种网络式的社会治理和通过广泛的合作而进行的合作治理模式的到来。合作是实现社会良善治理的必须路径，关于社会合作行为

---

① ［美］彼得·F. 德鲁克：《社会的管理》，徐大建译，上海财经大学出版社 2003 年版，第 115 页。

② ［法］皮埃尔·卡兰默：《破碎的民主——论治理的革命》，高凌瀚译，三联书店 2005 年版，第 63 页。

的前提假定，罗尔斯曾经有过透彻的阐述。他认为："起组织作用的核心社会合作理念至少有三个本质特征。"第一个是"社会合作不同于单纯的社会协调活动——例如由绝对的中央权威当局发布的命令所协调的活动。确切地说，社会合作是由公众所承认的规则和程序来指导的，而从事合作的人们则用这些规则和程序来适当地调节他们的行为"。其次，"这种合作的理念包含了公平的合作条款的理念：它们是这样的条款，即每一个参与者都可以理性地加以接受，而且，如果所有其他的人都同样地接受了它们，那么每一个参与者则都应当加以接受。公平的合作条款表明了互惠性和相互性的理念：所有人都按照公众承认的规则所要求的那样尽其职责，并依照公众同意的标准所规定的那样获取利益。"最后，"这种合作的理念也包含了每一参与者之合理利益或善的理念。这种合理利益的理念规定了，从那些从事合作的人们自己的善的观点看，他们所一直积极寻求的到底是什么。"①

信任是合作的前提，只有合作双方彼此认同和信任才会达成一致性的合作行动。因此，合作治理模式的建构必须以合作型信任的建立为基础。从上述罗尔斯对于社会合作行为的前提假设中，我们不难发现，由合作各方自觉制定并彼此认同的规则指导，合作各方公平参与并获得互惠性利益，以及符合合作各方对善的理念的价值追求，是促成社会合作行为的前提。其实，自觉、认同、公平和互惠等恰恰是合作型信任所必备的构成要素，它一方面照顾到了习俗型信任中感性的情感方面，也包含了契约型信任中理性的认知因素。合作型信任受客观的社会网络结构所决定，反映了社会网络结构的客观要求；合作型的信任也同时满足信任主体的情感需求，无论是在个体还是群体那里都是这样。所以说，合作型信任是理性与情感的统一，基于合作型信任的合作行为也同时满足这两个方面的需求。② 合作型信任不仅使合作各方都能认识到彼此的真实需要，因为"当合作双方都意识到对方的需要时，它们之间将会建立起高度的信任，这一信任将使双方的关系得以继

---

① ［美］约翰·罗尔斯：《作为公平的正义——正义新论》，姚大志译，上海三联书店 2002 年版，第 11 页。

② 张康之：《在历史的坐标中看信任——论信任的三种历史类型》，载《社会科学研究》2005 年第 1 期。

续”。而且,合作型信任“没有工具主义动机的迹象,合作意愿的变化既可以反映对他人的道德责任感,也可以反映人们的一种信心,即相信与之共处一个社会关系的他人更可能对合作做出回报”。① 因此,在后工业社会多元治理主体并存的社会治理格局之中,要想构建起多元治理主体合作治理的新型社会治理模式,构建“来自于人民自身——自觉自愿的遵守从心底里拥护的、大家共同分享的道德价值观念的要求和约束”②的合作型信任关系是必须要做的事情。

政府是为了避免人类因私利而相互争斗从而走向自我毁灭局面的出现而被建构起来的,他是社会成员之间相互订立契约而产生的。“在理性的自利人的协议中,找到了政府的起源。驱动人们结合在一切的动机,即不是和睦(情感),也不是政治的忠诚(持有相同的政治哲学观),而仅仅是对人身与财产安全的焦虑而已”。③ 虽然政府最初是社会成员因个人人身和财产安全危机而建构起来的,具有一定的利己情结。但是,随着社会的发展,尤其是人类社会公共生活的极大丰富,政府无论在宗旨还是职责上已经远远超出了其建构之初的职能所在,实现公共利益与追求人类的良善生活已经成了当下政府职能的题中之意。“行政被认为是一种具有高度理性的人类合作的努力。”并且“人类有影响的行为都是合作产生的,如果没有合作,也就不会有任何成果。”④所以,后工业社会的政府改革应当摆脱市场万能的思维定式,从对契约型信任的迷信中解放出来,努力构建一种基于合作型信任之上的合作型社会治理模式。后工业社会越来越呈现出一种多元发展的趋势,无论是社会构成还是文化信仰,抑或经济成分都表现出了多元共存、共生共长的多元格局。政府作为社会治理体系中的主要构成部分,应该本着一种

---

① [美]罗德里克·M. 克雷默、汤姆·R. 泰勒:《组织中的信任》,管兵等译,中国城市出版社2003年版,第13、76页。

② [美]巴尔:《三种不同竞争的价值观念体系》,载《现代外国哲学社会科学文摘》1993年第9期。

③ [美]弗雷德里克森:《公共行政的精神》,张成福等译,中国人民大学出版社2003年版,第23页。

④ [美]德怀特·沃尔多:《什么是公共行政学》,载《国外公共行政理论精选》,中共中央党校出版社1997年版,第187页。

迈向社会的改革思维来进行行政设计，要从起源之初保护人身和财产安全的利己初衷转向更广阔的领域。政府“从关心狭隘利益领域的合作变换到关注公共领域的合作”①是后工业社会政府改革的理应选择。

“人分内的工作就在于有思想的生活，在于理解，在于深思熟虑的行动。善的生活就是与人的存在的自然秩序相一致的生活，是由秩序良好的或健康的灵魂所流溢出来的生活。善的生活简单来说，就是人的自然喜好能在最大限度上按恰当秩序得到满足的生活，就是人最大限度的保持头脑清醒的生活，就是人的灵魂中没有什么东西被虚掷浪费的生活。善的生活是人性的完美化，是与自然相一致的生活。”②施特劳斯关于人的善的生活追求的描述虽然过于诗意，并且在历史上也没有哪个社会、哪种治理实现过人类这一美好的梦想。但是，他毕竟代表了人类对于良好社会秩序和美好社会生活的追求。尤其是当人类跨进后工业社会的门槛的时候，人们对这一美好生活的渴望与实现这一梦想的希望将会同时存在。亚里士多德曾经说过，人是天生的政治动物，人类对美好生活的追求同样包含对和谐政治生活的期望。所以，后工业社会的治理是由政府、市场、非政府组织以及其他的社会自治力量合作的治理，这种合作治理是建立在伦理精神滋养下合作型信任基础之上的，这种合作治理无论在形式上还是内容中都蕴涵着治理主体间相互信任、彼此认同、互利互惠的服务型元素，整个后工业社会的治理体系及其治理过程都贯穿着伦理精神，一切治理行为及其规则都体现着伦理规范下的合作型信任关系。

四、现实关照与未来前瞻

公共行政学本身就是为了改变传统政府效率低下、顽固僵化的形象而产生的，公共行政学视阈下的政府改革理论从一开始就蕴涵着市场运作逻

① ［美］查尔斯·J. 福克斯，休·T. 米勒：《后现代公共行政——话语指向》，楚艳红等译，中国人民大学出版社 2002 年版，第 145 页。

② ［美］列奥·施特劳斯：《自然权利与历史》，彭刚译，三联书店 2003 年版，第 128 页。

辑和企业管理思想。尤其是20世纪六、七十年代开始的新公共管理改革运动，将公共行政学的这一理论传统发挥到了极致。政府的市场化改革在提高了政府的运作效率的同时，也将公民对政府的信任挥霍殆尽，政府治理和政府信任出现了前所未有的危机，建立在契约型信任基础之上的政府市场化改革使公民个体在经济人的谋利冲动刺激之下更加原子化，加剧了整体社会的碎片化。在这种背景之下，社会成员、组织之间都各自为政，合作成为一种奢求。因为"市场社会中由相互交换关系和人与人之间的相互依赖性交织而成的网络尚不足以使合作的行为方式同参与者的自利之间始终达到一致。相反，破坏性的激励诱因开始发挥作用，促使以自利为导向的人采取非社会性的以及不合作的行为"。① 政府改革的目标是提高政府的治理能力，增加政府信任的存量，这就要求我们必须反思政府的市场化改革，寻找一种新的改革路径。

事物都有两面性，政府市场化改革亦然。政府市场化改革虽然加剧了社会的分化，但是也促生了一些新的社会权力主体，使社会更加多元化。多元化的社会再也不能满足于政府与市场的二元治理模式，契约型的信任关系逐步瓦解，构建一种容纳多元社会权力主体的合作型信任关系和合作型社会治理模式就显得尤为迫切。还必须看到，现实社会所面临的种种问题也使得合作迫在眉睫。"为什么合作变得这么紧迫？组织面对的挑战似乎正在快速升级。影响组织增殖的全球性问题，包括恐怖主义者的威胁、破坏者造成的古代土地持续沙漠化、战争、饥荒、疾病、全球范围内国家得失意识的快速分裂——这些都点燃了仇恨，如果不加以重视，对相互联系的政治、社会、经济以及环境的挑战最终会削弱世界范围内的生活质量。这些建立在一般世界思维上的、系统的、邪恶的问题阻止了人类各种福利的改善。商业团体必须与城市、乡村和州政府以及国家、跨国组织如联合国、世界银行等进行合作，为解决这些问题引入足够的智力和财产资金——这就要求在各个层次上具有合作积极性。"②

① [德]米歇尔·鲍曼:《道德的市场》，中国社会科学出版社2003年版，第26－27页。

② [美]迈克尔·贝尔雷等，《超越团队：构建合作型组织的十大原则（前言）》，华夏出版社2005年版，第2页。

综上可见,未来的政府改革应该顺应后工业社会的发展趋势,从基于契约型信任的市场化取向中解放出来,迈向多元治理主体公平参与、充满合作型信任以及基于善的完美生活追求的合作型治理模式,将碎片化的社会用合作的思维整合起来,实现社会和人类的全面发展。

第三节　通过任务型组织开展风险治理

20 世纪后期以来,在人类社会从工业社会向后工业社会转型的过程中,各种各样的突发情况、危机事件一轮轮地向人类袭来,标志着人类进入了一个具有高度复杂性与高度不确定性的"风险社会"。风险社会的形成是许多因素共同作用的结果,这些因素的存在本身可能是偶然的,但它们的结合造成了风险社会的事实却具有某种必然性。按照贝克、吉登斯与拉什的看法,风险社会乃是工业社会的"自反性现代性"的一个不可避免的结果,并且,在相当长的一段时期内,风险社会就构成了我们的"生活世界"。社会变革的历史告诉我们,人类要走出风险社会,必然会经历一个艰苦而漫长的过程,需要对既有的社会治理结构作出根本性的变革。但就当下而言,要保证人类不在风险社会中走向毁灭,我们首先必须开展风险治理。那么,由谁来开展风险治理,又如何开展风险治理?这都涉及治理主体即组织的问题。从历史上看,组织一直是人类应对与治理风险的基本途径,但在风险社会出现之前的历史时期内,由于社会不确定性程度较低,人们主要是通过常规组织去治理风险和防范风险的;至于任务型组织,只是偶尔出现的和发挥着补充性作用的一种组织形态。随着风险社会的到来,社会不确定性程度急剧增长,常规组织在风险治理上的无效性日益明显地暴露了出来,从而使任务型组织这种备受组织理论家们冷漠的组织形式日益显示出其实践价值。

一、风险社会及其基本轮廓

作为一种生物,尽管是政治性或者说社会性的生物,人类与其他生物一样，也有着与生俱来的对于确定性的需要与追求。所以，无论是在什么情况下，当人们试图采取共同行动的时候，安全以及作为安全之保障的秩序总是最有效的理由。这一点在近代早期的社会契约论那里得到了非常集中的体现。根据社会契约论者的看法，国家就是自然状态中的人们为了自身的安全而彼此让渡各自部分自然权利之后所形成的一种结果。这表明，国家实质上是作为满足人们的确定性需要与追求的一种工具而出现的。其实，一切组织在根本上都是满足人们的确定性需要与追求的工具，或者说，都是出于应对即治理不确定性的需要而产生的，因而，供给确定性乃是所有组织最基本的职能，一旦不能继续承担这一职能，组织就将失去其存在的合理性。

既然组织是出于应对不确定性的需要而产生的，那么，反过来，社会的组织化程度也就成了衡量这个社会之不确定性程度的一个指标：社会的组织化程度越高，说明这个社会所具有的不确定性的程度也较高；社会的组织化程度越低，则说明这个社会所具有的不确定性的程度也较低。总之，社会的组织化程度与社会的不确定性程度之间存在某种正相关的关系。正是这种关系，使得社会的不确定性程度能够被控制在人们可以承受的范围内，从而维持着这个社会在整体上的确定性。以工业社会为例，尽管它在社会生活的各个方面都表现出了不确定的特征，并不时地以危机的形式表现出来，但由于官僚制组织的普遍建立，工业社会往往能够以不变应万变，用理性的“铁笼”捂灭危机的火种。

然而，20 世纪后期以来，当工业社会的航船驶近后工业社会的水域，整个社会的运行状态也出现了新的变化。这就是德国学者贝克所看到的：“由于科学技术的飞速发展及科学技术与经济活动相结合而导致技术经济的飞速发展，使得工业社会的物质财富极为丰厚，这为绝大多数社会成员造就了舒适安逸的生存环境，不过，同时也带来了核危机、生态危机等足以毁灭全人类的巨大风险。而工业社会运行机制自二十世纪中期以来也开始发生微妙变化，一项决策可能毁灭地球上的所有生命，仅此一点就足以说明当今时代与人类历史上的任何时代都有着根本区别，已经呈现出从工业社会向风险社会过渡的种种迹象。”①也就是说，随着新的社会转型的开启，工业社会中出现了许多新的不确定性，这些不确定性大大超出了工业社会自身的应对能力，从而使工业社会的运行表现出了高度不确定的状态，即表现出“风险社会”的特征。近些年来，贝克的观点得到了学者们越来越多的认同。从西方到东方，现实的推展迫使人们不得不承认这样的事实：“世纪之交的人类社会面临着一次次的阵痛，从东南亚金融危机、“九一一”事件，到伊拉克战争、SARS危机，这一连串打击全球经济、震撼全球社会，严重破坏我们生活秩序的事件，揭示了当前人类社会的发展模式所隐藏的巨大风险，我们处在一个危机四伏的‘风险社会’之中。”②“风险已经成为人们理解世界的无所不包的背景，它们所激发的警示营造出了一种无能力和瘫痪的氛围。不管是无所作为还是要求过多，都会使世界面临一系列难以克服的风险。”③

其实，早在贝克宣告风险社会的到来之前，美国学者贝尔就已经宣告“后工业社会的来临”了。但在几十年后的今天，贝尔对于社会发展的“预测”仍旧是一项预测，而贝克的判断则已成为人们必须接受的一项严肃的现实，而且正在理论探讨中得到越来越多的映现。因之，风险社会的轮廓也就比后工业社会的轮廓显得清晰了许多。或者说，后工业社会是率先以风险社会的形式呈现给我们的，是由于人类拒绝向后工业社会迈进而陷入的一种僵局，我们只有过了风险社会这道门栏，才能突破既有的所有社会建构对于我们的限制，真正进入后工业社会。所以，在当前的风险治理中，我们需要对“风险”的性质加以认识。

风险并非实际的危险，并不必然导致危险，而只是意味着危险的某种可能。与自然灾害的危险性质相比，风险具有建构性。对此，贝克的表述是：“风险还不同于工业化时期以前人类所遭遇的各种自然灾害，因为那些自然

---

① [德]乌尔里希·贝克：《从工业社会到风险社会（下篇）——关于人类生存、社会结构和生态启蒙等问题的思考》，王武龙编译，载《马克思主义与现实》2003年第3期。

② 刘挺：《风险社会与全球治理》，载《社会科学家》2004年第2期。

③ [德]乌尔里希·贝克：《再谈风险社会：理论、政治与研究计划》，载[英]芭芭拉·亚当，[德]乌尔里希·贝克，[英]约斯特·房·龙编著《风险社会及其超越：社会理论的关键议题》，赵延东、马缨等译，北京出版社2005年版，第330页。

灾害并非是人类的某些决策而导致的，而风险则肯定源于人们的重大决策，当然这些决策往往并不是由无数个体草率作出的，而是由整个专家组织、经济集团或政治派别权衡利弊得失后所作出的。”①在这个意义上，风险乃是理性的产物，或者说，是理性的一个建构物，虽然它造成了实质上非理性的结果，显示了理性的悖论。对于风险的建构性，亚当等人也指出，“风险不仅仅在技术应用的过程中被生产出来，而且在赋予意义的过程被生产出来，还会因对潜在危害、危险和威胁的技术敏感而被生产出来。为此，我们不能把风险作为一种外在之物来观察——风险一定是建构的。”②

作为一种社会建构，风险在理论上总是可以解构的，因而它并不必然意味着危险。同时，由于这种建构性，“风险具有无限可再生性，因为在多元社会里我们能够而且必须根据某些决策和观点对决策作出评价，而风险则随着这些决策和观点而自我繁衍。”③简单地说，如果没有风险评估，人们将不会知道风险的存在，而只要这种风险没有转化成实际的危险，它就没有危害，或等于没有存在过；而只要做出了风险评估，并在某种程度上予以了公开，即使评估的结果显示风险程度很低，也会在人们之间造成心理上的恐惧，从而可能催化风险的扩大与加速危机的爆发。因而，如果说在工业化过程中不确定性的增长是以代数级数为单位的话，那么，在今天，不确定性的增长则是以几何级数为单位的。所以，工业社会虽然也具有不确定性的特征，它所拥有的却只是一种低度不确定性，而风险社会则表现出了高度不确定性的性状。

风险的建构性也造成了它的复杂性。这是因为，人的行为总是以决策的方式展开的，因而，如果决策成了风险的来源，就意味着人的行为本身成为风险的来源，进而，要对风险进行归因就变得极其复杂与困难了。邦斯发

---

① ［德］乌尔里希·贝克：《从工业社会到风险社会（上篇）——关于人类生存、社会结构和生态启蒙等问题的思考》，王武龙编译，载《马克思主义与现实》2003 年第 3 期。

② ［英］芭芭拉·亚当，［英］约斯特·房·龙：《重新定位风险；对社会理论的挑战》，载［英］芭芭拉·亚当，［德］乌尔里希·贝克，［英］约斯特·房·龙编著：《风险社会及其超越：社会理论的关键议题》，赵延东、马缨等译，北京出版社 2005 年版，第 3 页。

③ ［德］贝克，［英］吉登斯，［英］拉什：《自反性现代化：现代社会秩序中的政治、传统与美学》，赵文书译，商务印书馆 2001 年版，第 14 页。

现了这种复杂性，他看到，“风险问题的特征是没有确定的解决办法；更确切地说，它们的特点是一种根本性的矛盾，这种矛盾可以通过可能性计算加以领会，却不能通过这种方法消除。”①也就是说，由于人类行为的非线性特征，通过线性的计算已经无法准确寻找出造成不确定性的成因了，反而可能由于计算错误而造成新的不确定性。这种可计算性的丧失在很大程度上肢解了科学与专家的权威，“在风险的界定中，科学对理性的垄断被打破了……关于风险，不存在什么专家。”②“人们在这种情境中如何行动已不再是专家所能决定的。专家在指出（或淡化）风险的同时也解除了他们自己的武装，因为这些风险迫使每个人都为自己决策”。③ 随着科学与专家权威的消逝，谁应当对风险负责的问题也变得悬而未决了起来，它所导致的结果是：“在风险时代，社会变成了一个实验室，没有人对实验的结果负责。”④事实上，由于这场“实验”的规模是如此的巨大，也没有人能够对它的结果负责。所以，尽管风险本身并不是危险，但风险社会却越来越呈现出了危险社会的轮廓。

二、对传统风险治理方式的挑战

就人类有着与生俱来的确定性需求的事实而言，说明人类社会是始终与不确定性相伴随的，正是因为人类的生存中存在着不确定性，才会有着强烈的追求确定性的要求。当然，在很长一段时期内，由于这种不确定性在程度上是很低的，人们并未予以其足够的重视，也没有进行专门的科学研究，更没有从中提炼出风险的观念。但是，无论什么时候，只要不确定性是客观存在的，就必然会存在着应对不确定性的方式与工具——组织。虽然与工业社会相比，农业社会并不是一个组织化了的社会，但由于不确定性的存

① W. Bonss, *Ungewissheit als soziologisches Problem*, Mittelweg, Vol. 36, No. 1, 1993.

② ［德］贝克：《风险社会》，何博闻译，译林出版社2004年版，第28页。

③ ［德］乌尔里希·贝克：《再谈风险社会：理论、政治与研究计划》，载［英］芭芭拉·亚当，［德］乌尔里希·贝克，［英］约斯特·房·龙编著《风险社会及其超越：社会理论的关键议题》，赵延东、马缨等译，北京出版社2005年版，第331页。

④ ［德］乌尔里希·贝克：《风险社会政治学》，刘宁宁、沈天霄编译，载《马克思主义与现实》2005年第3期。

在,这个社会中仍然出现了各种各样的组织,实际上承担起了应对与治理社会生活中所存在的不同规模的不确定性的使命。尽管在农业社会的历史上出现了被称为专制主义与绝对主义的治理方式,但是,由于这个社会中组织自身的非理性,承担统治功能的治理主体其实是没有能力将其风险控制活动延伸到社会生活的所有层面的,所以,这个社会的风险治理实际上是“封建主义”的,表现为区域化的各行其是。

到了工业社会,随着不确定性在范围上的扩大和程度上的提高,整个社会都进入了组织化的进程,而且,由于科学技术的进步,以工具理性为原则的官僚制组织迅速成长起来,并展现出很强的风险控制能力。如韦伯所说,官僚制组织以其技术上的优越性而得到了社会的普遍接受,并最终通过国家这一终极性组织而对所有社会风险予以了整体性的承担。这就是国内学者刘挺所指出的:“现代社会的风险管理制度——对失业的救济、对社会贫富分化进行再分配、对经济危机所导致的社会后果进行控制、建立公共医疗制度对疾病进行救治、对各种灾害进行预防和控制等,是建立在现代民族国家的基础之上的,是以现代民族国家为垄断性主体进行的。第二次世界大战后在西方出现的福利国家制度和以前苏联为代表的社会主义国家实行的社会福利制度,将这种由国家管理风险的思想发展到了极致。”①换句话说,工业社会的风险治理方式在体制上是一种国家主义的治理方式。除了体制上的国家主义特征以外,工业社会的风险治理方式在运行机制上也有一个突出的特征,这就是它的专业化,一方面,表现为分工—协作的治理;另一方面,遵循专家治理的原则。当然,在实际的治理过程中,技术专家往往是与政治精英以分工-协作的方式一道承担起治理任务的。

随着风险社会的出现,工业社会的风险治理方式受到了挑战。首先,在体制上,“工业社会发展到今天,已经开始出现以下两种现象:一是人类已经出现了应付各种风险与威胁的有高度组织性的安全机构;二是这些风险与威胁对人类的冲击似乎有一种越来越正常化的趋势,甚至有一种成为家常

① 刘挺:《风险社会与全球治理》,载《社会科学家》2004 年第 2 期。

便饭的可能性,而且这两种现象之间不可避免地存在着深刻矛盾,这种深刻的矛盾冲突正在一次又一次地呈现出周期性爆发的趋势。"①如果说第二次世界大战后出现的福利国家与国家福利制度代表了国家主义的风险治理方式的最高成就的话,那么,随着福利国家与国家福利制度的纷纷崩溃,国家主义的风险治理方式越来越明显地暴露出了它在风险社会面前的局限性。"由于现代风险的高度复杂性(超出了任何单一专家系统可以解释和控制的范围)和广泛影响性(波及每一个社会成员),因此风险治理的主体不能再像过去那样仅由政府来承担。"②甚至,根据贝克的看法,在不可预测的风险的巨大压力之下,国家及其政府已经从风险的治理者变成了一种"有组织的不负责任"者,如果继续任由其垄断风险治理的职能,势必会使人类在风险社会中越陷越深。

有鉴于此,学者们在探讨国家主义的风险治理方式的替代方案时,大多都赞同引入政府与各种社会组织间的合作机制,以防止出现这样一种情况:由于政府的推卸责任而导致风险无人治理。国内一些学者更是结合中国改革开放的实践经验而提出了一种风险治理的"复合治理"模式。比如,张云昊就认为,"转型风险所具有的复合性、潜在性、扩展性以及结构性与制度性等特征,要求我们在风险控制中必须充分发挥政府、企业、专家系统、社会组织和个人等各个主体的作用,根据自身的特性确定应对风险的策略和目标,以实现控制风险的复合治理。"③杨雪冬更是推导出了复合治理模式所应具有的五个基本特征,并就中国复合治理模式的建构,提出了不少建设性的意见。④

除了国家主义的治理体制以外,风险社会也对工业社会风险治理方式以及运行机制上的专业主义提出了挑战。贝克看到,"在风险冲突中,政治

① [德]乌尔里希·贝克:《从工业社会到风险社会(上篇)——关于人类生存、社会结构和生态启蒙等问题的思考》,王武龙编译,载《马克思主义与现实》2003年第3期。

② 赵延东:《风险社会与风险治理》,载《中国科技论坛》2004年第4期。

③ 张云昊:《转型风险社会的特点及风险控制》,载《武汉理工大学学报》(社会科学版)2009年第3期。

④ 参见杨雪冬《全球化、风险社会与复合治理》,载《马克思主义与现实》2004年第4期。

家们不再能依赖科学专家。这是因为:第一,在不同的人和受影响的集团之间总是存在着矛盾的主张和观点,他们对风险具有不同的定义。因此,就风险产生的知识冲突是专家的事。第二,专家仅仅能够或多或少地提供关于可能性的一些不确定的事实信息,但是,永远不能回答这个问题:哪种风险是可以接受的,哪种是不能接受的。第三,如果政治家采纳科学的建议,他们就陷入错误、僵化和科学知识的不确定性之中。因此,风险社会的教训是:政治和道德正在获得——必须获得!——替换科学论证的优先权。"①基于这种判断,贝克认为,我们"必须依靠更多的民主,也就是说,必须依靠生产的可计算性、举证风险生产时所需费用额度的再分配、风险生产者与风险评估者之间权力的分割、在有关技术选择问题上的公开论争"。② 具体而言,"我的建议包括了两个相互联结的原则:第一,实行权力分配;第二,营造一个公共领域。只有一个激烈的有说服力的以科学论战武装起来的公共领域才能够将科学的精华从糟粕中分离出来,并且允许对技术进行指导的制度——政治与法律——得以实施,从而争取到其自身应该拥有的作出判断与裁决的权力。"③

显然,这是一种不同于工业社会议会民主的民主形式,贝克将其称为"技术民主"或曰"生态民主",他认为,随着这一民主化进程的开启,"意味着在政治层面上、法律层面上及公共生活层面上,政治家和社会公众将会从技术权威所拥有的技术垄断特权被逐渐分解的过程中分享到对技术权威进行怀疑和质询的自由。"由此,人们就能越过"技术统治时代的重重藩篱,最后冲破了由技术垄断特权所牢牢筑起的城堡"。④ 就这样,通过"技术民主"对专业主义的否定,贝克在理论上一方面化解了"科学技术的不确定性",另

① [德]乌尔里希·贝克:《风险社会政治学》,刘宁宁、沈天霄编译,载《马克思主义与现实》2005 年第 3 期。

② [德]乌尔里希·贝克:《从工业社会到风险社会(上篇)——关于人类生存、社会结构和生态启蒙等问题的思考》,王武龙编译,载《马克思主义与现实》2003 年第 3 期。

③ [德]乌尔里希·贝克:《从工业社会到风险社会(下篇)——关于人类生存、社会结构和生态启蒙等问题的思考》,王武龙编译,载《马克思主义与现实》2003 年第 3 期。

④ [德]乌尔里希·贝克:《从工业社会到风险社会(上篇)——关于人类生存、社会结构和生态启蒙等问题的思考》,王武龙编译,载《马克思主义与现实》2003 年第 3 期。

一方面又杜绝了“有组织的不负责任”的再次出现。

当然,贝克的意见以及一些其他学者的思考,只能算做后工业化过程中风险治理的一些新的思路,而不能被看成通过风险治理走向后工业社会的有效处方。无论是针对工业社会风险治理方式体制上的国家主义特征而提出的复合治理模式,还是针工业社会风险治理运行机制上的专业主义特征而提出的技术民主方案,在理论上,都还存在着许多有待澄清的问题,如复合治理中各治理主体间的复合结构与机制,技术民主中“去其糟粕、取其精华”的标准等。但是,就其不满意于工业社会风险治理的方式并希望提出新的风险治理方案而言,是可取的探索。当前已经出现的关于风险治理的探讨充分表明,工业社会的风险治理方式已经越来越不能满足风险社会的治理需要了,我们需要立足于风险社会的现实,去寻求和发现新的治理方式,特别是需要确认风险治理的主体,通过全新的主体建构去实现风险治理。在思考这一问题的时候,我们注意到了任务型组织的价值,可以相信,近年来国内学者张康之等人对任务型组织的研究已经为我们发现了风险治理的主体,由任务型组织来承担风险治理的使命,必将为人类的风险治理开拓出一个全新的局面。

二、任务型组织的出场

在工业社会的话语体系下,一提到组织,我们的头脑中立马就会映现出官僚制组织。的确,官僚制组织是工业社会中占据支配地位的一种组织形式,虽然它存在的基础在20世纪后半期已经受到了动摇,以至于不断有人发文宣告官僚制的衰落、终结与死亡,但直到今天,我们所身处其中的仍然是一个由官僚制组织构成的世界,我们所接触到的几乎所有组织理论也都只是官僚制组织所发出的不同声音罢了。不过,尽管官僚制组织有着绝对的支配性地位,但在现代组织理论的谱系中,也有一些学者观察到了一种不同于官僚制组织的“特殊组织”的存在。比如,在《官僚制内幕》中,唐斯就描述了这样一种现象:“官僚组织或其中某个部门突然接到上级命令,去完成一件紧迫任务。该任务很复杂，需要新的研究与执行，需要许多资源，并且必须尽可能快地完成。……因此，为了完成这个任务，在官僚组织的正常运作之外，一个新的组织建立起来了。它整体看来，比原官僚组织要小得多，尽管它可能拥有许多成员，但这些成员具有比较突出的能力，比原官僚组织的一般成员更胜任工作，因为他们是为了这个任务而被特别挑选出来的。他们在一段时期内免于日常轮换，所以人员更替率很低。此外，它拥有足够的专家和足够的资源，它可以独立于日常运作的命令链条。它被豁免了几乎所有现存的控制、管制以及程序，并且可以自由创造它自己的控制、管制与程序。最后，它具有充分的优先权来使用资源，资源配置无须直接与正规部门中其他的资源使用者竞争。"①不过，出于当时所有组织都会走向官僚化的一般认识，唐斯认为，这种"特殊组织"最终也会失去其特殊性，"变得只不过是官僚组织的另一个组成部门而已，在规则、管制以及缓慢的决策程序中奋争。"②

唐斯对于官僚制组织之外的这种"特殊组织"的存在的观察是准确的。我们知道，《官僚制内幕》出版于1967年，而20世纪60年代正是官僚制组织从众星捧月般的明珠变成众矢之的的年代，无论私人部门还是公共部门，无论学界还是民间，都更多突出着官僚制组织的不足，而不再强调其"理想性"。在《官僚制内幕》中，唐斯虽然对官僚制组织表达了不满，却并未有取而代之的想法，而在同年发表的另一篇文章中，本尼斯则认为官僚制组织已经完全不能适应当时的现实——急剧而无法预计的变化；规模的大幅膨胀，以至于传统的组织活动已不足以支持增长；由于现代技术的复杂性，今天的组织活动需要高度多元化与专业化的人员构成；对组织的人的方面的发现，要求将组织作为人的发展与自我实现的一种工具，因而需要让位于"未来的组织"了。③ 在这样的背景下，企业管理者与政府官员都开始寻找官僚制组织之外的行政途径，"任务小组"则成了他们共同的选择。以政府为例，美国政府在面临特殊情况的时候经常会选择成立 Task Force——通常被意译为

---

① ［美］唐斯：《官僚制内幕》，郭小聪等译，中国人民大学出版社2006年版，第171页。

② ［美］唐斯：《官僚制内幕》，郭小聪等译，中国人民大学出版社2006年版，第173页。

③ Warren Bennis, "Organizations of the Future," in Shafritz, J. M. et al., eds., *Classics of Public Administration*, fifth edition, Belmont: Wadsworth, 2004, pp. 238－240.

“工作组”、“专案组”，直译就是“任务小组”——而自肯尼迪政府以来，出于对正式官僚机构的不信任，设立 Task Force 以贯彻其政策目标成了白宫越来越频繁的选择，①而且其所执行的政策层次也越来越高。

1981 年，为了细化其“新联邦主义”的施政纲领，里根成立了“私营部门行动特别工作组”，负责寻找私有化和公私合营的成功案例与制定推广方案，并指定由副总统布什亲自挂帅。1982 年 12 月，根据成立时的规定，该“工作组”自动解散。与“私营部门行动特别工作组”相比，今天的读者应当更熟悉另一个“工作组”，这就是由克林顿设立，其副总统戈尔挂帅的国家绩效审查委员会。尽管今天已经成为了“新公共管理”运动的实体性象征，但国家绩效审查委员会最初也只是一个任务小组，其任务就是制定“重塑政府”的实施方案，根据规定，一旦方案出台，国家绩效审查委员会就应宣布解散。所以，国家绩效审查委员会最初并没有固定的工作人员，其人员都是从各部门或各州借调来的，通常只有 3—6 个月的任期。尽管为了确保“重塑政府”政策的顺利执行，克林顿与戈尔延长了国家绩效审查委员会的寿命，但其生存环境一直不稳定。直到克林顿第二个任期，出于为戈尔竞选总统增添筹码的需要，国家绩效审查委员会才得到了某种常规化，②似乎如唐斯所说的，变成了“官僚组织的另一个组成部门”。

如上可见，被唐斯称为“特殊组织”的“任务小组”在 20 世纪后期以来的政府实践中有着非常成熟的应用，成为一种非常重要的行政手段，但在主流组织理论中，它却没有得到应有的重视，没能获得自己的一席之地。尽管西蒙与马奇早在 20 世纪 50 年代末就已经提出了“任务型组织”的概念，但直到不久之前，这一概念背后的理论领地仍然是一片荒芜。甚至，由于没人对它作出进一步的阐发，这一概念本身也早已被人们抛弃了，即使还有人在使

---

① James P. Pfiffner, “Political Appointees and Career Executives: The Democracy - Bureaucracy Nexus in the Third Century,” *Public Administration Review*, Vol. 47, No. 1, The American Constitution and the Administrative State (Jan. - Feb., 1987), pp. 57 - 65.

② Jonathan D. Breul and John M. Kamensky, “Federal Government Reform: Lessons from Clinton's ‘Reinventing Government’ and Bush's ‘Management Agenda’ Initiatives,” *Public Administration Review*, Vol. 68, No. 6 (Nov. - Dec., 2008), pp. 1009 - 1026.

用它,也往往只是不经意地使用的。如果不是张康之等人在《任务型组织研究》中重新考证出了它的渊源,恐怕人们都不会知道西蒙与马奇这两位管理学大师还曾经有过这样一个灵光一闪的时刻。

张康之等认为,传统组织理论在组织分类的问题上有两种基本取向:一种是功能取向,其代表人物是帕森斯;另一种则是规则取向,其代表人物为巴纳德。在张康之等看来,这两种取向都不是科学的组织分类,因为它们都没有抓住组织存在的根本依据,这就是组织的任务,因此,对组织的科学分类应当从组织所承担的任务出发,只有这样才更合乎客观性的原则。在张康之等看来,组织的任务大致分为两类:一类是常规性的任务;另一类则是非常规性的任务。相应的,承担常规性任务的组织可以被看做常规组织,承担非常规性任务的组织则就是任务型组织。在这里,张康之等采纳了西蒙与马奇所提出的任务型组织的概念,认为它准确地表达出了唐斯所描述的特殊组织的基本特征,而又比特殊组织的概念更具有指向性,即它突出了使常规组织与任务型组织区别开来的"任务":"一般说来,常规性任务是重复出现的,组织可以通过自己稳定的结构和程序来应对之,特别是在组织多次承担这类常规性的任务之后,还可以生成稳定的行为模式以及文化心理结构,从而使组织表现出很高的效率。至于非常规任务,则是多种多样的,每一项任务在出现的时候,都具有全新的面目,要想由一个稳定的组织去承担起不同的任务,那是根本不可能的。所以,往往是每一项任务出现的时候,就设立一个相应的组织专门地去承担起解决这项任务的职能。这样一来,这一类组织就具有一个突出的特征:因任务的出现而设立,又因任务的完成而解散。正是这一特征,构成了它与常规组织之间的根本性区别。"①

根据张康之等的分类,官僚制组织是一种典型的常规组织,或者说,是常规组织的典型形态,它虽然也因任务而生,但由于它所执行任务的常规性与可重复性,它却得以在反复执行这一任务的过程中垄断了完成该任务所需的各种资源,并将这些资源首先用于维持自己的存续,而不是完成其任

---

① 张康之、李圣鑫:《任务型组织及其研究的现实意义》,载《南京农业大学学报》2007 年第 3 期。

务。所以,"一个官僚组织变得越成熟,它就越不可能死亡。这是因为,为了官僚组织的生存,它的领导人会改变组织的主要目的。"①由此才产生了所谓"帕森斯定律"与"彼得原理",产生了日益臃肿的"行政国家"。任务型组织则不同,由于它所承担的任务是一次性的和不可重复的,它对完成任务所需的各种资源的占用也是临时性的,因而,它就不可能把自己的生存凌驾于组织任务的完成之上,不可能蜕变成一种自我生存型的组织。当然,任务型组织也可能转化成常规组织,在常规组织主要采取了官僚制组织的形式的时候,还可能转化成官僚制组织,这种转化的前提就是任务性质的变化,即原来的非常规性任务变成了常规性任务。以国家绩效审查委员会来说,在成立之初,它所执行的也是一次性的任务,即研究"重塑政府"的实施方案,只是由于政治环境的变化,它才被赋予了定期发布政府机构绩效评估报告的常规性任务,因而得到了某种常规化,而失去了其作为任务型组织的一些特征。但即便如此,国家绩效审查委员会也不能被视为一个常规组织,因为它所执行的任务——出台绩效评估报告——本身虽然是可重复的,但由于政策环境的不稳定,这种任务仍然具有很强的不确定性,而不像招聘、培训等内容一样是所有组织都不可或缺的。在这个意义上,国家绩效审查委员会可以视为一种"延展任务型组织",②它所承担的任务虽然具有许多常规性任务的特征,却显然不属于常规性任务,实际上,从一个较长的时间跨度上来看,"重塑政府"本身就只是克林顿政府这一特定总统任期内的一个一次性任务,因而,国家绩效审查委员会虽然承担起了延展性的任务,并在理论上可以持续存在下去,但它的本质则是任务型组织,所以,它的终结也属于任务型组织的解散,而不属于常规组织的撤并的范畴。

总之,我们看到,任务型组织在20世纪后期以来的社会治理实践中有着非常重要的应用,承担起了常规组织所不具有的推动改革的重要功能,可以相信,在未来的政府改革中,任务型组织的这一功能将得到更充分的发挥。

---

① [美]唐斯:《官僚制内幕》,郭小聪等译,中国人民大学出版社2006年版,第21页。

② 张康之、李圣鑫:《任务型组织及其研究的现实意义》,载《南京农业大学学报》2007年第3期。

然而，当前人类已经进入了一个风险社会，风险的普遍存在使所有行动都具有不确定性，改革也变得异常困难。虽然我们都知道，只有全面的改革才能帮助我们消除风险社会的根源，但在现实中，政治家与社会精英们大都不愿承担改革的风险。所以，在今天的世界中，风险社会已经成为了社会变革的一大障碍，要推动根本性的社会变革，推动人类迈入后工业社会的历史进程，我们首先必须寻找风险社会的有效治理方式，开展广泛的风险治理，进而降低改革的风险。而在风险治理上，任务型组织恰恰有着独到的优越性。

四、任务型组织在风险治理上的优越性

韦伯认为，与传统支配型组织相比，官僚制组织具有技术上的优越性，正是这种技术上的优越性赋予它某种理想性。但在风险面前，技术是不起作用的，甚至，技术的滥用本身就是风险社会的一大根源，因此，在风险社会中，官僚制组织的技术优越性失去了用武之地，任务型组织则由于其对一次性任务的敏锐而获得了风险治理上的优越性。不过，尽管国内外许多学者都已认识到了风险社会对工业社会风险治理方式的挑战，并提出了不少颇有针对性的应对方案，但他们对于风险治理的主体即官僚制组织都没有表达任何的质疑。我们看到，所谓“复合治理”只不过是官僚制组织间的复合治理，而所谓“技术民主”也仅仅是对官僚制组织的技术垄断与技术滥用进行监督与质询意义上的民主。所以，这两种方案其实都默认了官僚制组织在风险治理中的主体地位，在这个意义上，它们与工业社会传统的风险治理方式并没有根本上的区别。

如前所述，在一个运行良好的社会中，社会的组织化程度与它所具有的不确定性的程度之间存在某种正相关的关系，换句话说，提高社会的组织化程度往往是维持社会整体确定性的行之有效的方式。从工业化的历史来看，工业化的过程也释放出了大量的不确定性，但由于官僚制组织的普遍建立，工业社会变成了一个组织化的社会，并凭借其组织化的成就而维持了社会整体上的确定性；而在工业社会向后工业社会转变的过程中，我们虽然也

看到了社会组织化程度的不断提高，但这个社会依然变成了风险社会，这说明了什么？是否作为风险治理主体的官僚制组织本身已经不能满足风险治理的需要了？对于这个问题，我们同意《任务型组织研究》作者的观点。

在张康之和熊炎看来，工业社会之所以会走到风险社会的境地，是因为它具有一种“中心-边缘”的社会结构，“在工业社会的基本框架下，在现实和未来两个向度上都存在着中心—边缘结构，虽然中心和边缘都会生产风险，但是，由边缘生产的风险必然会由边缘承担，而中心所生产出来的风险则会被分配出去。……考察当下的现实，我们看到，大量的风险是由中心地带生产出来的，然后这些风险又不断地由中心向边缘扩散，在世界范围内，核泄漏、化工污染、转基因食品的威胁以及经济危机往往是超越地域、文化、民族、国家边界的，而高风险带来的高利润却被中心地带所占有，边缘地带所剩下的就只是风险了。所以，要想改变这种状况，唯一的出路就是打破现有的中心—边缘结构。只有当人类在社会结构上实现了去中心化，才能真正合作应对风险，才不会让一部分人替另一部分人无端地承担风险。”①不过，想改变整个社会结构，牵涉到大量复杂的理论和现实问题，可能并不是短期内就可以实现的，“而在当前，我们能够采取的一种应急性的社会措施，就是加强任务型组织的建设，把以往感性化的临时性组织提升到理性化的任务型组织的水平，使其规范化、科学化和具有可操作性。”②

张康之等认为，“任何一个组织，无论它是否愿意，都要面对来自内部和外部两个方面的不确定性的干扰。进一步讲，组织本身就是为了应对不确定性而产生的。……但是，长期以来，人们对于如何应对不确定性的思考和实践，总是集中在如何以确定性应对不确定性上。”③这里所说的就是常规组织的情况，在张康之等看来，由于常规任务的常规性，常规组织也具有一种确定性思维，在处理任务时遵循着“以不变应万变”的原则；而由于非常规任务的非常规性，任务型组织则形成了一种不确定性思维，在处理任务时遵循

① 张康之、熊炎：《风险社会中的风险治理原理》，南京工业大学学报（社会科学版）2009 年第 2 期。

②③ 张康之等：《任务型组织研究》，中国人民大学出版社 2009 年版，第 3 页，第 4 页。

的是"以变应变"的原则:"如果说常规组织是一种以确定性应对不确定性、以简单化应对复杂性的组织形态的话,那么,任务型组织则是以不确定性应对不确定性、以复杂性应对复杂性的组织形态。"①他们进一步指出,工业社会是一个具有低度不确定性的社会,非常规任务在组织治理中不具有显著性,因而,常规组织不仅垄断了常规任务的处理,也主导了非常规任务的处理,它不仅依照其确定性思维来维持社会的常态运行,也依照其确定性思维来治理风险,只是在以不变应万变的治理方式失效的时候,才会考虑将风险治理的任务移交给任务型组织。由于工业社会的低度不确定性,常规组织以不变应万变的治理方式通常都能起到良好的效果,因而,任务型组织并未获得充分的发育,更无法与常规组织分庭抗礼。也就是说,工业社会的风险治理实际上主要是通过常规组织进行的。

然而,20 世纪后期以来,随着社会复杂性与不确定性的不断增长,非常规任务开始大量涌现,在急剧增加的非常规任务面前,崇尚以不变应万变的常规组织越来越显出了它的迟钝。当然,在处理非常规任务的长期实践中,常规组织也发现了通过自身的调适即组织变革来迎合进而化解不确定性的办法,但"从现实的组织运行来看,特别是在当前社会转型的过程中,任何一个组织都将遇到非常规任务,而且非常规任务出现的频次也越来越密集。如果常规组织因为非常规任务的出现而改变组织结构的话,就会陷入一个怪圈,即每遇到一次非常规任务,组织就可能面临一次大的组织结构变革,就会因非常规任务而对整个组织的结构进行变革,就会影响到常规组织解决那些常规任务的组织优势"。②而如果常规组织失去了在解决常规任务上的优势的话,就等于失去了它赖以存在的依据,所以,在具有高度不确定性的风险社会中,通过组织变革来维持常规组织在风险治理中的主导地位,实在是一项得不偿失的选择。

事实上,"组织所面对的环境,在不确定性和复杂性方面总是超出了组织所能完全把握的限度,……所以,意欲谋求具有普遍适应性的组织形式是

---

①② 张康之等:《任务型组织研究》,中国人民大学出版社 2009 年版,第 7 页,第 59 页。

不可能的。这就是迄今为止一切常规组织研究所共有的致命缺陷。”①从现实的发展来看，“与以往任何一个时代相比，我们这个时代更突出了不确定性和复杂性的特征，而这一特征对管理的要求则把我们引向了任务型组织，要求我们通过任务型组织的研究去寻求应对方案。”②具体而言，“社会发展对组织所提出的新要求表现为：让任务型组织在变动不居、迅速涌现的大量‘一次性任务’面前发挥更重要的作用。特别是进入21世纪，纷至沓来的‘突发性事件’、‘危机管理’等，都凸显了任务型组织的功能，人类越来越意识到通过任务型组织这一形式去应对非常规任务是一项极为方便的选择。”③也就是说，随着风险社会的到来，以变应变的任务型组织应当取代以不变应万变的常规组织，成为风险治理的新途径。

无疑，对于常规组织在风险治理上的缺陷，人们是很容易表示赞同的；但是，对于任务型组织能否取代常规组织在风险治理上的地位，人们则不免会表示出怀疑：任务型组织在风险治理上的优越性果真达到了可以取代常规组织的程度了吗？

经过与常规组织的比较，张康之等发现，任务型组织所以能够以变应变，从而有效治理风险的所有秘密，都是蕴涵在其不同于常规组织平衡态结构的非平衡态的组织结构之中。根据张康之等的分析，任务型组织的非平衡态结构具有以下三个特征：首先，它具有环境适应性或者说有机适应性；其次，它具有简单灵活性；最后，它是一个动态的和开放的结构。“总之，具有动态开放性结构的组织会随时随地地利用外界环境的优势来补充自己，更新自己。组织成员再也不需要墨守成规地去完成他们的工作，而是会充分发挥各自的创造精神，积极、适时地对组织内外作出回应。因为他们知道他们的价值是与组织任务的完成联系在一起的。在这种开放的组织中，管理者的作用也不再是解决组织中的技术问题，而是致力于激发组织成员的责任意识、创新能力和合作意愿；不再是对常规组织的命令与专制的追求，

---

①②③　张康之等：《任务型组织研究》，中国人民大学出版社2009年版，第5页，第7页，第14页。

而是适当、适时的将权力赋予事件的负责人。"①因此,具有非平衡态结构的任务型组织对于环境的变动有着高度的敏感与回应性。

基于这种非平衡态的组织结构,任务型组织还形成了一种弹性化的任务完成机制,使它能够以变应变,这种机制具体表现为:"其一,任务型组织对环境保持一种不确定的思路,用动态的观点去观察和理解环境,把环境的变化作为自己下一步行动方案出台的依据,更多的时候需要对环境的变化进行主动的预测,以使自己的行动具有很强的前瞻性。这是任务型组织运行的外在机制。其二,任务型组织努力促进组织成员岗位以及行为的灵活性。任务型组织成员需要很强的合作精神,成员之间的分工相对模糊,成员要对总体的任务负责,为了总体性任务的实现,需要成员随时调整自己的工作岗位,随时就相关问题进行磋商,这也是任务环境的要求。成员之间交流的经常性和合作意识,可以减少任务完成过程中信息的不完备性,从而尽量丰富任务发展的相关信息,以寻找相对完善的解决方案。"②由此,在"行政行为"的层面上,任务型组织也比常规组织更具有弹性和灵活性,更能满足解决一次性任务的需要。

根据贝克的看法,风险社会取消了科学与专家的权威,从而迫使每个人都必须替自己决策,基于这一判断,贝克提出了技术民主的方案,试图通过技术的民主化去化解由科学的不确定性与技术垄断所造成的风险。然而,技术如何能够民主化?一个没有任何基因知识的普通人将如何质疑一位基因专家的决定?即使基因专家的决定本身存在风险,但对他的没有任何科学依据的否定是否又会造成更大的风险呢?所以,技术民主的方案本身就是一种风险,它又如何能够化解其他的风险?事实上,风险社会的形成比以往任何时候都更加突出了专家的重要性,没有专家,我们将连风险识别都无法完成,更何谈风险治理?但是,与常规治理不同,在风险治理中,专家不仅需要丰富的技术经验,更需要拥有解决新问题的"智慧"。这是因为,任务型组织"所承担的是'一次性'的任务,对于解决这种任务来说,组织成员的智

---

① 张康之、周雪梅:《论任务型组织结构的非平衡态》,载《中国行政管理》2006 年第 12 期。
② 张康之等:《任务型组织研究》,中国人民大学出版社 2009 年版,第 153 页。

慧远比经验更重要。就具体的经验而言,在任务型组织中是不可能出现的,也是派不上用场的。如果说有什么经验的话,那也是在应对非常规任务的过程中形成的某种'直觉'。这种直觉其实已经是任务型组织成员的智慧了"。①

显然,经验是可以分等级的,所以,以职位等级制为基本内容的常规组织就成了技术专家垄断治理的组织基础。而智慧则是不可分等级的,甚至,与风险一样,智慧的分布也具有随机性,原本被视为庸人的组织成员的灵光一闪却可以成为解决问题的关键。所以,常规组织总是无法使有智慧的成员处于重要的职位,而任务型组织却恰恰具有这一优势。"任务型组织中的一切资源都是围绕所要解决的任务而进行灵活配置的。……单就其权力结构来说,任务型组织不再表现为一种等级森严的职权结构,而是表现为开放、流动和互动的知识权力网络。权力来源于知识,拥有知识也就意味着拥有相应的权力"。②如果说官僚制组织用职位与权力的结合取代了农业社会的等级制组织中身份与权力的结合,进而开辟了工业社会的平等化、民主化道路的话,在风险治理的过程中,任务型组织则用知识与权力的结合取代了职位与权力的结合,从而开辟了后工业社会的网络化、合作化的道路。当然,在这里,所谓知识并不是常识意义上的知识,而是智慧意义上的知识,只有具有智慧的知识才能开辟合作治理的多元途径,才能将所有组织资源都最有效地集中到风险治理之上。随着组织权力与知识/智慧的合一,任务型组织成了一种智慧的而不仅仅是理性的组织,当常规组织出于理性的考量而拒绝承担风险治理的风险的时候,任务型组织则凭借它对这种风险的充满智慧的担当而避免了人类社会走向彻底的沉沦。

就一个社会的运行而言,风险治理是对社会资源的最大消耗,正是由于这个原因,每一次风险的出现都可能使社会的发展速度减缓、停滞甚至倒退。唐斯已经指出,常规组织是一种"自我生存导向"的组织,它虽然也可以承担特殊任务,进行风险治理,却会把许多本应用于治理风险的资源消耗在

---

①② 张康之等:《任务型组织研究》,中国人民大学出版社 2009 年版,第 162 - 163 页,第 183 页。

自身的存续上，甚至在风险消除之后仍然占用着大量的社会资源，从而不利于其他风险的治理。任务型组织则不同。任务型组织是一种“任务导向”的组织，它“因任务而生，也因任务的完成而解散”，也就是说，随着风险的消除，任务型组织会把它所临时占用的社会资源重新投入社会，以便于应用到对其他风险的治理当中。由此，任务型组织就可以在完成风险治理的同时，更实现社会资源的优化配置。

正是由于有着以上的诸多优势，20世纪后期以来，任务型组织在各国的风险治理实践中已经得到了广泛的应用。然而，由于常规组织不愿放弃其风险治理的主体地位，任务型组织的发育仍然不够成熟，它在风险治理上的优越性也没能获得淋漓尽致的发挥。甚至，由于缺乏学术自觉，任务型组织在理论上仍然被大多数学者定位为一种“临时社会”中的“临时性组织”，①进而阻碍了对其治理潜能的进一步开发。在这个意义上，我们需要加强关于任务型组织的研究，在当前已有的研究基础上进一步发掘任务型组织的实践潜能，使任务型组织的应用得到更完善的理论指导。假以时日，任务型组织必将成为风险治理的一条新途径，甚至可以为人类社会的合作治理开拓出广阔的实践空间。如果真有这么一天的话，人类从根本上走出风险社会的希望将不再只是一种希望，人类对于后工业社会的预测也将不再只是一种预测了。

① “临时社会”的概念来自本尼斯和斯拉特的《临时社会》(Warren G. Bennis and Philip E. Slater, *The Temporary Society*, New York: Harper and Row, 1968.)一书，该书所提出的“临时社会”的观念对20世纪七八十年代的组织理论、管理理论和公共行政都产生了非常广泛的影响。

主要参考文献

姜士林等主编:《世界政府辞书》,中国法制出版社 1991 年版。

吴大英、沈蕴芳:《西方国家政府制度比较研究》,社会科学文献出版社 1996 年版。

毛寿龙等:《西方政府的治道变革》,中国人民大学出版社 1998 年版。

国家行政学院国际合作交流部编译:《西方国家行政改革述评》,国家行政学院出版社 1998 年版。

左然等编译:《新兴现代化国家行政改革研究:转型中的韩国公共政策与行政改革》,国家行政学院出版社 1999 年版。

周志忍:《当代国外行政改革比较研究》,国家行政学院出版社 1999 年版。

宋世明:《美国行政改革研究》,国家行政学院出版社 1999 年版。

于军:《英国地方行政改革研究》,国家行政学院出版社 1999 年版。

杨冠琼:《政府治理体系创新》,经济管理出版社 2000 年版。

何贻纶:《政治学与行政学名人观点揽要》,延边人民出版社 2002 年版。

刘炳香:《西方国家政府管理新变革》,中共中央党校出版社 2003 年版。

刘靖华:《政府创新》,中国社会科学出版社 2004 年版。

丁煌:《西方行政学说史》(修订版),武汉大学出版社 2004 年版。

丁煌:《西方行政学理论概要》,中国人民大学出版社 2005 年版。

武玉英:《变革社会中的公共行政——前瞻性行政研究》,北京大学出版社 2005 年版。

顾平安:《政府发展论》,中国社会科学出版社 2005 年版。

李和中、陈广胜编著:《西方国家行政机构与人事制度改革》,社会科学文献出版社 2005 年版。

毛寿龙主编:《西方公共行政学名著提要》,江西人民出版社 2006 年版。

卓越主编:《国外政府改革与发展前沿》,福建人民出版社 2007 年版。

张康之:《行政伦理的观念与视野》,中国人民大学出版社 2008 年版。

[英]亚当·斯密:《国民财富的性质和原因的研究》,郭大力等译,商务印书馆 1972 年版。

[美]潘恩:《潘恩选集》,马清槐译,商务印书馆 1981 年版。

[英]密尔:《代议制政府》,汪瑄译,商务印书馆 1981 年版。

[荷]斯宾诺莎:《神学政治》,温锡增译,商务印书馆 1982 年版。

[英]帕金森:《官场病:帕金森定律》,陈休征译,三联书店 1982 年版。

[美]查尔斯·比尔德:《美国政府与政治》,朱曾汶译,商务印书馆 1987 年版。

[美]罗尔斯:《正义论》,何怀宏等译,中国社会科学出版社 1988 年版。

[美]科恩:《论民主》,聂崇信等译,商务印书馆 1988 年版。

[美]汉斯·摩根索:《国家间政治——寻求权力与和平的斗》,徐昕等译,中国人民公安大学出版社 1990 年版。

[美]罗伯特·诺齐克:《无政府、国家与乌托邦》,何怀宏译,中国社会科学出版社 1991 年版。

[日]色川大吉:《明治的文化》,郑民钦译,吉林人民出版社 1991 年版。

[美]拉斯韦尔:《政治学:谁得到什么?何时和如何得到?》,杨昌裕译,商务印书馆 1992 年版。

[英]休谟:《休谟政治论文选》,张若衡译,商务印书馆 1993 年版。

[英]G. 霍奇逊:《现代制度主义经济学宣言》,向以斌译,北京大学出版社 1993 年版。

[美]托马斯·戴伊:《谁掌管美国:里根时代》,张维等译,世界知识出版社 1995 年版。

[美]比尔·盖茨:《未来之路》,辜正坤译,北京大学出版社 1996 年版。

[美]戴维·奥斯本、特德·盖布勒:《改革政府:企业精神如何改革着公

营部门》,上海市政协编译组、东方编译所编译,上海译文出版社 1996 年版。

［美］N. 尼葛洛庞蒂:《数字化生存》,胡泳、范海燕译,海南出版社 1996 年版。

世界银行编:《世界发展报告 · 1997 年:变革世界中的政府》,蔡秋生等译,中国财政经济出版社 1997 年版。

［德］马克思 · 韦伯:《经济与社会》,林荣远译,商务印书馆 1997 年版。

［德］哈贝马斯:《公共领域的结构转型》,曹卫东等译,学林出版社 1998 年版。

［美］乔 · 皮尔斯、约翰 · 纽斯特朗:《管理宝典:开创管理新纪元的 36 部经典管理著作集萃》,东方慧译,东北财经大学出版社 1998 年版。

［美］斯蒂格利茨:《政府为什么干预经济——政府在市场经济中的角色》,郑秉文译,中国物资出版社 1998 年版。

［美］汉娜 · 阿伦特:《人的条件》,竺乾威等译,上海人民出版社 1999 年版。

［美］丹尼尔 · F. 史普博:《管制与市场》,余晖等译,上海三联书店 1999 年版。

［英］约翰 · 基恩:《公共生活与晚期资本主义》,马音等译,社会科学文献出版社 1999 年版。

［美］托马斯 · 彼得斯、罗伯特 · 沃特曼:《追求卓越:美国优秀企业的管理圣经》,龙向东等译,中央编译出版社 2000 年版。

［美］埃莉诺 · 奥斯特罗姆:《制度激励与可持续发展》,陈幽泓译,三联书店 2000 年版。

［英］戈登 · 怀特:《公民社会、民主化和发展:廓清分析的范围》,俞可平译,社会科学文献出版社 2000 年版。

［澳］休 · 史卓顿、莱昂纳尔 · 奥查德:《公共物品、公共企业和公共选择——对政府功能的批评与反批评的理论纷争》,费朝辉等译,经济科学出版社 2000 年版。

［美］迈克尔 · 巴雷泽:《突破官僚制》,孔宪遂等译,中国人民大学出版

社 2001 年版。

［美］B. 盖伊 · 彼得斯:《政府未来的治理模式》,吴爱明等译,中国人民大学出版,2001 年版。

［美］拉塞尔 · 林登:《无缝隙政府:公共部门再造指南》,汪大海等译,中国人民大学出版社 2001 年版。

［澳］欧文 · E. 休斯:《公共管理导论》,彭和平等译,中国人民大学出版社 2001 年版。

［美］戴维 · 奥斯本、彼得 · 普拉斯特里克:《摒弃官僚制》,谭功荣等译,中国人民大学出版社 2002 年版。

［美］海尔 · G. 瑞尼:《理解和管理公共组织》,王孙禺、达飞译,清华大学出版社 2002 年版。

［美］麦克尔 · 巴泽雷:《突破官僚制:政府管理的新愿景》,孔宪遂等译,中国人民大学出版社 2002 年版。

［美］弗朗西斯 · 福山:《大分裂:人类本性与社会秩序的重建》,刘榜离等译,中国社会科学出版社 2002 年版。

［美］查尔斯 · J. 福克斯、休 · T. 米勒:《后现代公共行政——话语指向》,楚艳红等译,中国人民大学出版 2002 年版。

［美］罗伯特 · 基欧汉、约瑟夫 · 奈:《权力与相互依赖》(第三版),门洪华译,北京大学出版社 2002 年版。

［美］帕特里夏 · 基利等:《公共部门标杆管理:突破政府绩效的瓶颈》,张定淮译,中国人民大学出版社 2002 年版。

［法］托克维尔:《论美国的民主》,董果良译,商务印书馆 2002 年版。

［美］托马斯 · 库恩:《科学革命的结构》,金吾伦等译,北京大学出版社 2003 年版。

［美］乔治 · 弗雷德里克森:《公共行政的精神》,张成福等译,中国人民大学出版社 2003 年版。

［美］文森特 · 奥斯特罗姆:《美国联邦主义》,王建勋译,上海三联书店 2003 年版。

[美]罗伯特·B. 登哈特:《公共组织理论》(第三版),扶松茂等译,中国人民大学出版社2003年版。

[美]凯瑟琳·纽科默、爱德华·詹宇斯等:《迎接业绩导向型政府的挑战》,张梦中等译,中山大学出版社2003年版。

[英]昆廷·斯金纳:《自由主义之前的自由》,李宏图译,上海三联书店2003年版。

[法]卢梭:《社会契约论》,何兆武译,商务书馆2003年版。

[美]简·芳汀:《构建虚拟政府:信息技术与制度创新》,邵国松译,中国人民大学出版社2004年版。

[美]理查德·博克斯:《公民治理:引领21世纪的美国社区》,孙伯瑛等译,中国人民大学出版社2005年版。

[美]约翰·克莱顿·托马斯:《公共决策中的公民参与:公共管理者的新技能与新策略》,孙柏瑛译,中国人民大学出版社2005年版。

[美]汉密尔顿等:《美国宪法原理》,严欣淇译,中国法制出版社2005年版。

[美]约瑟夫·斯托里:《美国宪法评注》,毛国权译,上海三联书店2005年版。

[美]约翰·菲尼斯:《自然法与自然权利》,董娇娇等译,中国政法大学出版社2005年版。

[美]约瑟夫·奈:《硬权力与软权力》,门洪华译,北京大学出版社2005年版。

[法]皮埃尔·卡蓝默:《破碎的民主——试论治理的革命》,高凌瀚译,三联书店2005年版。

[美]凯特:《有效政府:全球公共管理革命》,张怡译,上海交通大学出版社2005年版。

[美]詹姆斯·威尔逊:《官僚机构:政府机构的作为及其原因》,孙艳等译,三联书店2006年版。

[美]罗伯特·A. 达尔:《多元主义民主的困境——自治与控制》,周军

华译,吉林人民出版社 2006 年版。

[美]纪念美国宪法颁布二百周年委员会:《美国公民与宪法》,劳娃、许旭译,清华大学出版社 2006 年版。

[美]B. 盖伊·彼得斯:《官僚政治》,聂露等译,中国人民大学出版社 2006 年版。

[美]布隆纳:《重申启蒙:论一种积极参与的政治》,殷杲译,江苏人民出版社 2006 年版。

[南非]毛里西奥·登特里维斯:《作为公共协商的民主:新的视角》,王英津等译,中央编译出版社 2006 年版。

[美]弗朗西斯·福山:《国家构建——21 世纪的国家治理与世界秩序》,黄胜强等译,中国社会科学出版社 2007 年版。

[美]查尔斯·沃尔夫:《市场,还是政府:不完善的可选事物间的抉择》,陆俊等译,重庆出版社 2007 年版。

[英]洛克:《政府论》,刘晓根编译,北京出版社 2007 年版。

[英]沙琳:《需要和权利资格:转型期中国社会政策研究的新视角》,中国劳动和社会保障出版社 2007 年版。

[德]海因里希·罗门:《自然法的观念史和哲学》,姚中秋译,上海三联书店 2007 年版。

[印]哈斯·曼德、穆罕默德·阿斯夫:《善治:以民众为中心的治理》,国际行动援助中国办公室编译,知识产权出版社 2007 年版。

[美]迈克尔·桑德尔:《民主的不满:美国在寻求一种公共哲学》,曾纪茂译,江苏人民出版社 2008 年版。

[英]约翰·密尔:《密尔论民主与社会主义》,胡勇译,江苏人民出版社 2008 年版。

[法]孟德斯鸠:《论法的精神》,彭盛译,当代世界出版社 2008 年版。

[澳]何包钢:《协商民主:理论、方法和实践》,中国社会科学出版社,2008 年版。

[法]卢梭:《论人类不平等的起源》,高修娟译,上海三联出版社 2009

年版。

[美]安德鲁·基恩:《网民的狂欢》,丁德良译,南海出版公司2010年版。

[美]珍妮特·V.登哈特、罗伯特·B.登哈特:《新公共服务:服务,而不是掌舵》,丁煌等译,中国人民大学出版社2010年版。

[法]卢梭:《社会契约论》,孙笑语译,江西人民出版社2010年版。

[法]让-皮埃尔·戈丹:《何谓治理》,钟震宇译,社会科学文献出版社2010年版。

Hayek, *Law, Legislation and Liberty, The Political Order of Free People*, Chicago: University of Chicago Press, 1979.

Tuck, Richard, *Natural Rights Theories*, Cambridge University Press, 1979.

Lipsky, M., *Street-level Bureaucracy: Dilemmas of the Individual in Public Services*, New York: Russell Sage Foundation, 1980.

John W. Kingdom, *Congressmen's Voting Decision* (third edition), Ann Arbor: University of Michigan Press, 1989.

Bennett, *Decentralization, Intergovernmental Relations, and Markets: Towards a Post-Welfare Agenda?* Oxford: Clarendon Press, 1990.

Fox, Charles & Miller, *Postmodern Public Administration: Toward Discourse, Thousand Oaks*, C A: Sage Publications, 1995.

Andreas, H., Peter, M., & Volker, R., *Theories of International Regimes*, Cambridge: Cambridge University Press, 1997.

Owen, E. Hughes, *Public Management and Administration (Second Edition)*, St. Martin's Press, Inc., 1998.

Beate Kohler-Koch and Rainer Eising, *The Transformation of Governance in the European Union*, London: Routledge, 1999.

Christopher Pollitt and Great Bouckaert, *Public Management Reform: A Comparative Analysis*, New York: Oxford University Press Inc., 2000.

Jeffrey L. Brudney, Laurence J. O'Toole, Jr., Hal G. Rainey, *Advancing Public Management: New Developments in Theory, Methods, and Practice*, Washington, D. C.: Georgetown University Press, 2000.

Herbert A. Simon, *Administration Behavior: A Study of Decision—Making Processes in administrative Organizations* (*4 th edition*), London: The Free Press, 2000.

Jorge M. Valadez, *Deliberative Democracy, Political Legitimacy, and Self-Democracy in Multicultural Societies*, West view Press, 2001.

Davis, J. Downe and S. Martin, *External Inspection of Local Government: Driving Improvement or Drowning in Detail?* York: Joseph Rowntree Foundation, 2001.

Micheal Hill and Perter Hupe, *Implementing Policy: Governance in Theory and in Practice*, London: Sage Publication Ltd., 2002.

McLaverty, P. (Ed.), *Public Participation and Innovations in Community Governance*, Burlington: Ashgate Publishing Company, 2002.

Jan-Erik Lane, *New Public Management*, London: Routledge, 2003.

Jacint, J., & David, L., *The Politics of Regulation: Institutions and Regulatory Reforms for the Age of Governance*, Edward Elgar, 2004.

Cooper, William, W., Seiford, *Handbook on Data Envelopment Analysis*, Baker & Taylor Books, 2004.

Ray, K., *The Clash of Globalizations: Neo-Liberalism, the Third Way and Anti-Globalization*, Leiden: Brill, 2005.

Australian National Audit Office, *Distribution of Funding for Community Grant Programs: the Department of Families, Community Services and Indigenous Affairs*, Canberra: Australian National Audit Office, 2007.

Hsinchun, C., *Digital Government*, New York: Springer Press, 2008.

Randy Stoecker and Elizabeth A. Tryon, with Amy Hilgendorf, *The Unheard Voices: Community Organizations and Service Learning*, Philadelphia: Temple University Press, 2009.

Benjamin L. Read with Robert Pekkanen, *Local Organizations and Urban Governance in East and Southeast Asia: Straddling State and Society*, London; New York: Routledge, 2009.

后　记

我一向认为,后记属于一块“自治”的空间。只要你的思维是活跃的,总可以把后记装扮得很有色彩,全然不用担心没有可写的东西。正当轮到给本书写后记的时候,突然感觉到一阵晃动。此时,时钟指向了16时40分。当时我的感觉是,可能是自己写晕了。可当我听到身旁的书橱晃动的声音时,我的反应是地震了。我一下子冲到客厅找妈妈,准备带妈妈跑下楼,心里想着妻子会在哪里,万分牵挂?2008年的汶川大震动造成的恐惧感,还记忆犹新,所以,当时一下吓蒙了,都没有想到给妻子打个电话。为这事,我一直自责不已。还好,晃动很快消失了。后来得知,根据北京市地震台网测定得出的数据,16时40分,在北京市海淀区(北纬40.0°,东经116.2°)发生1.8级地震,震源深度5000米,震中位于海淀区和石景山区的交界处,不会造成破坏和损失。这次1.8级的小地震,虽然让我虚惊了一场,但是给本书后记的写作增添了鲜活的素材。我们每一个人对待亲情是多么的真诚,对待亲人是多么的牵挂!由此我就想,如果全世界的每一位政府官员,也能够像对待亲情和亲人一样对待民众,那样的话,我们的社会不就实现良好治理了吗?

回到本书的主题,国外政府管理创新是一个涉及面非常广的宏大课题,不是一本书可以容纳得下的。我们在讨论写作提纲的过程中,加上了“要略与前瞻”的限定词。这就表明,本书既要简明扼要概括国外政府管理创新的最新成果,又要在此基础上做前瞻性探讨。这虽然缩小了研究的范围,降低了对资料的依赖程度,但是却增加了写作的难度。本书的每一章,实际上都是一个研究专题。为此,我们精心组织了首都师范大学、南京大学、华中师范大学、安徽大学、中国社会科学院、中国科学院、南京市社会科学院等高校和科研院所的专家，采用专题研讨的方式，即将本书的每一章组成一个研究小组进行攻关。在组织研究小组的过程中，梁莹作出了突出贡献。我与梁莹的相识，应该感谢公共管理这个共同的业缘。在共同学习、合作研究的过程中，我们收获了不少有质量的研究成果，更收获了可贵的诚挚友谊。

全书由我和梁莹共同拟定写作提纲，李延伟和张军浩参与了写作提纲的研讨。本书是团队合作的成果，所有参与者承担了各自最擅长的研究专题的写作任务。除了拟定和参与拟定提纲的人员外，参与本书写作的人员还有：徐子梁、任克强、廖尹航、朱全钢、李敏杰、吕楠、陈培浩。全书最后由我和梁莹统改并定稿，李延伟和张军浩为统稿做了大量工作。

我要特别感谢我的妻子徐晓女士，在她的充分理解和全力支持之下，我将婚后理应的蜜月改成了统稿月。我想，这种理解，这种支持，不是感谢二字可以表达的，它需要用一生的爱来回报。

本书汲取了国内外学术界关于国外政府管理创新的最新研究成果，除在正文的注释中作了说明外，主要参考文献可以算作是一个全面的补充。

本书适合政府管理部门和实际工作部门阅读，特别适用党校、行政学院以及政府部门培训使用，也可作为大专院校公共管理及相关专业教学研究参考。

限于笔者的水平，书中疏漏和不妥之处，欢迎广大读者和学术界同仁不吝赐教，您的任何批评和建议都将受到最热烈的欢迎。

石国亮

2011 年 10 月 12 日